“中国电视健康传播报告 2016”
编委会名单

胡智锋 / 姚宏文 / 王　山 / 黄长群 / 刘　健 / 张国涛 / 杨乘虎

“中国电视健康传播报告 2016”
课题组名单

组 长

胡智锋 / 中国传媒大学教授、博士生导师，传媒艺术与文化研究中心主任

姚宏文 / 中国人口宣传教育中心主任

执行组长

刘　健 / 中国人口宣传教育中心影视部主任

张国涛 / 中国传媒大学研究员、博士生导师，《现代传播》编辑部主任

课题组成员

杨　宾 / 中国传媒大学2016级博士研究生

张陆园 / 中国传媒大学2015级博士研究生

李一君 / 中国传媒大学2014级博士研究生

赵 伦 / 李 冰 / 熊景青 / 孟 雪 / 罗 菁 / 岳文正 / 李若琪 / 王 茹 / 张金玲 / 魏尚智

（以上均为中国传媒大学2014级硕士研究生）

课题组特邀成员

周欣欣 / 央视—索福瑞媒介研究有限公司研究经理

刘　涛 / 暨南大学传媒与国际文化学院教授

李东晓 / 浙江大学传媒与国际文化学院副教授

汤景泰 / 暨南大学新闻传播学院副教授

秦美婷 / 中国科学技术大学科技传播与科技政策系副教授

中国电视
健康传播报告
2016

Report on Chinese
Television Health
Communication 2016

主　　编/ 胡智锋　姚宏文
执行主编/ 刘　健　张国涛

中国传媒大学出版社
·北京·

图书在版编目(CIP)数据

中国电视健康传播报告 2016/胡智锋,姚宏文主编. —北京:中国传媒大学出版社,2017.2
ISBN 978-7-5657-1820-5

Ⅰ.①中… Ⅱ.①胡… Ⅲ.①电视节目—研究报告—中国—2016
Ⅳ.①G229.2

中国版本图书馆 CIP 数据核字（2016）第 226501 号

中国电视健康传播报告 2016

ZHONGGUO DIANSHI JIANKANG CHUANBO BAOGAO 2016

主　　编　胡智锋　姚宏文
执行主编　刘　健　张国涛
责任编辑　李水仙
特约编辑　杨云飞
责任印制　阳金洲
封面设计　拓美设计

出版发行　中国传媒大学出版社
社　　址　北京市朝阳区定福庄东街 1 号　邮编:100024
电　　话　86-10-65450528　65450532　传真:65779405
网　　址　http://www.cucp.com.cn
经　　销　全国新华书店

印　　刷　北京玺诚印务有限公司
开　　本　787mm×1092mm　1/16
印　　张　16.5
版　　次　2017 年 2 月第 1 版　　2017 年 2 月第 1 次印刷

书　　号　ISBN 978-7-5657-1820-5/G·1820　　**定　　价**　69.00 元

加强全媒体传播　助力健康中国建设(代序)

姚宏文

“推进健康中国建设”是党中央作出的一项重大战略决策,具有深远的历史和现实意义。落实好这一战略,必须把健康优先的理念纳入社会经济发展的各个领域。中国人口宣传教育中心作为国家卫生和计划生育委员会直属的综合传媒服务机构,将积极发挥全媒体的传播力和影响力,广泛传播健康知识与理念,通过多角度、全方位的综合宣传服务,为推进健康中国建设营造良好的舆论环境。

一、推进健康中国建设具有深远的历史和现实意义

(一)推进健康中国建设是实现“两个一百年”宏伟目标的必然要求

健康是实现每个人成长和实现幸福生活的基础。推进中国健康事业发展,是近代以来无数仁人志士矢志不渝的梦想和追求。从卫生事业发展看,1840年至今,中国经历了从“东亚病夫”到走向健康中国的悲壮与辉煌,大致可分为四个阶段。第一阶段,问道图强阶段(1840—1949年)。中国实现了民族独立和人民解放,中共二大将保护劳动者的健康与福利写入了党的纲领,为发展中国现代卫生事业和保障国民健康提供了基本前提。第二阶段,奠基沃土阶段(1949—1976年)。建立了覆盖全国的基础卫生服务体系,传染病等流行疫病得到控制。第三阶段,变革之路阶段(1976—2003年)。实行改革开放以来,医疗卫生事业在新时期进行了改革、发展和探索。第四阶段,走向健康阶段(2003

至今)。新世纪以来,全民基本医疗保障制度建立并提出了全民健康的理念。特别是党的十八大以来,党中央坚持以人为本、执政为民理念,保障群众获得健康的生产生活环境、食品药品安全,保障全体国民获得均等化的基本医疗卫生服务,保护群众的生命健康,增强群众的获得感,实现发展成果由人民共享,促进社会公平。新时期,推进健康中国建设将为全面建设小康社会和富强民主文明和谐的现代化国家奠定健康基础。

(二)推进健康中国建设回应了人民群众的热切期盼

习近平总书记指出,人民对美好生活的向往,就是我们的奋斗目标。从中国人口宣传教育中心连续五年开展的家庭幸福感调查看,家庭幸福感既受到家庭成员的性别、年龄、受教育程度、健康状况和婚姻状况等方面的影响,也受到食品安全、环境污染等公共安全的深刻影响。城乡居民家庭幸福感的主要决定因素具有一致性,健康、和睦、安全、小康等是城乡居民的共同追求。“十二五”时期,我国已跨越了解决基本温饱的阶段,我国居民主要健康指标总体上已处于中高收入国家行列。但我国也面临着多重健康问题叠加的严峻形势:慢性病、传染病双重疾病负担日益加重,新发传染病的严重威胁不容忽视;新型城镇化、人口老龄化、疾病普遍化要求医疗保障和医疗卫生服务更加公平可及;环境污染和食品安全成为影响健康的重要因素。人民群众对健康的追求更突出、更迫切。推进健康中国建设战略的提出,不仅凸显了党和国家对保护国民健康的高度重视和坚定的政治决心,也有利于以人民群众健康需求为导向,以提高健康水平为目标,动员全社会参与,切实加强对国民健康重大和长远问题的有效干预,不断提高中华民族健康素质。

(三)推进健康中国建设是践行五大发展理念的集中体现

当前,我国经济发展进入新常态,对医疗卫生发展提出了新要求,要更加注重从体系和结构调整中提高效率,不能再走依赖国家高投入、简单追求规模扩张的发展模式。健康中国建设从大健康、大卫生、大医学的高度,将健康战略融入到经济社会发展之中,努力践行创新、协调、绿色、开放、共享发展理念,促进和保障全民的健康与幸福。推进健康中国建设将为发展智力和劳动密集、绿色低耗的健康服务业带来机遇,更加有利于直接拉动内需、扩大就业,应对当前经济下行压力。这一战略还将极大地带动医药、信息、装备制造等相关产业以及医疗康复、老年护理、健康管理、健康养生等新兴产业发展,满足人民群众日益增长的多层次多样化健康新需求,加快结构调整,促进发展方式转变。有的学者提出健康经济的概念,即要实现经济增长健康化、国家发展健康化。这一概念有两层内涵,重点是"四化"。第一层含义:促进经济运行本身健康,要求经济发展规模和增长速度,必须以环境和资源的承载能力为前提,体现"绿色化";要求生产要素必须实现优化配置和高效利用,体现"集约化";要求"经济结构合理协调",发展成果全民共享,体现"平衡化"。第二层含义是经济增长必须以不损害人的生命健康为底线,以"保障生命安全,提高健康水平"为原则,体现"人本化",实现国家发展健康化。在大健康时代,提出健康经济的概念,也为推进健康服务产业的发展提供了一条新的思路。通过许多事例可以看到,卫生计生事业、健康产业的发展有利于推动供给侧的创新,有利于稳增长、促改革、调结构、惠民生。

二、推进健康中国建设,全媒体传播肩负新使命

推进健康中国建设,需要各级党委、政府、有关部门和社会各界的共同努力,需要广大卫生计生工作者和广大人民群众广泛参与。媒体发挥着重要的桥梁纽带作用,能够加强各方沟通,促进形成推进健康中国建设的强大合力。

第一,媒体肩负着大力倡导将健康融入所有政策的新使命。当今世界,健康发展正酝酿着以健康促进为基础的新变革。世界卫生组织研究显示,在影响健康的因素中,生物学因素(占15%)和卫生服务因素(占8%)只占很小的比例,而人的行为与生活方式(占60%)、环境因素(占17%)所占比重更高,中等收入国家更加明显。在环境影响因素方面,空气污染,交通事故,饮用水质量,噪音、辐射和电磁波危害,意外伤害等都会直接引发各种健康问题,生产事故和职业病、重大食品安全事故屡有发生,直接危害到人们的生命安全。联合国2030可持续发展的发展目标与原千年发展目标相比,覆盖疾病范围更广、标准更高。除妇幼健康、艾滋病、结核病和疟疾防控外,还增加了防治慢性非传染

病、道路安全、精神卫生、控烟等，更加强调关注健康的决定因素，提出彻底消除某些疾病，显示出彻底解决威胁人类健康问题的国际决心。中国顺应世界健康发展新趋势，提出“推进健康中国建设”的新目标，强调以人群健康需求为导向，推动医疗模式转变，动员全社会参与，切实加强对国民健康重大和长远问题的有效干预，以较少的社会成本实现较高的健康产出，努力实现从“以疾病治疗为中心”到“以健康促进为中心”的转变。媒体在这方面，应当起到积极的倡导作用，努力倡导各地各部门从大健康、大卫生的高度出发，以维护和提高群众健康水平为出发点和落脚点，纳入发展总体规划，摆上重要议事日程，体现国际上倡导的“将健康融入所有政策”的理念。要大力倡导建立政府负责、部门合作、社会参与的工作机制。要大力倡导把居民健康改善和深化医改任务纳入党政主要领导干部的政绩考核指标，作为衡量班子和领导干部工作业绩的重要依据，强化问责机制。

第二，媒体肩负着不断提升城乡居民健康素养的新使命。从城乡居民个体角度看，居民的健康知识知晓率低，吸烟、酗酒、缺乏锻炼、不合理膳食等不健康生活方式比较普遍，不良行为习惯和生活方式成为引起疾病的重要因素。从社会角度看，社会结构急剧变化和职业分化，竞争日趋激烈，生活节奏加快，导致人们精神压力增大、行为模式失序，直接损害身心健康。据统计，2013 年我国城乡居民健康素养水平为 9.48%，城乡居民为 13.80%，农村居民为 6.92%，我国城乡居民健康素养总体水平较低，城乡、地区、重点人群之间存在一定差异。目前，开展全民健康素养促进行动，加强重点地区、重点人群、重点领域健康教育与健康促进工作，是提升全民健康素养的有效策略和途径。国家卫生计生委研究制定了《全民健康素养促进行动规划（2014 - 2020 年）》，明确提出 2020 年城乡居民健康素养要达到 20%。媒体要积极参与到健康素养促进行动项目中来，做大做广健康中国行活动，把控烟履约作为突破口，探索中国特色健康干预模式。要积极参与到健康促进县（区）试点、“科学就医”主题宣传教育活动等工作之中，引导群众树立健康观念，倡导健康生活方式，提高群众健康素养和自我保健意识。要动员全社会参与，大力倡导“我的健康我做主”的理念。要推动健康城市建设，打造卫生城市升级版。要深入推进卫生城镇创建活动，引导群众自己动手建设美好家园，接受健康生活新理念。要推进开展新一轮城乡环境卫生整洁行动，以农村垃圾污水处理、农村改厕和城市卫生死角清理为重点，建设生态宜居城乡美、兴业富民生活美、文明和谐风俗美的美好家园，让群众喝的水更干净，呼吸的空气更洁净，影响健康的环境因素得到更有效控制。

第三，媒体肩负着营造有利于医改舆论氛围的新使命。党中央、国务院把卫生计生等民生事业摆在协调推进“四个全面”的重要位置，把深化医改作为保障全体人民“病有所医”的关键举措加以推进，取得了重大阶段性成效。目前，新农合、城镇居民医保、城镇职工医保参保率稳定在95%以上，城乡居民大病保险全面实施，疾病应急救助制度全面建立。县级公立医院综合改革全面推开，城市公立医院改革试点稳妥推进。基本药物制度和基层医疗卫生机构运行新机制得到巩固完善。随着医改进入深水区，深层次矛盾和问题集中暴露，改革难度明显加大。医改政策性强，公众敏感度高，舆论引导作用十分关键。正确引导是事业改革发展之福，错误导向会引来事业改革发展之祸。“非典”时期信息没有及时公开，深刻教训今天仍要汲取。现在，卫生计生委对信息公开的态度是值得点赞的。媒体应积极配合政府，做好信息传递工作，特别要加强对医改工作的宣传引导。要通过微博、微信、移动客户端等新媒体平台，运用新闻报道、消息综述、言论评论、理论文章、访谈交流方式，对深化医改的精神进行立体化的宣传阐释。用群众听得懂、记得住的语言，把政策制定的背景和依据讲到位，把医改的目标任务、措施办法和进展成效讲清楚，让人民群众明白自己应得的利益实惠，更好地理解、支持和参与医改工作。

第四，媒体肩负着争取推进健康中国建设外部环境的新使命。随着人类生存和发展空间的不断拓展，借助现代交通工具，病媒能够以史无前例的速度将疾病带到全球各个角落，国与国之间的公共卫生安全界限逐渐模糊。有人说，疫情国与其他国家看似遥远，其实只隔一道飞机舱门。这一说法很形象地说明了当今世界“疾病无国界”，健康是人类共同面临的问题。进入新世纪以来，全球各类突发公共卫生事件频发，埃博拉出血热、中东呼吸综合征(MERS)等新发传染病跨国界传播风险剧增。我国对外开放日益深化，人员、商品等跨国跨地区快速流动。据统计，全国每年出境人次超过1亿。防控工作如果处置失当、应对失误，不仅对国家公共卫生安全构成严重威胁，还可能成为影响政治和外交的重大问题。2015年，中国人口宣传教育中心承办了首届中东欧卫生部长论坛的宣传，以及第二届中非部长级卫生合作发展会议中国卫生计生工作展示工作，通过媒体宣传中国医疗卫生事业的发展，向世界讲述中国道路、中国故事，展示中国气派、中国自信。拍摄的《风雨同舟　大爱无疆——中国援非抗击埃博拉纪实》，在中美埃博拉及全球卫生安全研讨会、第二届中非部长级卫生合作发展论坛上播放，引起国际社会的高度关注，反响良好。屠呦呦先生获得诺贝尔奖后，媒体积极配合做好宣传，抓住时机，弘扬优秀中医药文化，巩固和扩大中医药发展的群众基础，推动中医药走出国门，使古老的中医药在21世纪为促进全人类的健康焕发新风采。媒体宣传还将促进人类健康与世界和平发展。

三、推进健康中国建设，全媒体传播要有新作为

（一）打好组合拳，构建大宣传、大联合格局

从现在起到2020年，是推进健康中国建设的关键时期。我们要以“推进健康中国建设”为重要契机，统筹好传统媒体与新兴媒体、中央媒体与地方媒体，打好组合拳，形成大合唱。

（二）弘扬主旋律，传递健康中国正能量

这一点，对卫生计生传播尤为重要。一是坚持正确的舆论导向，加大正面宣传力度，宣传卫生计生事业促进经济社会发展的新贡献，医改的新成果、新经验，卫生计生战线的好典型、好事迹，营造良好氛围。二是围绕深化医改、调整完善生育政策等重大改革任务，及时、全面、准确解读改革的政策措施，合理引导社会预期。三是完善舆情应急处置机制，及时回应社会关注的热点问题，对于冲击社会底线、社会高度关注的有关报道，要及时了解情况并表明态度，第一时间予以澄清。四是大力弘扬新时期卫生计生职业精神，构建和谐医患关系，激励卫生计生系统干部职工以更加昂扬向上的精神面貌投身事业改革发展，在维护人民健康、建设健康中国的伟大事业中创造更加辉煌的业绩。

（三）强化行业自律，净化传播环境

2015年，中国人口宣传教育中心与中国传媒大学联合，就电视健康传播问

题进行了调查研究。据不完全统计,在全国范围内2014年健康类电视节目有500多档,其中省级卫视播出的养生节目103档。根据2014年10月国家新闻出版广电总局下发的《关于做好养生节目制作播出工作的通知》(新广电〔2014〕223号文件),省级卫视的103档节目仅有9档"合格",省级台地面频道、城市台和市县台这方面的情况更严重。某些电视健康类节目打着"健康"的名义,传播"不健康"的信息,挣不该挣的钱,损害了中国电视媒体的公信力和美誉度。2015年,各级电视台进行整改调整后,电视健康类节目回落至120多档,整改率达80%。2015年9月1日,新《广告法》正式实施,明确规定:"广播电台、电视台、报刊音像出版单位、互联网信息服务提供者不得以介绍健康、养生知识等形式变相发布医疗、药品、医疗器械、保健食品广告。"随后,连续下发三个通知,叫停了近百条涉嫌虚假宣传、变相卖药、伪专家等违规广告。作为传统媒体的电视尚且如此,新媒体如果疏于监管,情况将有过之而无不及。为此,中国人口宣传教育中心与中国传媒大学联合举办电视健康传播论坛,为践行社会主义核心价值观,弘扬行业良好风尚,推进中国电视健康类节目的健康发展,发出倡议:(1)加强媒体自律,净化传播环境;(2)倡导科学传播,宣传健康理念;(3)贯彻新《广告法》,杜绝虚假广告;(4)坚守绿色收视,传递正能量;(5)推进节目创新,制作精品节目;(6)增强版权意识,加强版权保护;(7)提升服务意识,助力健康中国。衷心希望这些倡议能够成为全媒体共同遵循的基本要求,中国人口宣传教育中心能够用自己的媒体平台向社会传递更多的正能量,为健康中国的建设作出积极贡献。

(作者姚宏文系中国人口宣传教育中心主任)

目录
CONTENTS

学界观点

研究动态

研究报告

中国电视健康传播调研的背景与环境

2015年10月，中共十八届中央委员会第五次全体会议公报指出：为促进人口均衡发展，坚持计划生育的基本国策，完善人口发展战略，全面实施一对夫妇可生育两个孩子政策，积极开展应对人口老龄化行动。这一涉及中国每个家庭生活的重大决策被国内外媒体解读为是中国人口政策由禁止多生到鼓励生育重大转变的标志。

在这种背景下，中国迎来大健康传播时代。因此，无论是开展健康传播研究，还是开展中国电视的健康传播研究，都具有一定的迫切性和必要性。

一、大健康传播时代的到来

（一）老龄化社会悄然来临，健康传播诉求日益增长

"二孩新政"是目前中国为应对"人口老龄化"而出台的一项重要举措，显然"老龄化社会"已经成为全社会不得不面对和重视的重大问题。

权威部门的报告显示，我国自2000年就已进入老龄化社会，以65岁及以上人口占总人口比例的数据为参考，此指标从2002年的7.3%上涨至2012年的9.4%（国际上通常认为，当一个国家或地区60岁以上老年人口占人口总数的10%，或65岁以上老年人口占人口总数的7%，则被视为进入老龄化社会）。2012年我国65岁以上的老年人口已达到1.27亿人，且每年仍以800万人的速度增长。据有关专家预计，截至2050年，我国65岁及以上的老年人口数量将达到4亿，占全国总人口的比重将超过30%，占世界老龄人口的1/5。

中国人口老龄化提前达到高峰与20世纪后期为控制人口的急剧增长国家推

行计划生育政策直接相关。“一对夫妇只生一个孩子”的计划生育政策，使中国人口出生率迅速下降的同时，也加快了人口老龄化的进程。与世界发达国家不同，中国是在社会经济不太发达的状态下进入人口老龄化阶段的，呈现出“未富先老”的状态，由于经济实力不够强，无疑增加了解决老龄化问题的难度。同时，人口老龄化是在中国面临多重压力的情况下出现的，目前改革和发展的任务繁重，经济要可持续发展，社会要保持稳定，这其中各种矛盾错综复杂，使得人口老龄化问题的解决相比发达国家和人口少的国家更为艰巨。

中国老龄化社会悄然来临，而老年人关于医药、医疗、养生的健康诉求也日益增长，目前整个社会对老龄化社会的认识还不到位，日益增长的健康诉求与国家相关部门以及大众传媒的信息供给之间还存在较大的差距。因此，作为中老年人最钟爱的媒体——电视，显然责无旁贷。做好健康类电视节目，更好地服务于中老年人的健康诉求，是电视媒体的社会责任之所在。

（二）“二孩新政”即将落地，健康信息服务方式应及时转变

中共十八届五中全会公报提出，为促进人口均衡发展，坚持计划生育的基本国策，完善人口发展战略，全面实施一对夫妇可生育两个孩子政策，积极开展应对人口老龄化行动。这意味着，我国将实行普遍“二孩”政策。

“老龄化社会”带来的是“养老产业”的机会，“二孩”为“育儿产业”提供了更大的空间。放开“二孩”对中国经济的积极意义从中长期来看主要在于对老龄化的缓冲，短期内对婴幼儿产品以及儿童相关行业的影响也相对直接。每一个婴儿的出生以及成长都涉及多个行业，如教育、医疗、住房等，每一个家庭在新生婴儿身上的消费与其积数效应，将会增加市场活力，拉动相关行业发展。可以预见的是，政策落地之后，投资机会可围绕着新生婴儿的衣、食、住、行、医疗、教育、娱乐七个方面展开。按一个孩子 16 岁成年前城市农村平均抚养成本为 20 万元的标准粗略估算，“二孩”婴儿潮所蕴含的消费红利大约在每年 1200 亿－1600 亿元之间。短期内，“二孩”婴儿潮的到来将拉动相关食品、玩具、母婴医疗、儿童服饰、家用汽车、教育培训等行业的发展；中期来看，“二孩”婴儿潮的到来将改变中国人口的年龄结构，减缓老龄化速度，同时房地产等行业也会部分受益。

与老龄化社会一样，“二孩新政”的实施也会相应带来更旺盛的信息服务需求，包括从产前到产后护理，再到婴幼儿养育、中小学培养，然而目前社会关于人口与

健康的信息服务还停留在“一对夫妻一个孩子”的阶段，这不利于人口的培育和发展。因此，随着“二孩新政”的实施，人口与健康的信息服务也应及时地转变。

（三）全面建成小康社会，积极推进“健康中国”战略

党的十八大报告根据我国经济社会发展实际和新的阶段性特征，在党的十六大、十七大确立的全面建设小康社会目标的基础上，提出了一些更具明确政策导向、更加针对发展难题、更加顺应人民意愿的新要求，以确保到2020年全面建成小康社会。2014年11月，习近平到福建考察调研时提出了“协调推进全面建成小康社会、全面深化改革、全面推进依法治国进程”的“三个全面”；2014年12月在江苏调研时则将“三个全面”上升到了“四个全面”的高度，要“协调推进全面建成小康社会、全面深化改革、全面推进依法治国、全面从严治党，推动改革开放和社会主义现代化建设迈上新台阶”。“全面建成小康社会”是发展改革成果真正惠及十几亿人口的小康社会，是经济、政治、文化、社会、生态文明全面发展的小康社会，是为实现社会主义现代化建设宏伟目标和中华民族伟大复兴奠定了坚实基础的小康社会。

早在2007年9月8日中国科协年会上，原卫生部部长陈竺就公布了“健康护小康，小康看健康”的“三步走”战略并颁布了行动计划，又称“健康中国2020”战略。即到2010年，初步建立覆盖城乡居民的基本卫生保健制度框架，使我国进入实施全民基本卫生保健的国家行列；到2015年，使我国医疗卫生服务和保健水平进入发展中国家的前列；到2020年，保持我国在发展中国家前列的地位，东部地区的城乡和中西部的部分城乡接近或达到中等发达国家的水平。

“健康中国2020”战略，是卫生系统贯彻落实全面建设小康社会新要求的重要举措之一，在“四个全面”的政治语境下，这一战略被赋予了更加重要的意义。这一战略以提高人民群众健康为目标，以解决危害城乡居民健康的主要问题为重点，坚持预防为主、中西医并重、防治结合的原则，采用适宜技术，以政府为主导，动员全社会参与，切实加强对影响国民健康的重大和长远卫生问题的有效干预，确保到2020年实现人人享有基本医疗卫生服务的重大战略目标。

事实上，当前社会生活中还普遍存在着“看病难”“看病贵”的问题，医疗体制改革还存在着诸多现实困难，人们多层次、多样化的卫生服务需求还得不到全面满足，甚至部分病人对医院、医务工作者抱有怨言。所以，人们普遍存有“不生病，少

生病，小病不就医，大病先抗着”的侥幸心理。在这种心理作用下，人们对预防性医疗知识、健康养生信息的需求量巨大，这也是大量健康类电视节目能够生存发展的原因。

“健康中国 2020”战略提出的十大战略目标中就包括要“控制危险因素，遏止、扭转和减少慢性病的蔓延和健康危害”，强调将从传统的偏重治疗到“治未病”的理念转变，将慢性病的防控关口前移。电视媒体的健康传播从最初的“卖药”或者满足人民群众“求医”需求开始，到更多地将目光转向“治未病”和“预防医疗”之上，这一点从近年来大量涌现的各类养生服务节目可以看出，其健康功能也主要体现在预防提醒、心理抚慰等方面，较少或者不再更多关注“医疗”“医药”本身。所以，电视媒体正在，甚至未来还可以更大范围内为实现“健康中国 2020”的战略目标贡献力量。

(四)大健康产业即将启动，大健康传播大有可为

随着社会的发展和人民生活水平的普遍提高，以及人类生活方式的改变，健康产品的总需求急剧增加。以生物技术和生命科学为先导，涵盖医疗卫生、营养保健、健身休闲等健康服务功能的健康产业已成为 21 世纪引领全球经济发展和社会进步的重要产业。在发达国家，健康产业已经成为带动整个国民经济增长的强大动力，健康行业增加值占 GDP 比重超过 15%，而在我国，目前健康产业仅占 GDP 的 4%—5%，低于许多发展中国家。我国健康产业发展十分迅速，市场容量不断扩大，健康产业在国民经济中的比重不断上升，成为推动我国经济发展的又一新兴动力。

2013 年，我国 60 岁及以上人口突破 2 亿，这将带动上万亿元的产业规模。大健康产业近两年频传利好，其中养老产业更是成为资本市场的热门话题。2015 年“二孩新政”的出台，标志着确立了以人口健康促进经济增长的发展模式，育儿产业及其相关行业更是前景无限。中国传媒大学互联网信息研究院发布的《2015 中国互联网医疗发展报告》显示，近年来中国卫生总费用增速上升，医疗健康产业发展潜力初显。2004—2013 年，中国人均医疗费用支出从 593.9 元增至 2327.37 元，十年内增长了近 3 倍。

“健康中国 2020”战略提出“依靠科技进步，适应医学模式的转变，实现重点前移，转化整合战略”，“发展健康产业，满足多层次、多样化卫生服务需求”的战略目

标。在现有和未来更强大技术体系的支撑下，健康产业的发展模式正在发生转变，从原来的“健康出题，医疗求解”向“健康出题，预防求解”转变。据专家预测，在未来全新的格局下，整个健康产业的规模可能会超过原先估计的10万亿元。

2015年9月初，国家卫计委又全面启动《健康中国建设规划（2016—2020年）》编制工作，其中“精准医疗”战略规划或将被纳入到“十三五”重大科技专项中。有专家表示，精准医疗将改变现有的诊断、治疗模式，为医学发展带来一场革命，为此，我国将研发一批国产新型防治药物和医疗器械，形成一批我国定制、国际认可的疾病诊疗指南、临床路径和干预措施，显著提升重大疾病防治水平，针对肿瘤、心脑血管疾病、糖尿病、罕见病分别制定8—10种精准治疗方案，并在全国推广。

未来的医疗离不开互联网，随着“互联网＋医疗”模式的不断成熟，互联网医疗将成为传统医疗的有力补充。目前以电视传播为核心的健康传播，也将随着互联网传播的崛起而有所改变，未来传统媒体将与新媒体的健康传播一起形成互为支撑、优势互补的“大健康传播”格局，并在全面建成小康社会的伟大进程中，尤其在“健康中国2020”的战略实践中大有可为、大有作为。

（五）健康传播研究方兴未艾，业界与学界需要有效对接

健康传播指以人人健康为出发点，运用各种传媒渠道及方法，为达到维护和促进人类健康的目的而制作、传递、分散、交流、分享健康信息的过程，其主要目的是以大众传媒为渠道来传递与健康相关的资讯以预防疾病、促进健康。在这个过程中，大众传播媒介在将医疗成果转化成大众健康知识加以传播、正确构建社会图景以帮助受众建立预防观念等方面发挥着重要作用。作为传播学的一个分支，健康传播研究方兴未艾，业界与学界还未获得有效对接。2006年10月，清华大学成功举办了首届中国健康传播国际论坛，目前已经连续召开了九届，为政府、媒体业界和医学界打造一个健康传播领域的高层次交流平台作出了积极贡献。2014年8月由清华大学国际传播中心与中国疾病控制中心联合主办的《中国疾控与健康传播》创刊，这也是健康传播领域第一本专业学术刊物。目前，健康传播的理念正深入人心，不过政府、医疗界、媒体业界与传播学界之间的沟通与对接仍缺乏有效机制的保障，仍需要改善和提升。

二、中国电视健康传播的重建与新生

2014 年 10 月，国家新闻出版广电总局下发了《关于做好养生类电视节目制作播出工作的通知》，对全国各电视台健康类节目的健康发展提出了严格的要求，在这种背景下，中国电视的健康传播只有"重建"才能获得"新生"，才能真正实现"健康发展"。

(一)电视媒体出现"新拐点"

2015 年，中国平面媒体继续呈现"断崖式下滑"趋势，而强势多年的电视媒体也面临着一个从"增长"到"衰退"的"拐点"。根据媒体专家郭全中的观察，在互联网的强劲冲击下，报纸广告实收额继 2012 年、2013 年连续两年 15%－20%的高速下滑之后，2014 年的下滑速度更是高达 25%以上；2014 年，期刊广告实收额的下滑速度也超过 10%；电视广告在 2013 年首次出现 2.75%的下滑之后，2014 年又出现 8%左右的下滑速度。2015 年上半年，一些都市报的广告实收额下滑 50%左右，实际已经陷入亏损，而电视的广告实收额也出现了两位数的下滑。相对于传统媒体广告的大幅度衰落，2014 年互联网广告收入则保持了 40%的高速增长，高达 1540 亿元，互联网广告收入已经超过电视台和报社的广告收入之和；到了 2015 年，互联网广告收入超过全国电视、报纸、广播和期刊的广告收入之和，百度、淘宝的广告收入均超越全国报纸广告收入之和。[①]

在这种背景下，不少省级台地面频道和县市级频道由于缺乏优质节目资源，受短期利益的诱惑，收受医药公司、医疗机构的利益输送，将电台电视台变成了药品和医院的"宣传栏"，把宣传类节目、医药广告当作"救命稻草"，尤其是白天时段和凌晨时段，大段大段的医药广告和软性宣传充斥荧屏，不但直接损害了电视媒体的公信力与美誉度，更直接损害着人民群众的健康与财产利益。这种"饮鸩止渴"的行为在 2014 年达到顶峰，直接招致了国家新闻出版广电总局的"严管"。

---

① 郭全中：《传统媒体转型的"一个中心"与"四个基本点"》，《现代传播》2015 年第 12 期。

（二）电视健康传播遭遇"新政策"

2014年10月，国家新闻出版广电总局下发了《关于做好养生类电视节目制作播出工作的通知》（简称《通知》）。《通知》针对电视养生节目做出了明确要求，自2015年1月1日起，电视养生类节目只能由电视台策划制作，不得由社会公司制作，并严禁以养生类节目形式发布广告。[①] 并对节目的主持人以及聘请医学、养生、营养等方面的专家作为嘉宾，观众咨询热线电话的开设等均作出明确规定。

自20世纪60年代电视健康类节目出现以来，国家一直没有制定有针对性的政策、规定对其进行监管，而多是以《药品管理法》《广告管理条例》《医疗广告管理办法》《药品广告审查办法》《药品广告审查发布标准》《医疗器械广告审查办法》《医疗器械广告审查发布标准》等相关法律、条例进行一定程度的监管，缺乏科学性和针对性。可以说，《通知》的出台是电视健康类节目有效监管的重要转折点，具有标志性意义。

随后，国家中医药管理局办公室下发《关于进一步加强对中医养生类节目指导的通知》，针对部分养生类节目严重误导消费者的情况，要求中医药管理部门提高对规范中医养生类节目工作重要性的认识，配合相关部门加强对中医养生类节目的指导，同时禁止医疗机构变相发布中医医疗广告。同时要求中医药管理部门要予以高度重视，配合新闻出版广电部门，做好中医养生类节目和出版物的审核与监管，推动建立中医养生类节目审查机制，[②]进一步支持《通知》的落实工作。

2015年4月24日，十二届全国人大常委会第十四次会议通过了新修订的《广告法》，并决定于9月1日起开始实施。这个号称史上"最严"的新《广告法》中同样出现了许多对医疗药品广告和电视健康节目的相关管理规定。如新《广告法》第16条至18条就分别针对医疗、药品、医疗器械、保健食品等广告作出了明确规定。与以往不同的是，新《广告法》明确规定了药品广告"任何人不能代言"。此外，新《广告法》第19条更是与《通知》相呼应，它明确规定："广播电台、电视台、报刊音像出版单位、互联网信息服务提供者不得以介绍健康、养生知识等形式变相发布医

---

① 国家新闻出版广电总局：《关于做好养生类电视节目制作播出工作的通知》，新广电[2014]223号，2014年10月14日。

② 国家中医药管理局办公室：《关于进一步加强对中医养生类节目指导的通知》，国中医药办新发[2015]2号，2015年2月2日。

疗、药品、医疗器械、保健食品广告。”[①]

可见，不论是国家新闻出版广电总局、国家中医药管理部门，还是国家法律层面，对于事关观众切身利益、媒体社会责任和媒体公信力的电视健康类节目的监管都十分重视，而这些政策、法律法规的下发也确实起到了显著的效果，许多虚假广告、违规节目纷纷下马：2015 年 2 月 3 日，国家新闻出版广电总局要求各级广播电视播出机构立即停播 22 条以节目形式播出的违规广告；[②]2015 年 3 月 24 日，国家新闻出版广电总局下发了《关于立即停止播出“瘦身大赢家”等 31 条违规广告的通知》；[③]2015 年 6 月 16 日，国家新闻出版广电总局又叫停了“长寿密码” 等 31 条违规广告。[④]

（三）电视健康传播面临的“新问题”

近年来，互联网技术迅猛发展，电视媒体的主流地位受到极大挑战，电视内容生产格局也相应产生较大变化。在这个变局中，以健康养生类节目为代表的生活服务类节目获得了比较大的发展空间，涌现出《中华医药》《养生堂》《健康之路》《我是大医生》等名牌栏目，还涌现出《生命缘》《急诊室的故事》等真人秀形态的创新节目。据统计，截至 2015 年 8 月，中央电视台、省级电视台（含副省级电视台）、省会城市台共开办 122 档电视健康类栏目，每个电视台平均超过 3 个；此外还有“央广健康”（中央人民广播电视台）、“卫生健康”（中央电视台）、“百姓健康”（中国健康教育中心）3 个专业付费频道。这些节目不但构成了生活服务类节目的主力军，而且成为荧屏上品质上乘、锐意创新的电视节目类型。

但是，由于栏目众多，制作主体鱼龙混杂，导致节目品质参差不齐，水平高低不一。甚至有些电视台播出的电视健康类节目存在着夸大夸张宣传、嘉宾不具备从业资质等问题；有的采取植入产品功能介绍、宣传产品经销企业热线电话或通过现场观众证明等方式，直接或间接地为药品、保健食品、医疗器械、医院等做广告。这

① 《中华人民共和国广告法（2015 年修订）》，2014 年 4 月 24 日。

② 国家新闻出版广电总局：《关于立即停止播出“名酒汇”“胖大夫”等 22 条违规广告的通知》，新广电［2015］24 号，2015 年 2 月 3 日。

③ 国家新闻出版广电总局：《关于立即停止播出“瘦身大赢家”等 31 条违规广告的通知》，新广电［2015］43 号，2015 年 3 月 24 日。

④ 国家新闻出版广电总局：《关于立即停止播出“长寿密码” 等 31 条违规广告的通知》，新广电［2015］80 号，2015 年 6 月 16 日。

些不仅误导了电视观众，损害了人民群众的利益，还严重影响了电视媒体的形象。以上问题都亟须规范和引导。2014 年 6 月，国家新闻出版广电总局明令禁止《杏林好养生》和《健康 365》两档节目的播出，就是明证。《通知》下发后，河南卫视的《健康就好》、贵州卫视《养生》、江西卫视《名医说健康》、福建电视台《中华养生有三宝》、甘肃卫视《苗医健康汇》等节目的最后播出时间都停留在了 2014 年 12 月。再加上 2015 年 9 月 1 日新《广告法》的实施，对电视健康类节目和广告的监管可谓重拳出击，效果明显。

除了老问题外，电视健康传播还面临“新媒体”的挑战这一新问题。近年来以互联网为基础的新媒体发展迅速。中国社会科学院发布的《新媒体蓝皮书》指出：随着手机终端的大屏化和手机应用体验的不断提升，手机作为网民主要上网终端的趋势进一步明显，微传播成为主流传播方式使得中国新媒体进入“微时代”，而在所有支持微传播的应用软件中，微信是近年来势头最猛的一个。有关数据显示，健康信息的传播阵地有向新媒体传播尤其是微信转移的趋向。根据腾讯公司的微信用户调查，微信文章阅读量统计排名前三的为情感资讯、养生及政法新闻，其中养生类文章以 2.1 亿的阅读量排名第二；在微信公众号文章分享人数的排名统计中，排在前五位的分别是情感资讯、养生、政法新闻、疾病病理和烹饪；①在对微信公众号的使用调查中，健康养生类公众号以近四成的比例与人生励志类、幽默搞笑类位居公众号关注量的前三位。可见，健康养生类信息已然成为微信平台阅读量、转发量和关注量最大的信息类型之一，这也印证了“鸡汤党、养生党刷满朋友圈的现状”。②这是否意味着随着电视媒体传播渠道的边缘化，电视健康传播也慢慢丧失目前的优势地位，甚至面临着被新媒体削弱或者替代的危险。电视广告出现下降趋势的现实其实已经为电视媒体敲响了警钟，电视人增强危机意识、完善传播策略的确迫在眉睫。

（作者：张国涛　胡智锋）

---

① 《腾讯内部报告：微信用户一天到晚都在干啥?》，中国经济新闻网，http：//www.cet.com.cn/itpd/szsh/1429482.shtml，2015 年 1 月 7 日。

② 《最新微信公众号用户行为习惯研究报告》，时代周报网站，http：//testwap.hexun.com/ 2.0/newscontent_0_173263710_100094896_18818859.wml，2015 年 2 月 11 日。

报告一：中国电视健康传播——节目研究报告

一、电视健康类节目发展现状

（一）全国电视健康类节目统计

电视健康类节目是我国生活服务类节目中非常重要的一种类型。其数量众多、类型丰富、形式多样，广泛地分布于我国央视频道、卫视频道和地面频道中。我国电视健康类节目具体数量到底有多少，目前为止还没有一个确切的数字。本研究所选取的电视健康类节目来自央视频道、省级卫视频道、副省级卫视、省级地面频道以及省会城市台，共 122 档，涵盖了大部分电视健康类节目，能够较为全面地描述我国电视健康类节目的基本形态和发展现状。本研究选取的电视健康类节目包括健康咨询、养生服务、人口育儿、食疗健身、医患纪实五种，节目形态囊括演播室谈话类、专题类、真人秀类和资讯类四种。具体节目数据统计情况如表 1 所示：

表 1　中国电视健康类节目调研统计（截至 2015 年 10 月）

序号	节目名称	节目类型	节目形态	播出频道
1	《健康之路》	健康咨询	演播室谈话	中央电视台科教频道
2	《中华医药》	养生服务	专题	中央电视台中文国际频道
3	《人口》	人口育儿	专题	中央电视台综合频道
4	《生命缘》	医患纪实	真人秀	北京卫视
5	《时尚健康》	养生服务	演播室谈话	青海卫视
6	《养生堂》	养生服务	演播室谈话	北京卫视

续表 1

序号	节目名称	节目类型	节目形态	播出频道
7	《健康就好》	养生服务	演播室谈话	青海卫视
8	《健康 007》	健康咨询	真人秀	浙江卫视
9	《因为是医生》	医患纪实	真人秀	浙江卫视
10	《藏地健康密码》	养生服务	演播室谈话	西藏卫视
11	《养生》	养生服务	演播室谈话	山东卫视
12	《妈咪救兵》	人口育儿	真人秀	青海卫视
13	《养生看明天》	养生服务	资讯	旅游卫视
14	《宝宝抱抱》	人口育儿	真人秀	辽宁卫视
15	《最美的你》	食疗健身	演播室谈话	辽宁卫视
16	《饮食养生汇》	食疗健身	演播室谈话	湖北卫视
17	《大生活家》	食疗健身	真人秀	黑龙江卫视
18	《绿色中国味》	食疗健身	真人秀	黑龙江卫视
19	《加油主妇》	养生服务	真人秀	黑龙江卫视
20	《养生季》	养生服务	演播室谈话	黑龙江卫视
21	《健康广场》	健康咨询	演播室谈话	河北电视台
22	《最强大夫》	健康咨询	演播室谈话	贵州卫视
23	《艾问·常识》	健康咨询	演播室谈话	广西卫视
24	《聚健康》	养生服务	演播室谈话	甘肃卫视
25	《生命通道》	医患纪实	真人秀	东南卫视
26	《急诊室故事》	医患纪实	真人秀	东方卫视
27	《我是大医生》	养生服务	演播室谈话	北京卫视
28	《超级诊疗室》	健康咨询	真人秀	安徽卫视
29	《健康才有戏》	养生服务	演播室谈话	重庆电视台影视频道
30	《健健都帮》	健康咨询	资讯	重庆电视台科教频道
31	《不健不散》	健康咨询	演播室谈话	重庆电视台科教频道
32	《非常健谈》	养生服务	演播室谈话	重庆电视台科教频道
33	《健康第一》	健康咨询	专题	重庆电视台科教频道
34	《我本健康》	健康咨询	演播室谈话	重庆电视台公共频道
35	《浙江名医馆》	健康咨询	演播室谈话	浙江卫视钱江都市频道
36	《健康最重要》	食疗健身	演播室谈话	浙江卫视
37	《辣妈健康站》	人口育儿	演播室谈话	浙江电视台少儿频道
38	《经视养生会》	健康咨询	演播室谈话	浙江电视台经视频道
39	《养生星期一》	养生服务	演播室谈话	浙江电视台经视频道
40	《人口》	人口育儿	专题	浙江电视台公共新农村频道

续表 2

序号	节目名称	节目类型	节目形态	播出频道
41	《你好宝贝》	人口育儿	专题	云南卫视少儿频道
42	《健康生活 1+1》	养生服务	资讯	云南电视台都市频道
43	《健康起步走》	养生服务	演播室谈话	云南电视台都市频道
44	《人口与社会》	人口育儿	专题	新疆电视台维语综合频道
45	《医生来了》	养生服务	演播室谈话	四川电视台新闻资讯频道
46	《华西论健》	健康咨询	演播室谈话	四川电视台公共频道
47	《健康四川》	人口育儿	演播室谈话	四川电视台公共频道
48	《X 诊所》	健康咨询	真人秀	四川电视台妇女儿童频道
49	《辣妈酷宝贝》	人口育儿	真人秀	四川电视台妇女儿童频道
50	《我们退休啦》	人口育儿	专题	上海电视台娱乐频道
51	《36.7℃明星听诊会》	养生服务	演播室谈话	上海电视台娱乐频道
52	《名医大会诊》	养生服务	演播室谈话	上海电视台新闻综合频道
53	《名医话养生》	养生服务	演播室谈话	上海电视台新闻综合频道
54	《养生有道》	养生服务	演播室谈话	汕头电视台经济生活频道、影视文艺频道
55	《非常健康》	健康咨询	演播室谈话	陕西电视台家庭生活频道
56	《健康好生活》	养生服务	演播室谈话	陕西电视台家庭生活频道
57	《健康至尚》	食疗健身	演播室谈话	山东电视台体育频道
58	《健康生活》	健康咨询	演播室谈话	山东电视台体育频道
59	《健康早上好》	养生服务	演播室谈话	山东电视台少儿频道
60	《名医大讲堂》	养生服务	演播室谈话	厦门电视台
61	《健康风景线》	养生服务	演播室谈话	宁夏电视台经济频道
62	《百姓健康》	健康咨询	演播室谈话	宁夏电视台公共频道
63	《医生到您身边》	健康咨询	专题	宁夏电视台公共频道
64	《吃出健康来》	食疗健身	演播室谈话	辽宁电视台生活频道
65	《食全食美》	食疗健身	真人秀	辽宁电视台生活频道
66	《快乐新煮播》	食疗健身	真人秀	辽宁电视台经济频道
67	《宝宝爬》	人口育儿	真人秀	辽宁教育青少频道
68	《健康一身轻》	养生服务	演播室谈话	辽宁电视台都市频道
69	《健康看我的》	健康咨询	演播室谈话	辽宁电视台北方频道
70	《健康新食代》	食疗健身	真人秀	辽宁电视台北方频道
71	《百家养生堂》	养生服务	演播室谈话	辽宁电视台北方频道
72	《健身 630》	食疗健身	真人秀	江苏电视台体育频道
73	《快乐健身一箩筐》	食疗健身	真人秀	北京电视台体育频道

续表 3

序号	节目名称	节目类型	节目形态	播出频道
74	《百岁堂》	养生服务	演播室谈话	吉林电视台乡村频道
75	《吉林卫生》	健康咨询	演播室谈话	吉林电视台公共新闻频道
76	《养生节目》	养生服务	演播室谈话	吉林电视台都市频道
77	《健康锵锵锵》	养生服务	演播室谈话	湖北电视台体育频道
78	《人间晚晴》(同我学养生)	人口育儿	演播室谈话	黑龙江电视台公共频道
79	《夕阳佳话》(中华好养生)	健康咨询	演播室谈话	黑龙江电视台公共频道
80	《天天见医面》	健康咨询	演播室谈话	黑龙江电视台公共频道
81	《中华好养生》(中华养生智慧)	健康咨询	演播室谈话	黑龙江电视台公共频道
82	《健康总动员》	食疗健身	演播室谈话	黑龙江电视台都市频道
83	《健康河南》	健康咨询	演播室谈话	河南电视台民生频道
84	《电视门诊》	健康咨询	演播室谈话	河南电视台民生频道
85	《仲景养生》	养生服务	演播室谈话	河南电视台新闻频道
86	《健康中原》	食疗健身	专题	河南电视台新闻频道
87	《天天养生》	养生服务	演播室谈话	河南电视台新闻频道
88	《大医堂》	健康咨询	演播室谈话	河南电视台电视剧频道
89	《名医来了》	健康咨询	演播室谈话	河北电视台都市频道
90	《养生海南岛》	健康咨询	演播室谈话	海南电视台公共频道
91	《与健康同行》	健康咨询	演播室谈话	贵州电视台健康科教频道
92	《健身吧》	食疗健身	专题	广西电视台影视频道
93	《养生节目》	健康咨询	专题	广东电视台综艺频道
94	《健康每一天》	养生服务	演播室谈话	福建电视台综合频道
95	《健康全攻略》	养生服务	演播室谈话	福建电视台综合频道
96	《翁静谈心》	健康咨询	演播室谈话	福建电视台青运频道
97	《健康食神》	食疗健身	真人秀	福建电视台青运频道
98	《运动时间到》	食疗健身	真人秀	福建电视台青运频道
99	《辣妈饭米粒》	人口育儿	资讯	福建电视台少儿频道
100	《人与健康》	养生服务	演播室谈话	安徽电视台科教频道
101	《健康大智慧》	健康咨询	演播室谈话	北京电视台科教频道
102	《养生有 1 套》	养生服务	演播室谈话	宁波电视台新闻综合频道
103	《健康超市》	养生服务	真人秀	山东电视台农科频道
104	《身体健康》	健康咨询	演播室谈话	山东电视台公共频道
105	《名医名院》	健康咨询	演播室谈话	南京电视台教育科技频道
106	《健康行天下》	养生服务	演播室谈话	安徽电视台国际频道
107	《健康播报》	健康咨询	资讯	西安电视台健康快乐频道

续表 4

序号	节目名称	节目类型	节目形态	播出频道
108	《养生新主张》	养生服务	演播室谈话	唐山电视台公共频道
109	《健康时空》	健康咨询	演播室谈话	太原教育电视台
110	《健康时间》	健康咨询	演播室谈话	太原电视台百姓频道
111	《桂龙健康有约》	健康咨询	真人秀	石家庄电视台新闻综合频道
112	《北方名医》	养生服务	演播室谈话	沈阳电视台公共频道
113	《养养精气神》	养生服务	演播室谈话	沈阳电视台新闻频道
114	《食客准备》	食疗健身	演播室谈话	深圳电视台娱乐频道
115	《辣妈学院开课啦 》	人口育儿	真人秀	深圳卫视
116	《国医养生堂》	养生服务	演播室谈话	黄河国际频道
117	《第一健康》	健康咨询	演播室谈话	青岛电视台生活服务频道
118	《健康青岛人》	健康咨询	演播室谈话	青岛电视台第四频道
119	《冬吃萝卜夏吃姜》	食疗健身	演播室谈话	济南电视台都市频道
120	《养生一点通》	养生服务	演播室谈话	大连电视台生活频道
121	《我爱健康》	健康咨询	演播室谈话	合肥电视台生活频道
122	《健康到家》	健康咨询	演播室谈话	北京电视台生活频道

(二)电视健康类节目的传播载体

电视健康类节目在电视媒体上的传播载体,具体表现为频道、栏目、广告(硬广告)、电视购物四种形式。

1.付费频道

央广健康、百姓健康、卫生健康是由原国家广电总局正式批准的三家数字付费电视频道。

央广健康频道由中央人民广播电台主办,前身为“家庭健康”频道,2004 年 10 月正式开播,每天播出 20 小时。频道以传播医疗卫生知识,倡导健康生活方式为宗旨,将专业的医疗卫生知识通俗化地传达给用户,强调医疗卫生事业的社会公益性,致力于成为中国第一电视家庭医生。特色节目有大型直播互动节目《百里挑医》、明星等社会名流参与的《爱在此时》、公益节目以及专题节目《京城名医》等。

百姓健康频道隶属于国家卫计委,由中国健康教育中心主办,于 2007 年 8 月上星播出,每天播出 18 小时。频道依托国家卫生部强大的官方专业背景,突出专业化、权威性、服务型的媒体定位，涵盖新闻发布、热点访谈、健康教育、西医常识、中医集萃、健康娱乐资讯六大内容。以频道品牌命名的整点资讯类节目《百姓健康》实时发布部委新闻、追踪热点事件；《电视医学院》节目每日播出2小时，利用当前先进的电视录制播出手段，实现对在职医务工作者实施再教育的培训目的；周末版《中医博物馆》以御生堂中医博物馆为背景，讲述馆藏文物背后的中医文化，展示民族传统医学的精髓，揭示先祖古老智慧的结晶。

卫生健康频道原属上海文广集团SITV。2014年1月1日，SITV将卫生健康频道的呼号和频道资源交还给中央电视台的子公司——央视卫健（北京）文化传播有限公司制作与运营，从此它成为中央电视台卫生健康频道。频道以传播卫生健康知识为己任，以提升全民健康水平为目标，面向百姓生活，普及卫生健康知识，记录和宣传国家医疗卫生体系改革进程，其特色节目有《健康之路》《天天饮食》《中华医药》等，这些节目多是中央电视台制作的健康类节目。

2.栏目

除了专业付费频道外，从中央到省、地、县各级电视台都开设了与人口健康相关的电视栏目。中央、省级卫视会根据自身的频道定位，开办符合频道主要受众需求的电视健康类栏目。例如，北京卫视的目标受众高学历、老龄化特征明显，于是根据受众特征推出了《我是大医生》《养生堂》等，此类栏目邀请权威专家参与节目，通过专家与现场观众的交流碰撞传播医疗、养生知识。又如深圳作为一个立足中国改革前沿的城市，将“前沿中国”作为频道定位，基于受众年轻化、本土化的特征，推出了以素人、明星相结合的《辣妈学院开学啦》，节目一经播出便获得了较好的口碑。但2014年推出的以“直播生孩子”为看点的真人秀《来吧，孩子》，却因为观众反映播出画面太过血腥而停播，由此可以看出在我国当下的社会环境中，对于面向全年龄层受众的上星频道来说，栏目/节目尺度的把控尤为重要。

3.广告

医药类广告传播也是电视健康资讯的重要渠道。广告是为了某种特定的需要，通过一定形式的媒体，公开而广泛地向公众传递信息的宣传手段。广告有广义和狭义之分，广义广告包括经济广告和非经济广告，狭义广告仅指以赢利为目的的商业广告。充斥我国电视荧屏的医药类广告大都是商业广告，近年来医药类广告用明星做代言人，借明星的人气，模糊或夸大药效的情况屡禁不止，保健品和药品在宣传中界限不明，如郭德纲代言的“百草减肥茶”、郎平代言的“莎普爱思滴眼液”、宋丹丹代言的“优卡丹”等广告就出现了上述情况。2015 年 4 月 24 日，十二届全国人大常委会第十四次会议表决通过了新修订的《广告法》，新修订的《广告法》于 9 月 1 日正式实施。新《广告法》明确禁止在药品、医疗器械、医疗服务和保健食品广告中，利用代言人作推荐、证明。在新《广告法》的监管下，电视医药类广告会有怎样的变化，将是本研究后续重点关注的问题。

4. 电视购物

1992 年，广东珠江电视台首开电视购物的先河。1998 年，我国电视购物行业发展迎来第一次高峰。但随着行业的发展，商品价格虚高、夸大商品功能、商品售后无保障等一系列问题逐渐浮出水面。2006 年，随着国家广电总局、国家工商总局联合颁布的对药品、医疗器械、丰胸、增高产品等五类产品不得在电视购物节目中播放的“禁播令”出台和电视频道专业化进程的推进，电视购物由原来的电视广告直销转变为新一代电视购物频道，如湖南卫视的快乐购物频道、中央电视台中视购物频道等。电视购物是现代都市生活的产物，其快速崛起既避免了人们在传统购物形式中可能面临的人群拥挤、时间成本高等情况，同时其中的信息又具有一定的权威性，这些快捷、便利的特点适应了社会的需求。但是医药类产品的电视直销仍是电视购物节目中问题最多的部分之一。许多商家借助电视购物平台混淆保健品与药品的差异，夸大保健品的医疗保健功效。医药产品涉及人的生命健康，且同样的产品在不同人身上的效用会有一定的差异。因此，电视购物节目应当利用平台的优势与特性引导观众进行理性消费，增强经营者的诚信意识和行业自律精神，借鉴国外电视购物的成功模式，发掘自身优势，这样才能与网络购物相抗衡。

健康类资讯是电视媒体作为一个公共服务机构永远不可缺少的部分，随着社会经济的发展以及人口老龄化的日益严重，健康问题越来越受人们的重视，健康类资讯的社会需求也以爆发式的速度增长。在这样的环境下，如何迎合社会需求，利用好频道、栏目、广告、电视购物的现有渠道并在此基础上结合新媒体资源，将信息更加有效地传达给观众是值得我们不断思考的问题。

(三)电视健康类节目的传播特征

中国最早的电视健康类节目可以追溯到 1961 年 1 月北京电视台(现中央电视

台）开设的《医学顾问》，之后还有《卫生常识》《卫生与健康》等相继问世。时至今日，电视健康类节目已经形成数量繁多、覆盖齐全、领域广泛、形态多样的节目群体，并在发展过程中逐渐形成了较为独特和稳定的特点。

1.电视仍处在健康传播的主流地位

本研究发现，在纸媒、电视、新媒体等传媒形态之中，电视仍处于电视健康类节目传播的主流地位。在大众健康传播领域，大众媒介就是典型的健康传播者。作为最有影响力的大众媒介，电视是观众获取健康信息的主要渠道。观众在不断从电视中获取各种健康信息的同时，会习惯性地依赖电视媒体，从而使电视健康类节目的传播效果更加明显。所以电视在传播健康信息时常常被认为是一个重要的信息来源，也就很容易针对观众进行议程设置并影响其对健康话题的关注程度。①

电视占据健康类节目传播的主流地位，不仅因为电视播出的此类节目数量最多、频度最广，而且还因为电视媒体仍是最具权威性的健康类节目传播媒介。电视媒体作为国家的宣传机构，担负着及时传播准确的健康信息、引导健康生活观念的责任，具有很强的自律性。另外，电视节目还要接受相关管理部门的审查和筛选，出现问题能够及时纠正，国家新闻出版广电总局以及各项关于电视节目制作播出的严格规定对电视健康类节目都具有较为及时的他律性。

近年来随着移动互联网的发展，越来越多关于健康的内容在微博、微信公众号上进行传播，出现的问题也越来越多。研究人员通过对 2014 年 11 月 3 日至 20 日期间被微信用户举报为“诈骗和虚假信息”最多的 255 个公众号文章进行文本分析，发现这类信息中 65％的主题都围绕着人身安全、有关食品安全和疾病养生这三大死亡焦虑主题，其中涉及人身安全的高达 50.98％，涉及食品安全的占 37.65％，与疾病相关的占比为 11.69％。②

2.受众忠诚度高

总结多年的收视经验我们不难发现，电视健康类节目的收视群体忠诚度较高。电视健康类节目主要面向中老年群体，兼顾育龄妇女及慢性病患者等特殊群体。

① 裴小佳：《健康传播在我国电视媒介中的现状及发展途径之探讨》，南京师范大学硕士学位论文，2008 年。
② 《微信朋友圈伪养生信息盛行 255 个公众号遭举报》，《新民晚报》2015 年 8 月 6 日。

这一部分观众，对于健康知识、养生理念以及育儿话题具有较强的需求，因此他们对此类节目的忠诚度较高。从养生节目的观众结构来看，中等受教育水平、年龄在45 岁及以上的中老年观众是养生节目的主要构成群体，同时也是更为喜好养生节目的观众群。因为老年人更加乐于接受传统的中医药理念及其背后的文化氛围，且养生保健知识大多通俗易懂、简便易行，加之养生节目介绍的方法花费较少，符合我国中老年观众注重实际、对价格较为敏感的特性，所以有一定教育水平的中老年观众在主观意愿上更愿意按照电视健康类节目教导的方式改善身体健康。此外，与年轻观众相比，中老年观众有相对充裕的时间，可以准点守候节目开播，也能在非黄金时段收看电视节目。

当然，随着人们物质生活水平的提高以及工作、生活压力的不断增大，关注健康和养生成了全社会共同的话题，越来越多的年轻人也加入到收看电视健康类节目的队伍中来。年轻人习惯在晚间黄金时段收看电视。我们在研究中发现，已经有不少卫视频道开始在黄金时段推出电视健康类节目，相信在不久的将来，会有一批年轻观众成为电视健康类节目的“粉丝”。

3.内容无所不包

健康是一个内涵非常丰富的概念，它既包括寻医问药、治病理疗，又包括许多药理、病理知识的普及和推广。它既注重科学严谨的生物学、解剖学知识，也涵盖不少由生活经验积累而成的“偏方”“验方”。随着健康观念的不断普及和深入，电视健康类节目的关注点也逐渐从普及医药知识向传达健康的生活理念转变。电视媒体作为大众传媒，更要通过贴近生活、采用丰富多彩的形式将这些知识和理念传递给广大观众。本研究按照节目主题，大致将电视健康类节目分为健康咨询、养生服务、医患纪实、食疗健身、人口类节目，可以看出电视健康类节目的题材涉及衣食住行，年龄覆盖老中青幼，节目内容大到中医知识、传统文化，小到地方特色、家庭妙招、偏方验方，皆有涉猎，既有针对中老年观众的养生保健妙招，也有面向青少年群体的健身美容知识；既有针对育龄人群的人口育儿话题，也有调剂退休生活的老年节目；近年来更是出现了不少反映医生、患者生活的医疗纪实类节目。

4.形态多种多样

与节目内容无所不包相对应的是电视健康类节目形态的多种多样。本研究所统计的 120 余个电视节目之中，就包含演播室谈话、专题、资讯以及近年来新兴的真人秀四类电视节目。尽管演播室谈话类节目因其制作周期短、成本低、效果好而成为电视健康类节目的主要形式，但是专题类、资讯类电视健康节目也一直保持着鲜活的生命力。近年来，随着电视纪实观念的不断深入和真人秀节目的热播，不少节目都选择采用真人秀的节目形态进行呈现，这些节目多为反映医院真实生活工作状态的医患纪实节目，或是较为轻松活泼的关注低龄儿童成长的育儿节目。电视健康类节目题材范围广，出现时间长，随着电视媒体的发展，其节目形态也必须不断创新。事实上，各个节目大类下面的节目形态也各有特色，如一些地面频道开办了方言类的电视健康类节目以方便不熟悉普通话的本地观众收看等。

5.服务性强

电视健康类节目的另一个主要特点是其内容的服务性强。

首先，从节目属性上来看，“服务性”是电视健康类节目的基本属性。生活服务类是电视节目中的一个大类，包括婚恋交友类、调解类、健康类和时尚购物类等七大类节目，电视健康类节目就是其中之一。通过电视媒介最大范围地了解人们的迫切需求、实实在在地解决实际困难、传播具有实际价值的生活信息是该类节目经久不衰、常做常新的基础所在，电视健康类节目当然也不例外。

其次，从电视健康类节目的发展历程来看，“服务性”是电视健康类节目的基本追求。电视健康类节目并不是新兴的事物，1961 年北京电视台(原中央电视台）开设的《医学顾问》就是发端；早期的专栏节目中，《科学常识》《医学顾问》等既是知识性的科普节目更是服务性的节目。随着电视健康类节目的发展，其内容超越了科学知识，与大众生活有了更加紧密的联系。所以，电视健康类节目从诞生伊始到发展壮大的过程中，“服务观众、造福于民”一直是其核心追求之一。

最后，从电视健康类节目的受众来看，“服务性”是广大观众对此类节目的基本要求。不同的电视节目观众基本需求也是不同的，如新闻节目追求时效性、综艺节目追求娱乐性，而观众对于电视健康类节目的收看诉求主要集中在服务性上。电视健康类节目的受众大多是年龄较大的中老年人或慢性病患者、孕龄育龄青年等特殊群体。他们对于健康的关注度高，渴望得到更多的健康知识，了解更为全面的养生信息，希望通过节目得到所需要的日常保健信息和知识，解答自己在治病防病方面的困惑和疑问。正因如此，尽管近年来电视健康类节目在形式上不断多元化，娱乐性与可看性大大增强，但其节目的基本内核，还是对于电视观众健康服务诉求的迎合。由此可见,"服务性强"既是电视健康类节目的基本属性,也是电视健康类节目的基本追求,更是此类节目对电视观众基本诉求的回应。

二、电视健康类节目的议题与分类

(一)健康传播的议题分类方式及主要内容

基于不同的维度,健康传播的议题也有不同的分类。为保证本研究对电视健康类节目分类的科学性与合理性,本研究首先对健康传播的议题进行了调研。根据调研考察情况与专家建议,本研究从议题是否涉及人身健康、涉及利益群体的大小、议题的目的与功能、涉及对象、风险性的差异等角度,将健康传播的议题分为以下几类:

1. 生理健康议题和非生理健康议题

基于议题内容是否直接涉及人的身体健康,分为生理健康议题和非生理健康议题。其中,生理健康议题包括:养生保健议题、公共卫生议题、成瘾议题、慢性病议题、艾滋病议题、流行病议题、输入性疾病议题、职业病议题和生殖健康议题;非生理健康议题包括心理健康议题、医疗乱象议题、健康公益议题、健康节日议题、健康组织议题、医患关系议题、环境污染议题、食品安全议题、医疗政策议题(见表 2)。

表 2 生理健康议题和非生理健康议题

主要议题	次类目议题分析	具体议题
生理健康	养生保健议题	老年保健、健身美容
	公共卫生	吸烟、戒烟、雾霾等
	成瘾	酒精、吸毒、药物等
	慢性病	慢性肠胃炎、糖尿病
	艾滋病	艾滋病防治
	流行病	流感、乙肝等
	输入性疾病	SARS、埃博拉、禽流感等
	职业病	尘肺病、环境难民等
	生殖健康	男性健康、不孕不育等

续表

主要议题	次类目议题分析	具体议题
非生理健康	心理健康	精神病、孤独症、抑郁症等
	医疗乱象	看病难、看病贵、药品回扣、医疗腐败等
	健康公益	募捐、义诊、健康科普
	健康节日	爱眼日、爱耳日、睡眠日、男性健康日
	健康组织	健康 NGO、健康产业
	医患关系	医疗事故、医患沟通
	环境污染	PX 项目、TNT、核电站等
	食品安全	食品添加剂、食品检验检疫
	医疗政策	医保、社保、新农合等

2. 个体性议题、群体性议题和公共性议题

基于议题涉及权益群体的大小，可分为个体性议题、群体性议题和公共性议题。个体性议题包括：吸烟、戒烟议题，身体疾病议题，成瘾（酒精、药物）议题，慢性病议题；群体性议题包括：老年健康议题（老年病、阿尔茨海默病），女性健康议题（同妻、家庭暴力等），儿童健康（虐待等）议题，特殊人群健康议题；公共性议题包括：养生健康议题，艾滋病议题，流行病（流感、乙肝）议题，健康公益议题，环境污染议题，食品安全议题，医疗政策议题，医患关系议题等（见表 3）。

表 3　个性议题、群体议题和公共性议题（截至 2015 年 10 月）

个体性议题	群体性议题	公共性议题	
吸烟、戒烟	老年健康	养生保健	环境污染
身体疾病	女性健康	艾滋病	食品安全
成瘾	儿童健康	流行病	医疗政策
慢性病	特殊人群健康	健康公益	医患关系

3. 科普型议题、救助型议题、服务型议题、政策型议题

基于议题的目的与功能，分为科普型议题、救助型议题、服务型议题、政策型议题（见表 4）。

表 4 科普型议题、救助型议题、服务型议题、政策型议题

主要议题	次类目议题分析	具体议题
科普型议题	艾滋病	艾滋病防治
	公共卫生	禁烟、环卫、雾霾等
	食品科学	食疗保健、食品安全
	精神健康	心理卫生、精神病等
救助型议题	身体疾病	急救常识、慢性病诊疗
	成瘾	吸烟、吸毒、酗酒等
	社会救助	家庭暴力
	特殊群体保护	老年保健、孕龄妇女常识
服务型议题	养生保健	中医药知识、日常保健等
	健康咨询	病理药理知识普及等
	健康产业	社会资本与民营医院等
	心理健康	抑郁症、强迫症等
	健康福利	社保、社区医院等
政策型议题	医疗政策	医保、新农合等
	医患关系	医患纠纷、医闹等
	医疗报销	报销制度等
	药品专利	药品侵权、药名管理等
	医疗改革	医疗体制改革、人事变动等

科普型议题包括:艾滋病议题、公共卫生议题、食品科学(转基因食品)议题、精神健康议题;救助型议题包括:身体疾病议题、成瘾议题、社会救助议题(家庭暴力)、特殊群体保护议题;服务型议题包括:养生保健议题、健康咨询议题、健康产业议题、心理健康议题、健康福利;政策型议题包括:医疗政策议题、医患关系议题、医疗报销议题、药品专利议题、医疗改革议题。

4.公众议题、政府议题、行业议题、机构议题

基于议题涉及对象的不同,可分为公众议题、政府议题、行业议题、机构议题(见表 5)。

表 5　公众议题、政府议题、行业议题、机构议题

主要议题	次类目议题分析	具体议题
公众议题	宣传健康政策、普及健康知识、纠正健康观念等	心理健康、健康饮食、养生保健、精神健康、心理健康、减肥美容、自闭症
政府议题	健康体制与制度改革、健康问题与疾病防控、政府环境保护措施等	疫苗行动、流感、控烟、艾滋病、食品生产、环境保护、雾霾
行业议题	产品质量与安全问题、行业市场的商业逻辑等	转基因食品、药品质量与安全、食品质量与安全问题
机构议题	医患关系问题、体制改革问题、医疗收费问题、医疗安全问题等	社会资本与民营医院、医患关系、医疗改革、大病医保

5. 不确定性议题（风险性议题）和确定性议题（安全性议题）

基于人类健康的风险不同，分为不确定性议题（风险性议题）和确定性议题（安全性议题）。不确定性议题（风险议题）包括：转基因安全议题、核电安全议题、雾霾议题、艾滋病议题、化学科技议题、气候变化议题、环境污染议题、医疗卫生议题、遗传病议题（麻风病、狂犬病）、流行病（流感、乙肝）议题、输入性疾病（SARS、埃博拉、禽流感）、抗生素抗药性议题、心理健康议题（自闭症、孤独症）；确定性议题（安全性议题）包括：控烟议题、心理健康议题、健康饮食议题、养生与保健议题、新生儿健康议题、母婴营养议题（见表 6）。

表 6　不确定性议题（风险性议题）和确定性议题（安全性议题）

主要议题	次类目议题分析	具体议题
不确定性议题（风险性议题）	转基因安全、核电安全、雾霾、艾滋病、化学科技、气候变化、环境污染、医疗卫生、遗传病、流行病、输入性疾病、抗生素抗药性、心理健康	转基因食品、核电安全与核泄漏威胁、温室效应、PM 值、PX 项目、麻风病、狂犬病、流感、乙肝、SARS、埃博拉、禽流感、自闭症、孤独症
确定性议题（安全性议题）	控烟、心理健康、健康饮食、养生与保健、新生儿健康、母婴营养	公共场所禁烟、食品安全、产妇护理、二孩问题

(二)电视健康类节目的类型分类

1.电视健康类节目的节目类型

电视健康类节目的议题即养生保健类议题，主要有以下 14 类，分别是医疗生活、中医保健、药品补品、心理健康、养生诈骗、休闲旅游、健康咨询、健康产业、健康政策、健康谣言、食品安全、人口育儿、医患关系、特殊群体。

基于以上分类结合节目的具体内容，本研究将所涉及的 122 个电视健康类节目的节目类型分为五大类，分别是健康咨询、养生服务、食疗健身、医患纪实和养老育儿(见表 7)。

表 7 电视健康类节目类型

节目类型	包含议题	代表节目
健康咨询	健康咨询、健康产业、健康政策、健康谣言	《健康之路》《艾问·常识》《健康大智慧》《健康到家》
养生服务	中医保健、药品补品、心理健康、养生诈骗	《中华医药》《养生堂》《36.7℃明星听诊会》《藏地健康密码》
食疗健身	食品安全、休闲旅游	《饮食养生汇》《大生活家》《健康至尚》《健康最重要》
医患纪实	医患关系、医疗生活	《急诊室故事》《因为是医生》《生命通道》《生命缘》
养老育儿	人口育儿、特殊群体	《人口》《辣妈饭米粒》《你好宝贝》《我们退休啦》

2.电视健康类节目类型

(1)健康咨询类节目

健康咨询类节目是电视健康类节目中非常重要的节目类型之一，涵盖健康信息咨询、健康产业资讯、健康政策普及等方面，在传播健康信息的同时，此类节目还承担着纠正大众健康知识偏差，澄清健康谣言的职责。在本研究统计的电视健康类节目中，健康咨询类节目共 44 档，数量最多。健康咨询类的电视节目多采用演播室谈话的形式，邀请健康专家进行相关知识普及。内容的科学性、专家的权威性以及节目与观众的现场互动，是此类节目的主要看点。

(2)养生服务类节目

在电视健康类节目中，养生服务类节目不但出现时间早，而且备受观众欢迎。养生服务类节目以传播医学观念和养生文化，服务广大电视观众为己任，内容涉及中医保健常识、药品补品的药理作用等信息，能够帮助观众甄别养生信息的真伪，防范养生知识的误读和诈骗。除此之外，此类节目还关注大众的心理健康。本研究统计的养生服务类电视健康节目共43档，数量与健康咨询类节目不相上下。养生服务类节目多以专题节目和演播室谈话的形式出现，特点是注重话题深度，往往与传统医药文化相勾连。因此，养生服务类节目除了宣传养生知识外，对传播传统中医药文化也作出了巨大的贡献。

(3)食疗健身类节目

食疗健身类节目关注日常生活中的健康管理。顾名思义，此类节目以指导健康饮食与介绍运动锻炼方式为主要内容，涉及食品安全、休闲旅游等养生保健类议题。本研究共统计食疗健身类电视节目19档，节目的表现形态包括真人秀、电视专题和演播室谈话等多种形态。与此同时，生活条件的改善使“运动健身”成了日常生活中必不可少的一部分，加之电视台善于迎合观众年轻化的诉求，与运动健身相关的节目内容也逐渐丰富起来。

(4)医患纪实类节目

医患纪实类节目是近几年兴起的电视健康类节目类型。此类节目关注的焦点议题是医患关系，通过纪实的手法反映医患生活的相关内容，促进全社会在医患关系问题上达成尊重生命、增进理解的社会共识。近年来，医患关系问题不断凸显，引发全社会的关注和反思，这也成为医患纪实类节目的发展背景；而电视纪实手段的发展和电视“真人秀”的火爆，为医患纪实类节目的创作提供了客观条件；同时，作为大众媒介，关注国计民生、调节社会情绪是电视媒体义不容辞的社会责任。因此，在各方面因素的合力下，医患纪实类节目应运而生。

(5)养老育儿类节目

养老育儿类节目是电视健康类节目的主要类型之一。此类节目主要涉及的议题有人口育儿、特殊群体以及养老话题等。养老育儿类节目的出现，起初是为了响应我国“计划生育”政策。近年来，随着人民生活水平的提高和我国人口老龄化趋势的日益显著，二孩问题、养老问题等养老育儿话题再次成为社会关心的热点问题。在这样的背景之下，养老育儿类节目焕发了新的生机，其关注的重心从普及“计划生育”政策转向突出人文关怀，传播“优生优育”常识，倡导“老有所养，老有所乐”的健康理念，以专题节目、真人秀等多种形式为观众提供既有普遍性又有针对性的信息。

(三)电视健康类节目的形态分类

1.电视健康类节目的节目形态

电视节目的形态是电视节目的内容载体,是电视节目主题的表现形式。电视节目形态的好坏,决定了电视节目收视效果的成败。本研究将所涉及的122档电视健康类节目依照其节目的播出形态,分为四类:演播室谈话类、专题类、真人秀类和资讯类(见表8)。

表8 演播室谈话类节目

节目形态	具体形态	代表节目
演播室谈话	“嘉宾+主持人+观众”模式	《健康之路》《养生堂》等
专题	“主持人+栏目专题片”模式	《中华医药》《人口》等
真人秀	“真人竞赛或真实记录”模式	《急诊室故事》《生命缘》等
资讯	“主持人+健康类资讯信息播报”模式	《养生看明天》《健康播报》等

2.电视健康类节目分类及代表节目

(1)演播室谈话类节目

演播室谈话类节目是电视健康类节目中最为常见的节目形态。本研究统计的122个电视健康类节目中,共有演播室谈话节目82个,节目占总数的近七成(表略)。

演播室谈话类电视健康节目以“谈话”为主要内容。主持人邀请养生保健专家,围绕观众关心的养生保健议题进行研讨和讲解,包括聊天式谈话、访谈式谈话、综合式谈话等。演播室谈话的形式便于操作和掌控、录制成本相对较低,而专家、观众面对面的形式十分有利于养生健康类内容的传播。因此,演播室谈话成为电视健康类节目最为常见的节目形式。《健康之路》《养生堂》等是此类节目的代表,在受众中获得相当大的认同。此类节目的核心在于现场嘉宾与主持人、观众之间的交流与互动,所以嘉宾选择上的权威性、话题内容上的科学性就成为节目成败的关键。以《养生堂》节目为例,该节目在嘉宾选择上,要求必须是“三甲”医院主任医师及以上资历的医生来担任,以确保节目的权威性与真实性,这也是该节目长期保持高质量与高收视的秘诀之一。

(2)专题类节目

专题类节目是电视健康类节目最早的形式。我国电视健康类节目起步早，其历史可以追溯到20世纪60年代的《医学顾问》《卫生常识》《卫生与健康》等专题节目。时至今日，专题类节目仍然焕发着活力。本研究共统计11档在播的专题类电视健康节目(见表9)。

表9 专题类节目

序号	节目名称	节目类型	播出频道
1	《中华医药》	养生服务	中央电视台中文国际频道
2	《人口》	人口育儿	中央电视台综合频道
3	《健康第一》	健康咨询	重庆电视台科教频道
4	《人口》	人口育儿	浙江电视台公共新农村频道
5	《你好宝贝》	人口育儿	云南卫视少儿频道
6	《人口与社会》	人口育儿	新疆电视台维语综合频道
7	《我们退休啦》	人口育儿	上海电视台娱乐频道
8	《医生到您身边》	健康咨询	宁夏电视台公共频道
9	《健康中原》	食疗健身	河南电视台新闻频道
10	《健身吧》	食疗健身	广西电视台影视频道
11	《养生节目》	健康咨询	广东电视台综艺频道

专题类节目注重节目内容的深度，节目内容更具有集中性。节目往往选取典型话题、典型人物，采取纪实、访谈等形式进行深入挖掘，能够将养生健康话题表达得更加透彻。此类节目的优点是制作简便、成本低，后期剪辑空间大，内容上相对较容易把握。但在真人秀、访谈节目盛行的今天，专题类电视健康节目也遇到了不小的挑战：如何使单一的节目形式富于变化，通过电视艺术手段将单纯的“说教”赋予更强的艺术表现力，考验着此类节目制作者的智慧。在这些节目当中，《人口》和《中华医药》两档节目长盛不衰。尤其是《中华医药》，不但注重养生保健知识的普及，还善于挖掘普通人的养生绝活、养生故事，为节目增添了很强的观赏性。更难能可贵的是，该节目致力于传统中医药文化的普及和推广，深入挖掘节目的文化内涵和历史底蕴，为中国电视健康类节目走出国门，为中国传统中医药走向世界作出了独有的贡献。

(3)真人秀类节目

真人秀类电视健康节目是近几年新兴的节目类型之一。真人秀节目采用真实记录的手法,在规定场景内进行真人演绎,满足了观众的"窥视"欲,为观众营造出更加真实的感官体验。自 2006 年以来,中国电视荧屏掀起了一波又一波的真人秀热潮。特别是 2013 年以来,越来越多的电视节目开始采用真人秀的表现形式进行制作。据本研究统计,在央视、各省级卫视及省会城市以上级地面频道的电视健康类节目中,真人秀节目有 24 个(见表 10)。

表 10 真人秀类节目

序号	节目名称	节目类型	播出频道
1	《健康 007》	健康咨询	浙江卫视
2	《因为是医生》	医患纪实	浙江卫视
3	《妈咪救兵》	人口育儿	青海卫视
4	《宝宝抱抱》	人口育儿	辽宁卫视
5	《大生活家》	食疗健身	黑龙江卫视
6	《绿色中国味》	食疗健身	黑龙江卫视
7	《加油主妇》	养生服务	黑龙江卫视
8	《生命通道》	医患纪实	东南卫视
9	《急诊室故事》	医患纪实	东方卫视
10	《超级诊疗室》	健康咨询	安徽卫视
11	《X 诊所》	健康咨询	四川电视台妇女儿童频道
12	《辣妈酷宝贝》	人口育儿	四川电视台妇女儿童频道
13	《食全食美》	食疗健身	辽宁电视台生活频道
14	《快乐新煮播》	食疗健身	辽宁电视台经济频道
15	《宝宝爬》	人口育儿	辽宁电视台教育青少频道
16	《健康新食代》	食疗健身	辽宁电视台北方频道
17	《健身 630》	食疗健身	江苏电视台体育频道
18	《健康食神》	食疗健身	福建电视台青运频道
19	《运动时间到》	食疗健身	福建电视台青运频道
20	《健康超市》	养生服务	山东电视台农科频道
21	《桂龙健康有约》	健康咨询	石家庄电视台新闻综合频道
22	《辣妈学院开课了》	人口育儿	深圳卫视
23	《生命缘》	医患纪实	北京卫视
24	《因为是医生》	医患纪实	北京卫视

真人秀类节目为电视健康类节目找到了新的表现形式，吸引了更多年轻观众的注意力。近年来，随着全社会对医患关系等社会问题的重视，很多电视健康类节目采用真人秀的形式，对医生和患者之间的关系以及医生的日常工作、生活等进行了展现。《急诊室的故事》《生命缘》《因为是医生》等正是这类节目的代表。这些节目以真实的医生、患者的治疗生活为素材，记录救死扶伤、治病救人的感人瞬间，以真实的电视语言，彰显出对医疗工作者和生命的尊重以及人与人互敬互爱的人间正气。这些节目的播出，以真情打动观众，不但增进了社会对医患双方的了解，还在一定程度上缓解了社会矛盾，启发人们应更加冷静和理性地看待社会发展中出现的问题，为构建和谐社会作出了十分重要的努力，彰显了电视媒体的社会责任。

(4)资讯类节目

资讯类电视健康节目以资讯播报的形式传递健康信息。在电视健康类节目中占比较少，本研究共统计此类节目5档(见表11)。

表11 资讯类节目

序号	节目名称	节目类型	播出频道
1	《养生看明天》	养生服务	旅游卫视
2	《健健都帮》	健康咨询	重庆电视台科教频道
3	《健康生活1+1》	养生服务	云南电视台都市频道
4	《辣妈饭米粒》	人口育儿	福建电视台少儿频道
5	《健康播报》	健康咨询	西安电视台健康快乐频道

资讯类电视健康节目具有咨询类节目的特点，不刻意追求内容的深度，节目信息量大，话题覆盖范围广，信息时效性较强。如西安电视台健康快乐频道的《健康播报》就设有“健康快报”“健康资讯”“专家情报站”“健康新世界”四个板块，具有信息量大、快节奏、点面结合的特点，为观众送上最为实用的养生健康信息。又如《辣妈饭米粒》独辟蹊径，通过整合提炼其他节目的健康信息，丰富自身节目的信息量，实现了健康信息的二次传播。旅游卫视的《养生看明天》更是将养生信息与天气预报相结合，形式独特，令人眼前一亮。

三、电视健康类节目的播出情况分析

(一)全国电视健康类播出频道分析

1.基本概况

电视健康类节目在我国各级电视台,尤其是各级地面频道中都有广泛的分布,全国到底有多少频道创办了多少档电视健康类节目至今没有一个权威的数据。仅从本研究来看,课题组选取的频道包括:中央电视台各频道(央视)、省级卫视频道、省级地面频道、副省级频道和省会城市频道五类频道。因为央视和省级卫视播出的电视健康类节目数量较少,且特点较为一致,考虑到研究的可控性和必要性,按照数量、内容、形式、体量,我们又将此五类频道整合为两大类,即央视及省级卫视(包括中央电视台各频道和各省级上星卫视)和地面频道(省级地面频道和副省级、省会城市地面频道)。

虽然央视及省级卫视频道播出的电视健康类节目体量相对较大,平均播出量略多于地面频道,但是无论是从绝对数量上还是从直接感观上来看,电视健康类节目较集中在各省级地面的科教、生活、都市频道等频道。在节目形态与节目类型上,各频道播出的电视健康类节目较为类似,差别仅限于地面频道在节目类型上缺乏医患纪实类的节目。

央视及省级卫视的电视健康类节目在我国出现较早,影响较大,如中央电视台综合频道的《人口》创办于 1987 年、中央电视台科教频道的《健康之路》开播于 1996 年,中央电视台中文国际频道的《中华医药》开播于 1998 年;近年来省级卫视积极创办健康类节目,如北京卫视的《养生堂》《我是大医生》《生命缘》等,东方卫视的《急诊室的故事》等节目大有后来居上的势头,收获了大批的忠实观众。内容上,央视及省级卫视播出的电视健康类文化品格较高,观点较为专业,主要面向更为广大的全国观众,提供更为健康、现代的养生、育儿、健康理念,注重内容的普及性。

地面频道的健康类节目前身多是科教类电视节目。与央视和省级卫视的同类节目相比,地面频道的电视健康类节目更加活跃,具体表现在播出时段更灵活、播出频率更高、重播率更高、绝对数量更多。这些节目广泛分布于各级地面频道的科教、城市、生活等频道之中。其节目内容与地方观众联系密切，贴近日常生活。这些节目注重内容的针对性和实用性，具有浓郁的地方色彩，甚至有用方言录制的节目，如汕头电视台的《养生有道》。当然，这些节目的发展目前存在着良莠不齐的现象，不少地面频道存在打着电视健康类节目的幌子进行非法医药宣传等违法行为。本研究对这些节目进行了甄别和剔除。

2.统计情况

本课题组对包括央视及省级卫视和地面频道在内的114个播出频道、132档（含不同频道同时播出的节目）电视健康类节目进行统计。其中，播出此类节目的央视及省级卫视频道共20个，节目数量29档（见表12）；地面频道共94个，节目103档（表略）。

表12 央视及省级卫视电视健康类播出情况统计

序号	频道	频道级别	节目名称	节目类型	节目形态
1	中央电视台科教频道	央视	《健康之路》	健康咨询	演播室谈话
2	中央电视台综合频道	央视	《人口》	人口育儿	专题
3	中央电视台中文国际频道	央视	《中华医药》	养生服务	专题
4	北京卫视	省级卫视	《我是大医生》	养生服务	演播室谈话
			《养生堂》	养生服务	演播室谈话
			《生命缘》	医患纪实	真人秀
5	东方卫视	省级卫视	《急诊室故事》	医患纪实	真人秀
6	安徽卫视	省级卫视	《超级诊疗室》	健康咨询	真人秀
7	东南卫视	省级卫视	《生命通道》	医患纪实	真人秀
8	甘肃卫视	省级卫视	《聚健康》	养生服务	演播室谈话
9	广西卫视	省级卫视	《艾问·常识》	健康咨询	演播室谈话
10	贵州卫视	省级卫视	《最强大夫》	健康咨询	演播室谈话
11	河北卫视	省级卫视	《健康广场》	健康咨询	演播室谈话
12	黑龙江卫视	省级卫视	《大生活家》	食疗健身	真人秀
			《加油主妇》	养生服务	真人秀
			《绿色中国味》	食疗健身	真人秀
			《养生季》	养生服务	演播室谈话

续表

序号	频道	频道级别	节目名称	节目类型	节目形态
13	湖北卫视	省级卫视	《饮食养生汇》	食疗健身	演播室谈话
14	辽宁卫视	省级卫视	《宝宝抱抱》	人口育儿	真人秀
			《最美的你》	食疗健身	演播室谈话
15	旅游卫视	省级卫视	《养生看明天》	养生服务	资讯
16	青海卫视	省级卫视	《妈咪救兵》	人口育儿	真人秀
			《健康就好》	养生服务	演播室谈话
			《时尚健康》	养生服务	演播室谈话
17	山东卫视	省级卫视	《养生》	养生服务	演播室谈话
18	深圳卫视	省级卫视	《辣妈学院开课啦》	人口育儿	真人秀
19	西藏卫视	省级卫视	《藏地健康密码》	养生服务	演播室谈话
20	浙江卫视	省级卫视	《健康 007》	健康咨询	真人秀
			《因为是医生》	医患纪实	真人秀

3.数据分析

(1)节目体量

本研究统计涉及频道数量总计 114 个,其中央视及省级卫视频道 20 个,地面频道 94 个。本研究共统计全国电视健康类 132 档,分别在 114 个频道中播出。其中在央视及省级卫视播出的节目有 29 档,在各地面频道播出的节目有 103 档。统计结果见表 13:

表 13　全国电视健康类播出频道统计

播出频道	统计频道数(个)	节目数量(档)
央视及省级卫视	20	29
地面频道	94	103
总计	114	132

注:本研究按照频道实际播出的节目数量统计,包括不同频道同时播出的节目,因此节目数目与总表不一致。

比较两类频道节目的体量可以发现,央视及省级卫视节目的时长约为 40 分钟,周播节目 19 个,日播节目 10 个。地面频道节目的长度约为 28 分钟,日播节目 73 个,周播节目 30 个。央视及省级卫视节目的周播节目体量较大,播出密度较小,而地面频道节目的体量相对较小,但是播出密度较大。可见地面频道播出的电视健康类节目在数量上占据了绝对优势，但是央视及省级卫视的此类节目多为大型节目。

(2)内容与制作

在节目形态上，可以分为央视及省级卫视、地面频道都包含真人秀、演播室谈话、专题及资讯四类节目。

央视及省级卫视包括：真人秀(11个)、演播室谈话(15个)、专题(2个)及资讯(1个)。

地面频道包括：真人秀(11个)、演播室谈话(71个)、专题(7个)及资讯(4个)。

表14　央视及省级卫视、地面频道节目形态分布

分布	百分比	分布	百分比
真人秀	38%	专题	7%
演播室谈话	52%	资讯	3%
真人秀	12%	专题	8%
演播室谈话	76%	资讯	4%

通过比较我们可以看出，各频道播出的电视健康类节目以演播室谈话类为主，专题类、资讯类占比较少，不足20%。央视及省级卫视和地面频道播出的此类节目之间的差异主要体现在真人秀类节目中。地面频道真人秀电视健康类节目占比12%，相较于央视及省级卫视的38%差距明显。这与真人秀类节目出现晚、规模大、对选题制作要求高等因素有关。

在节目类型上，央视与省级卫视的电视健康类包括健康咨询、医患纪实、人口育儿、养生服务、食疗健身五个类型。

其中央视与省级卫视包括健康咨询(7个)、医患纪实(4个)、人口育儿(11个)、养生服务(4个)、食疗健身(3个)。

地面频道此类节目包括健康咨询、养生服务、人口育儿、食疗健身四个类型，其中健康咨询(41个)、医患纪实(0个)、人口育儿(9个)、养生服务(35个)、食疗健身(14个)。

表 15　央视及省级卫视、地面频道节目类型分布

分布	百分比	分布	百分比
健康咨询	24%	养生服务	38%
医患纪实	10%	食疗健身	14%
人口育儿	14%		
健康咨询	40%	养生服务	37%
人口育儿	9%	食疗健身	14%

值得注意的是，地面频道没有“医患纪实”类节目。医患纪实类节目是近年来新兴的一个电视健康类节目类型，其选题难度大，尺度不容易把握，同时拍摄难度、节目体量对地面频道来说都很难把握，这可能是地面频道不选择此类节目的原因。同时本研究发现，已有的《生命缘》《急诊室的故事》等医患纪实类节目，通常运用真人秀的形式进行表现，这就与上述表 14 的数据形成呼应。

(3)节目播出

从播出时段上看，根据本研究统计，央视和省级卫视播出的人口与健康类节目基本集中在 5:30—6:30 时段、9:20 时段、22:00 时段；地面频道播出的节目集中在 6:00－13:00 时段、16:00－19:00 时段以及深夜时段。可以看出，央视及省级卫视的电视健康类节目多选择在“黄金时段”播出，或者新闻节目开始前，全家人齐聚一堂的“亚黄金时段”播出。这与此类节目老少咸宜，主题内容适宜全家人收看因素有关。央视及省级卫视的此类节目制作规模较大，针对的也是更为广泛的受众群体。地面频道播出的此类节目播出时间相对较为自由，针对的多为赋闲、退休在家的中老年观众群体，因此较多选择在白天时段播出，且重播率较高。

4.总结

(1)央视及省级卫视电视健康类节目：制作水准较高，权威性较强

央视作为国家形象的代表，其电视健康类节目除了普及、宣传人口育儿及养生保健知识外，还主动承担起了传承、弘扬中国优秀传统文化的责任。如《中华医药》节目，不局限于对传统医药、疗法的介绍与普及，还大力宣传中医治“未病”、辨证施治的重要理念，具有极高的文化品格和责任担当。省级卫视电视健康类节目在题材上深入挖掘当下观众的实际需求，积极反映社会生活现实，出现了《养生堂》《我是大医生》《生命缘》《急诊室的故事》等贴近百姓需求，引发社会思考的优秀节目，

且形式不断求新、求变，演播室内访谈、室外真人秀等多种形式相结合，让观众耳目一新。尽管前些年因此类节目过于火爆而出现了很多问题，但整体来看，央视及省级卫视在此类节目内容选题上格调较高，无论是选用的资料还是邀请的嘉宾权威性都相对较强。

(2)地面频道健康类节目特点：节目内容贴近百姓生活

地面频道播出的电视健康类节目，以宣传养生知识，普及健康生活理念为己任。其内容大多贴近百姓，尤其是当地百姓的生活，有的节目甚至会来到百姓所在的小区进行节目的录制。这些节目的嘉宾常常较为固定，不少嘉宾已经成了其收视群体耳熟能详的“专家明星”。

(二)电视健康类节目播出时段分析

1. 电视健康类节目播出概览

本研究对统计的 122 档电视节目的播出时段进行了研究。按照习惯，本研究将一天之内的电视健康类节目的播出时段分上午时段、午间时段、下午时段、傍晚时段、晚间时段和午夜时段进行统计研究。研究结果如图 1 所示：

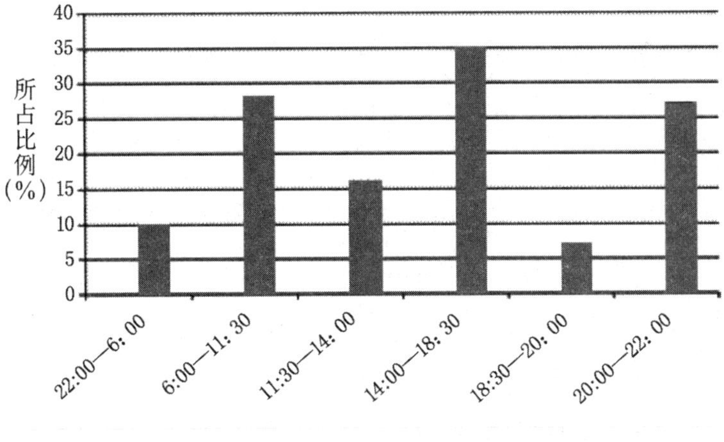

图 1　电视健康类节目的时段分布(1)

其中，上午时段是指 6:00—11:30 时段，这一时段播出的电视健康类节目有 27 档；午间时段是指 11:30—14:00 时段，其间播出的电视健康类节目有 16 档；下午时段是指 14:00—18:30 时段，其间播出的电视健康类节目有 35 档；傍晚 18:30—20:00 时段播出的电视健康类节目有 7 档；晚间 20:00—22:00 播出 27 档电视健康类节目，此外还有 10 档节目是在 22:00—24:00 播出的。

按照收视率和广告收益的高低，业界习惯将每天 18:30—22:00 这一收视率最高、广告效益最好的时段称为“黄金时段”。按照这一逻辑，我们将以上几个时段分为黄金时段（包括傍晚和晚间时段）、次黄金时段（包括午间时段）和普通时段（白天时段和午夜时段），并以此对电视健康类节目的播出时段占比进行了考察，结果如表 16 所示：

表 16　电视健康类节目播出时段占比例

播出时段	百分比
黄金时段	28%
次黄金时段	13%
普通时段	59%

根据上表我们可以看出，大部分电视健康类节目的播出时段是非黄金时段，黄金时段和次黄金时段此类节目的播出量相对整个电视健康类节目播出量不足 50%。

2. 电视健康栏目的播出时段分析

电视健康类节目的播出覆盖时段非常广，每个时段都会有电视健康类节目播出。电视健康类节目在播出时段上既与电视播出的相关规律吻合，也具有其独特的分布特征。

20:00—22:00 是晚间收视最高的时段，这一时段播出的电视健康类节目数目也相当多，且多为较大型、较权威的；午间时段，不少电视观众在回家吃饭、休息时会收看电视节目，因此很多电视健康类节目抓住这一时段播出；16:30—20:00 是新闻类节目的天下，这一时段收视率大多被新闻类节目占据，其他类电视节目较少参与这一时段的竞争，因此电视健康类节目这一时段分布较少也就不足为奇了。以上这些电视健康类节目在电视播出时段上的分布特点，与电视播出的规律相吻合。

数据显示，电视台播出电视健康类节目最多的时段是下午时段，其次是上午时段。白天时段成了电视健康类节目播出的主要时段，半数左右的电视健康类节目都是在这个时段播出的，这与电视健康类节目的受众定位不无关系。此外，电视健康类节目在22:00至次日6:00之间的时段也有播出，其节目集中在22:00之后和次日5:00—6:00的时段。究其原因，一方面与电视健康类节目观众的作息时间相吻合；另一方面或许是因为部分电视台对此类节目不够重视，故将其安排在不太重要的时段播出。这是电视健康类节目收视所具有的独特之处。

3.电视健康类节目播出时段的分布特点

(1)符合目标观众的收视习惯

电视健康类节目的播出受其目标观众收视习惯的影响非常明显。第一，电视健康类节目的受众定位为中老年群体兼顾孕龄妇女和患病人士，这些观众的收视特点是自由时间较长、对电视的依赖性较高，作息规律多为早睡早起、白天活动。由统计数据我们不难看出，电视健康类节目在播出上大多集中在白天的非黄金时段，这正是受到其目标受众收视习惯的影响。第二，电视台播出的电视节目之所以不在白天播出，是因为白天收视人数少、广告效益差。而电视健康类节目的主要赞助商多为医药企业，他们的目标用户正是中老年群体和慢性疾病患者人群，这一群体不但自由时间长、对电视依赖性较高，而且还具有较强的消费能力。因此，电视健康类节目选择在此时段播出，也符合赞助商经济效益上的考量。第三，电视健康类节目的体量较小，收视群体较为集中，如果与其他节目一样选择在黄金时段播出，其收视的竞争力会大打折扣。尤其是在电视剧、电视综艺竞争激烈异常的今天，其收视必将受到严重冲击。因此，电视健康类节目较多的是走差异化路线，选择在收视目标人群更加清晰的白天时段播出。

(2)具有独特的“黄金时段”

在研究中我们发现，电视健康类节目具有其独特的“黄金时段”(见图2)。

下午时段播出的电视健康类节目大多集中在17:00—20:00之间，其中17:00—18:30这一个半小时内播出的节目数达到了27档，与晚间时段节目数几乎持平。可以说，这一时段是电视健康类节目所特有的“黄金时段”。这一时段电视健康类节目播出尤为集中。究其原因，这一时间段内工作、上学的观众大多已经回到家中，收视群体较为密集。电视健康类节目内容老少咸宜，适合全家人一起收看。此外，这个时段也是观众做晚饭的时间，电视健康类节目经常探讨食疗养生话题或者本身就是食疗养生类的节目，符合电视观众在此时段内的收视需要。电视作为目前家庭中的伴随媒体，自然会选择在这个时段播出健康类电视节目。因此，电视健康类节目在 17:00—18:30 之间出现了一天当中播出量的小高潮。这与我们的日常生活经验相吻合。

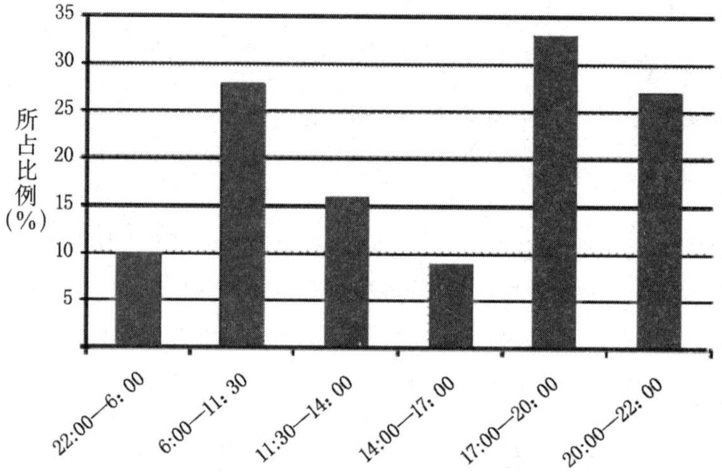

图 2　电视健康类节目的时段分布(2)

(3)电视健康类节目播出时段较为边缘

在研究中我们注意到,虽然电视健康类节目的播出数量较多,密度也相对较大,但是播出时段都比较边缘。这一方面体现在电视健康类节目多在收视基数较小的工作日的日间播出;另一方面体现在部分电视健康类节目的播出时段"非主流"。根据统计数据我们发现,电视健康类节目多为周一至周五的日间节目,其播出时间也较短。周六、周日播出的此类节目也多为时段较差的早间或午夜。在统计中,我们还发现有一些电视健康类节目是在午夜或凌晨时段播出的,这使其收视效果很难得到保证。

究其原因,电视健康类节目制作水平不高,收视效果不好是最主要的问题。电视台节目的播出,既要完成向广大人民群众宣传、普及健康知识的社会责任,又要兼顾收视和广告收入的经济效益。电视健康类节目体量较小,在制作上较为粗糙,尤其是电视健康类节目制作能力不强,很难做体量大、周期长的节目。这样一来,电视健康类节目就更难与综艺类、娱乐类节目相抗衡,也就无法满足电视台对于收视和经济效益的需求。部分节目被打入"非主流"时段的"冷宫",造成了电视健康类节目播出上的尴尬。

四、电视健康类节目的违规与管理

我国老龄化社会加剧、人们进入小康社会与“看病难”“看病贵”的矛盾等原因使得2009年出现了“养生热”的潮流，而电视健康类节目也随之进入了发展黄金期，一时间，电视健康类节目呈现井喷之状，有像《中华医药》《养生堂》《健康之路》等一系列优质电视健康类节目，也有鼓吹“绿豆治病”“断食疗法”的《百科全说》这样传递虚假甚至危害性极强的错误养生观念的节目。

但即使是出现像《百科全说》这样因为伪医生、伪专家而使得其公信力下降、收视率持续下滑直至停播的节目，也未能让类似的电视健康类节目警醒。伪专家仍然层出不穷，频频出现在各个地面频道甚至省级卫视的电视健康类节目中，给观众和社会造成了极大的危害。加之近些年电视台越来越多地采用“以市场为中心，能够整合优势资源，提高电视台工作效率，降低生产成本”①的制播分离模式，让本来应该以传递健康知识、普及科学生活方式为初衷的电视健康类节目出现了变相做广告或私人制作单位“夹带私货”的现象，这不仅对观众的健康造成了危害，还削弱了电视健康类节目的可信度和公信力。

（一）电视健康类节目违规情况迭出

1.违规电视健康类节目、广告情况

2014年《通知》下发后，除了2014年6月份国家新闻出版广电总局明令禁止的《杏林好养生》和《健康365》两档节目外，河南卫视的《健康就好》、贵州卫视《养生》、江西卫视《名医说健康》、福建电视台《中华养生有三宝》、甘肃卫视《苗医健康汇》等节目的最后播出时间都停留在了2014年12月。再加上新《广告法》，这两年来，电视健康类节目和广告的监管可谓效果明显，很多节目、广告因为虚假、变相卖药、虚假专家等原因被叫停。

（1）虚假广告

《通知》继2015年1月1日生效起，已经取得了明显的成效。2月3日，新闻出

① 闫朋辉：《养生类电视节目问题及对策研究——从国家新闻出版广电总局整顿养生类电视节目谈起》，《新闻知识》2015年第1期。

版广电总局要求各级广播电视播出机构立即停播22条以节目形式播出的违规广告。被叫停的22条变相广告中,“胖大夫”“瘦身大讲堂”“美丽制造师”“美丽我当家”“黑发传奇”“头发黑起来”“搓出黑头发从此不染发”“乌发宝黑发膏方”“斑博士”“祛斑的秘密”“健康补硒”等广告以节目形式,采用主持人主持、专家推荐、现场互动、消费者作证明等方式,变相为“1日瘦身汤”“绿瘦”“一搓黑”“斑博士”等产品或服务作广告宣传,且存在夸大夸张宣传、误导消费等问题。①

在3月24日《关于立即停止播出“瘦身大赢家”等31条违规广告的通知》中,“瘦身大赢家”“美丽不难”“岁月无痕”“植发造林21天长新发”“吉米祛斑大讲堂”“食话食说”“心脑卫士”“疼痛病治疗”“耳病治疗”“抽烟大智慧”等广告以节目形式,采用主持人主持、专家推荐、现场互动、消费者作证明等方式,变相为“陈老师泄油瘦身汤”“吸油瘦”“LARHEA月之谜护肤”“秃大夫的‘发根活力素’”“CC祛斑精油”“纳豆”“苦客安温灸膏”“舒尼迩滴耳油”“净烟器”等产品或服务作广告宣传,且存在夸大夸张宣传、误导消费等问题。“探索·乳桃丰胸”则是以节目形式,采用主持人主持、嘉宾互动、现场观众作证明等方式,宣传丰胸产品,属于国家新闻出版广电总局明令禁播的广告内容,且存在夸大夸张宣传、误导消费等问题。②

不仅如此,6月16日,国家新闻出版广电总局下发通知又叫停了“长寿密码”等31条违规广告。该通知认为:“长寿密码”“治癣国药—生安”“百姓秘事——为您讲述男人感兴趣的事”“探索·野油菜治眼病”“探索·毒黑刺蚁”等,以新闻纪录片、采访报道等形式,分别为“海维牌欣能胶囊”“一生安金蝉抗体酶”“补肾产品”“硒蛋白清毒洗眼法”“黑蚂蚁治骨病”等产品或服务作广告宣传,且存在夸大夸张宣传、以专家或消费者作证明、误导消费者等违规问题。而“戒烟进行时”“谈烟色变——国医专访”等以电视节(栏)目形式,分别为“神奇烟嘴”“一戒能量烟嘴”等产品作广告宣传,且存在夸大夸张宣传、以专家或消费者作证明、误导观众等违规内容。③

(2)变相卖药

除了显而易见、容易辨别的虚假广告外,危害更大、不易被发觉的当属各省级

① 国家新闻出版广电总局:《关于立即停止播出“名酒汇”“胖大夫”等22条违规广告的通知》,新广电〔2015〕24号,2015年2月3日。

② 国家新闻出版广电总局:《关于立即停止播出“瘦身大赢家”等31条违规广告的通知》,新广电〔2015〕43号,2015年3月24日。

③ 国家新闻出版广电总局:《关于立即停止播出“长寿密码”等31条违规广告的通知》,新广电〔2015〕80号,2015年6月16日。

卫视及地方频道明为养生节目，实则是变相卖药的电视栏目。如 2014 年 6 月被国家新闻出版广电总局点名叫停的《杏林好养生》和《健康 365》。

《健康 365》是以“医生”宋一夫讲养生为主，但不论他是讲颈椎、讲血压还是讲风湿或者心脏病，最后的目的均是卖他的保健品——雪灵芝。[①]除了《吉林好养生》和《健康 365》这两档节目外，河南卫视的《健康就好》，嘉宾主讲人指出针对糖尿病的治疗可以使用“营养素”，变相推销自己的商品。甘肃卫视的《苗医健康汇》，其最终目的也是变相推销商品“苗祖定喘方”。

电视健康类节目中的变相卖药要想成功，获得好的收效就离不开对“神医”“专家”的打造，而这类以推销商品为目的的节目是无法请来正规医院甚至三甲医院的正式医生的，所谓的“神医”“专家”不过是伪造出来的“假专家”。

(3)虚假专家

电视健康类节目有意或无意打造出的“神医”般的人物，不仅没能传递健康的养生知识，反而造成贻误观众病情、危害观众生命的恶果。

在《通知》下发之前，湖南卫视《百科全说》就因“假神医”事件和收视率下滑被停播，但这并未遏止“神医”之风。河南卫视的《健康就好》节目主讲人学历涉嫌造假，且所有的节目都是在推销他的“营养素”，电视上的热线电话也被用来卖药。最终，该节目由于主持人、专家资质、热线电话、变相卖药等问题遭停播。

(4)主持人专家资质

不同于“假专家”“伪医生”，许多节目制作的过程、传递的信息并没有太多的违规和错误导向，但由于不符合 2014 年《通知》中的主持人、专家资质的要求也面临被停播的问题。如江西卫视的《名医说健康》的主持人明显资质不合格，贵州卫视的《养生》节目主持人赵玉宁只是养生专家，明显没有播音主持资质证明，[②]其节目的制作与播出也停留在了 2014 年 12 月。

(5)明星代言及夸大效果

由明星代言及夸大效果而遭到停播的节目，主要是由于新《广告法》中关于药品广告“任何人不能代言”的规定。新《广告法》一出，首个被“开刀”的违法广告就与医药相关，即由陈宝国代言的鸿茅药酒广告。因为此药酒属于药品，根据新《广

---

① 《两档养生节目被停播　2015 年或有一半节目退出荧屏》，《时代商报》2014 年 10 月 21 日。

② 《网曝总局发文规范养生类节目　大批节目或将夭折》，腾讯娱乐，2014 年 10 月 14 日。

告法》第十六条,医疗、药品、医疗器械广告不得利用广告代言人作推荐、证明,因此被立案。

而新《广告法》中一条“以虚假或者引人误解的内容欺骗消费者、误导消费者”的行为属于虚假广告的规定,就让职业打假人刘殿林以“虽然没有直接宣传核桃具有补脑的功效,但(通过广告或标识)已经足以让消费者自己去联想,其实是一种巧妙的误导,进而让消费者产生误解”[①]这样的理由将“六个核桃”送上法庭。号称“史上最严”的新《广告法》不仅向广告商,也向电视健康类节目的制作者、电视台的管理者敲响了警钟。

2.整顿电视健康类节目遭遇的问题

2014年《通知》的下发和2015年新《广告法》的实施,对勒令违规节目、广告停播,监督在线节目进行自律和整改方面的监管取得了较大的成效。但我们也发现,在政策实施中也存在着一些问题和漏洞。

(1)违法收益远高于违法成本

在《法治周末》记者的调查中我们可以看到,许多变相卖药的节目、栏目实质是广告,但他们购买了电视台的栏目时段播放,前面的所谓“养生知识”都是拖延时间的铺垫,重点就是节目中穿插的对保健品、药品、营养品、医疗器械或者医院的推销与宣传。而新《广告法》规定,违反规定利用广告对商品或服务进行虚假宣传的,由广告监督管理机关责令广告主停止发布,并以等额广告费用在相应范围内公开更正消除影响,并处以广告费用一倍以上五倍以下罚款。但在实际操作过程中,电视媒体一般都没有受到经济处罚,大多是被处以整改或者停止播放虚假广告的惩处。电视媒体和保健品厂商获得的利润较其所需支付的违法费用相差甚远。[②]因此,仍然有许多电视媒体和厂商顶风作案。

(2)被叫停的违法节目改头换面继续播出[③]

2014年6月,新闻出版广电总局叫停了《健康365》和《杏林好养生》两档养生节目,认为其违反新《广告法》和《广播电视广告播出管理办法》等规定,以隐蔽性植入广告和患者作形象证明等形式,变相为药品、保健食品等作广告,并夸大宣传,严重误导消费者。但两档节目却改头换面,分别以新的名字《枫叶正红》《朝花夕拾》

① 郑丽娇:《六个核桃真的能补脑健脑吗?》,南方周末微信公众号2015年10月22日。

②③ 戴蕾蕾、沈佳苗:《养生节目监管之难》,《法治周末》2014年10月28日。

出现在多家电视台。《枫叶正红》的主持人还是《健康365》的主持人宋一夫，《朝花夕拾》的主持人也还是《杏林好养生》的节目主持人于洋，连推销的产品也还是以铁皮枫斗口服液为主的各类产品。

(3)社会制作公司仍可打擦边球

2014年10月的《通知》中明确表示，禁止社会公司制作养生类节目。但实际上，仍有许多养生节目是由社会制作公司制作的，他们以策划团队或顾问团队等多种名目和形式继续参与养生节目的制作。①

可见，对电视健康类节目的监管不是一两个通知就能顺利完成的，还需要法律的完善、社会机构和民间团体的监督以及媒体行业的自律来共同努力。

(二)电视健康类节目的政策新机会

电视健康类节目虽然面临着国家新闻出版广电总局和新《广告法》等政策的限制与监管，但近两年出台的对娱乐、真人秀节目的限制政策，对电视健康类节目而言，却是发展的大好时机。

2011年10月，国家广电总局正式下发了《关于进一步加强电视上星综合频道节目管理的意见》，指出电视上星综合频道要对节目外形不异、数量浩繁的婚恋交友类、才艺竞秀类、感情故事类、游戏竞技类、综艺文娱类、访谈脱口秀、真人秀七种类型的节目实施播出总量和播出时间的节制。同时扩大消息、经济、文明、科教、少儿、纪录片等多种类型节目的播出比例。各电视上星综合频道还要创办一个弘扬中华民族传统美德和社会主义核心价值观的思想道德培育引导栏目。②这对属于生活服务大类，旨在宣扬中华传统养生知识，传递健康生活观念的电视健康类节目来说无疑是个好消息。

2015年1月1日颁布的加强版"限娱令"即"一剧两星"政策，规定"同一部电视剧联播的上星频道至多两家，且每晚播出数量不超过两集"，③加之受限娱令的影响，这一时段又不能播出娱乐综艺性质的节目，使得"920节目带"即晚间9:20—10:00应运而生，各大卫视纷纷就这40分钟左右的时长开动脑筋，具有纪实性、紧张感、科普性的医患纪实类节目意外成了"920节目带"的黑马，如北京卫视的《生

---

① 戴蕾蕾、沈佳苗:《养生节目监管之难》,《法治周末》2014年10月28日。

② 国家新闻出版广电总局:《关于进一步加强电视上星综合频道节目管理的意见》,2011年10月25日。

③ 国家新闻出版广电总局:《总局对卫视综合频道黄金时段电视剧播出方式进行调整》,2015年4月15日。

命缘》、浙江卫视的《因为是医生》、东方卫视的《急诊室故事》和东南卫视的《生命通道》等，都获得较高的收视和较好的口碑，为电视健康类节目的发展开辟了新的道路。

2015 年 10 月，中国共产党第十八届中央委员会第五次全体会议公报决定实施的全面开放二孩政策，也给电视健康类节目中的育儿、养老和人口类节目带来了新的发展路径和契机。

总体来看，近两年有关电视健康类节目的政策和法规，无论是限制监管还是鼓励发展，都是对此类节目未来的健康、规范发展所作出的努力。因此，我们希望在良好的政策环境下，中国的电视健康类节目能不仅仅有《中华医药》《养生堂》《健康之路》等，还能出现更多形式多样、内容多元的优质节目。

五、电视健康类节目的问题与提升

（一）电视健康类节目的主要问题

目前全国电视健康类节目发展迅猛，节目数量不断增多，质量较之以往也有了显著的提高。但是我们也应注意到，目前的电视健康类节目还存在着以下几个突出问题。

1. 虚假宣传现象严重

研究中我们发现，在 2015 年《通知》执行之前，不少电视健康类节目采用的是制播分离的制作模式，即节目的策划、制作由赞助公司外包给影视制作公司完成，电视台只负责节目的播出。在这一模式下，很多电视健康类节目就成了一些医药企业为自己产品进行宣传的工具，有的节目甚至赤裸裸地进行非法医药宣传。近年来一些“过气”明星参与非法医药广告的事件屡见不鲜，甚至出现了由群众演员扮演专家，一人“分饰多角”的闹剧。2014 年 6 月 13 日，由于《健康 365》和《杏林好养生》两档养生类电视栏目向观众进行药品、医疗器械及保健食品的变相推销，对消费者进行误导欺骗，国家新闻出版广电总局下发了《关于立即停止播出〈健康 365〉和〈杏林好养生〉等养生类电视节目的通知》，要求这两档正在播出的节目立即停播。此时，总局强调目前各级电视台要对播出的健康养生类电视节目进行全面审查，开展自查自纠，发现变相进行药品推销和宣传的，一律叫停。

2. 节目科学性、严谨性缺失，影响节目公信力

电视健康类节目关注的是人体的健康与生命，其节目内容对观众治疗疾病、保健身体起着非常重要的引导作用。正因如此，“人口与健康”类节目的选题论证、支撑材料的科学判断以及嘉宾的权威性，都是决定节目成败的关键因素。这归根到底是一个科学问题，往往“失之毫厘”就可能“谬以千里”。然而在研究中我们发现，电视健康类节目迅速发展的过程中，无论是省级卫视还是地面频道播出的此类节目，都出现过节目科学性、严谨性不足的问题。如湖南卫视《百科全说》曾一度成为全国收视率第一的电视健康类节目，但由于该节目在嘉宾的选择鉴别方面存在问题，给一些伪专家提供了可乘之机。这些人正是利用了这样的“商机”，利用了电视台的公信力，以“中医学”为噱头，欺骗消费者。他们打着传播健康资讯的幌子，实则在为药品、医疗器械及医疗服务作宣传。节目一旦丧失了公信力，也就意味着“死亡”。从2010年开始，《百科全说》收视率持续下滑，并分别于2010年、2011年两次停播，如今这个曾一度稳居全国收视率第一的“娱乐养生”节目已经不见踪影。

3. 节目播出覆盖率低，多为非黄金时段

近年来，电视健康类节目在节目数量上一直保持着繁荣发展的态势，在制作质量和观众认知度上都有了很大的提高。尽管如此，我们在研究中仍发现，电视健康类节目的频道覆盖率并不高，主要体现在电视健康类节目的播出时间多为非黄金时间，这一点在地面频道中尤为突出。究其原因，是电视台对此类节目的重视程度不够，这与电视健康类节目的收视号召力不强有关：节目内容的局限性和形态上的同质化等问题使得电视健康类节目远没有电视剧和娱乐节目的收视号召力。事实上不少地面频道的电视健康类节目一度面临着被民生新闻、综艺节目和电视剧边缘化的危机。电视健康类节目播出覆盖率低的另一个重要原因是电视健康类节目在受众定位、节目形态等方面的缺失。说起电视健康类节目，制作者会习惯性地将受众定位为退休在家的中老年人，这些观众大多时间较为充裕，会在白天收看电视。因此我们发现，很多电视健康类节目的播出时段是上午或下午的非黄金时段，而在收视的黄金时段，即19:00—22:00播出的节目寥寥无几。事实上，随着人们生活水平的提高，关注健康和养生早已成了全社会的共识，如果仅仅关注老年收视群体显然是不合时宜的。

4.节目制作同质化严重

在本研究统计的122档全国电视健康类节目中,演播室谈话类节目有86档,占71%;其他三类节目合计不超过节目总数的30%(见表17)。演播室谈话几乎成了养生类电视节目的标志性形式,节目场景几乎是千篇一律的"主持人+嘉宾+现场观众"的形式。电视健康类节目讨论的是关乎百姓健康和生命的话题,具有非常广泛的社会需求,理应受到观众的普遍欢迎,然而雷同的模式、相似的场景,很难给观众留下深刻的印象。同质化的节目模式加上良莠不齐的制作水平,电视健康类节目给观众留下的整体印象并不算好。诚然,电视健康类节目讲究的是科学,追求的是相对实用的养生方法、健康知识,但是作为电视文艺中非常重要的组成部分,电视健康类节目不应该只是"有用",还应兼顾"好看"。广大电视健康类节目的制作者有必要在增强节目的可看性上下功夫,一方面丰富节目的形态,另一方面尽可能多地运用电视声画语言,不断为观众提供新的观赏体验,使之真正做到既"有意义"又"有意思"。

表17 电视健康类节目形态分布

分布	百分比	分布	百分比
真人秀	18%	专题	7%
演播室谈话	71%	资讯	4%

5.品牌意识差,长寿节目少

从话题的普适性、与百姓生活的贴近性的角度来看,注重大众健康话题是电视健康类节目的优势,但从节目的差异性角度来看,话题的相近性也是此类节目的劣势所在。电视健康类节目虽然数目繁多,但是诸如《健康之路》《养生堂》等让人耳熟能详的品牌节目并不多,类似《中华医药》这种长盛不衰的节目更是少之又少。

走"差异化"之路,打造品牌,进而提升影响力是电视节目的普遍追求,对于电视健康类节目而言,这样的需求更为迫切。新媒体时代,观众对于视频信息的接受早已不再局限于电视机,越来越多的观众转向了互联网、移动客户端。在这种形势下,电视健康类节目单靠数量和播出密度的"轰炸"肯定是不可取的。对电视栏目而言,品牌的打造最重要的就是要挖掘栏目的独特优势,寻找优质资源、稀缺资源、不可替代的资源，做到“人无我有”“人有我优”“人优我特”“人特我绝”。[①] 节目制作者必须及时转换思路，尽快打造属于自己的品牌节目，争取在区域内“独树一帜”或在领域里“独辟蹊径”，创作出在观众中有口皆碑的品牌节目、“长寿”节目。

(二)电视健康类节目的提升途径

1.提升电视健康类节目的关键

(1)电视健康类节目的四个相关方

电视健康类节目的制作、传播、接受及管理主要涉及以下四个方面：医药企业、电视媒体、政府部门、电视观众(如图3)。这四者在电视健康类节目的传播中身份各不相同，诉求也各有差异。

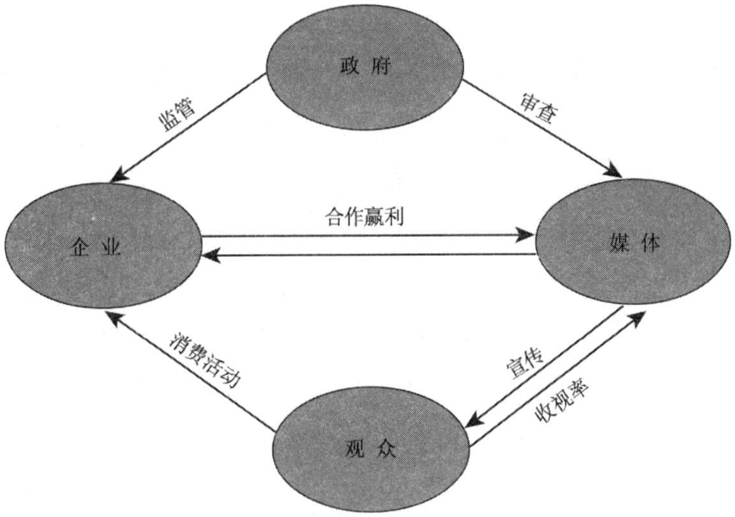

图3 电视健康传播中的相关方

电视媒体是电视健康类节目的制作者和传播者，决定着电视健康类节目的质量，是电视健康类节目内容的主要把关人。电视媒体介于医药企业与广大观众之间，其主要诉求一方面是为观众提供健康有益、喜闻乐见的节目以满足观众的收视需要，完成自己的社会责任；另一方面是对医药企业等广告主负责，获得更多的收

① 胡智锋：《电视品牌的特征及创建》，《中国电视》2003年第9期。

视率并创造经济收益。

医药企业作为电视健康类节目尤其是医药类节目的发起者和赞助者，直接面对的是电视台。作为企业，经济利益的最大化是其最根本需求。

电视观众是电视健康类节目的接收者，他们观看电视健康类节目的目的是获得更多的健康信息，了解更多养生知识。他们对于节目的认可程度影响着节目的收视，决定着节目的成败。健康类节目的观众以中老年人群为主，他们本身可能正面临着或多或少的健康问题，甚至很多观众本身就是慢性疾病的患者。这类观众相信电视媒体的权威性，希望在电视上了解相关的健康养生知识来指导日常生活。无论是在节目现场的画面中还是在日常生活的收视经验中，我们经常会看到拿纸笔认真记录的电视观众。因此，电视健康类节目中知识的科学性就显得尤为重要，必须引起重视。

政府在电视健康类节目的传播过程中起着管理和监督的作用，职责涉及相关节目内容的审查、节目播出情况的监督以及相关管理条例的出台等。在电视健康传播中，政府的规范、协调作用非常重要。对于医药企业，政府起着监督管理的作用，包括制定政策法规保障医药企业合法宣传的权益，打击医药企业的不法宣传行为等；对于电视媒体，政府起着审查和指导的作用，保障电视健康类节目合法合规地传播，确保电视媒体履行其社会责任。相关政府机构并不直接面对广大观众，而是通过一些政策的发布和相关解读间接地向观众起到宣传、告知作用。政府的最大诉求是保障电视的合法、正常播出，保障社会稳定运行，保障人民群众的合法权益。

(2)电视健康类节目成败的关键：社会效益与经济效益的统一

电视传播的主体是电视台。电视台除了担负一定的社会责任外，还要完成创收赢利的任务，而医药企业往往是电视健康类节目的赞助者。正是在利益的驱使下，电视台与医药企业达成了同盟。结合目前出现的问题我们发现，电视健康类节目质量提升的关键是实现电视媒体与医药企业间社会效益和经济利益的统一。

电视媒体与医药企业合作，其共同目的是进行企业和产品的宣传，以帮助企业获得更高的经济利润，同时为电视媒体创造广告收入。但是我们必须清醒地意识到，电视台作为事业单位，肩负着宣传引导主流价值观、普及科学知识、服务大众的社会责任，这是由电视台的属性决定的。传播科学养生观念和医疗理念，服务大众医疗卫生事业，是电视健康类节目的价值所在。如果电视媒体抛弃了这一价值，单纯地为追求经济效益而夸大产品疗效，不经验证地宣传“神医”“神药”，失去其在健康传播方面的公信力，观众流失就在所难免了。观众的流失自然会影响收视率，企业借助节目进行产品宣传的目的也将无法实现，甚至还会让观众产生反感，最终对医药企业产生不良影响。电视健康类节目传播的是科学知识，关乎观众的健康。因此，电视媒体社会责任的履行是电视观众信任、收看电视节目的心理基础，是实现电视健康传播的“本”；医药企业、医疗机构的品牌推广应体现在节目的科学性、严谨性之上，其产生的经济效益是“末”，是自然而然的。如果舍“本”而逐“末”，那么产生类似《健康 365》《杏林好养生》等问题节目的现象则是必然的。

2.电视健康类节目的提升路径

电视健康类节目的提升，需要政府部门、电视媒体、医疗机构与医药企业，以及电视受众等各方合力并举。

(1)政府部门：鼓励健康传播理念，制定合理政策

政府部门应该鼓励积极、有益的健康理念通过电视进行传播。一方面，随着人民生活水平的提高和生活方式的改变，越来越多的人开始关注健康问题，积极正确的健康保健理念是人民群众亟须得到普及的重要信息。尤其是近年来，医患关系、医疗保险、二孩政策等成为人们热议的话题，健康传播已经不仅仅是科普问题、服务话题，更成了全社会关注的一个重要议题。处理好健康传播问题，不仅仅关系到老百姓的健康生活，更关系到相关政策的落实，关系到社会的和谐运行。另一方面，电视健康类节目是电视台发挥公共文化服务的有力载体。在电视行业节目丰富繁荣发展的今天，鼓励电视健康类节目的健康发展有利于电视社会责任的实现。因此，政府相关部门尤其是电视管理部门应该积极引导、鼓励电视健康类节目的健康发展，为电视媒体提供良性发展的有力支持。

政府严格监督的同时应制定合理的扶持政策。在电视健康类节目的传播过程中，管理和监督是政府部门尤其是电视管理部门最重要、最直接的职能。及时、有效的节目审查、节目播出情况监督以及出台相关管理条例，是规范电视健康类节目传播、提升电视健康类节目品质的重要保障。“疏”胜于“堵”，除了禁止和查处违法、违规的电视健康类节目外，为规范电视健康类节目提供有利于其发展的渠道也是推动电视健康类节目制作传播的题中之意。电视健康类节目的制作专业性强，具有其独一无二的特征和规律。随着新媒体的发展，电视媒体的节目制作也面临

着前所未有的挑战。在这种情况下,政府更应制定符合节目规律的政策措施,而非采取“一刀切”的政策手段,为了降低节目的问题风险而限制电视健康类节目的创作。政府部门可以通过对电视健康类节目的制作主体与播出平台进行双向把控,让电视健康类节目的利益相关者风险共担。通过制定完善的法律法规和规章制度,做到有法可依;同时加大惩罚力度,从源头上阻止不良信息的传播,尽可能规避电视健康类节目的伪健康传播,明确该类节目的传播方向,保障电视健康类节目的可持续发展。

(2)电视媒体:充分挖掘政策空间,加强节目创新,合理利用新媒体资源

2014 年国家新闻出版广电总局颁布了“加强版限娱令”、《关于做好养生类节目制作播出工作的通知》,2015 年颁布了新《广告法》等法律法规,这些法律法规的颁布对电视媒体制作、传播电视健康类节目做出了更多的规范和指导。对于电视媒体来说,这既是规范也是机遇,应充分挖掘政策空间,提高电视健康类节目的节目质量,加速电视健康类节目的创新,提升节目的播出效果。只有这样,才能保证电视健康类节目的可持续和长远发展。

要做到充分挖掘政策空间,加强节目创新,合理利用新媒体资源,电视媒体可以从以下几个方面努力:

一是把握好电视播出时段调整的机遇,开拓属于电视健康类节目的“黄金时段”。随着“一剧两星”“一晚两集”政策的正式实行,由于电视剧集减少为晚间时段创造出的“920 节目带”,成为各家卫视收视竞争的新阵地。作为衔接电视剧与大型综艺节目之间的桥梁,总时长约 40 分钟的“920 节目带”成为各家电视媒体的发力点,该时段节目也呈现出百花齐放态势,新闻、纪实、文化、公益都聚焦于此。而作为受众收视需求强烈的电视健康类节目,无疑可以牢牢抓住这一播出时段,打造专业化、精品化的电视健康类节目,通过“小而精”的叙事方式打造出优质的电视健康类节目,从而满足受众专业化的收视诉求。

二是电视媒体创新电视健康类节目形式,保障节目品质。电视健康类节目自 20 世纪 90 年代以来,几乎就已形成较为固定且单一的节目样式,综合分析可以发现,我国电视健康类节目的形式单一——以谈话为主,由主持人、嘉宾和专家三方同时组成,围绕特定的健康养生知识,抑或就疾病问题进行谈话,其中辅以现场或者场外观众的参与,这是目前电视健康类节目的主要形态。而主持人、专家是电视健康类节目的重要元素。电视媒体应重视电视健康类节目的主持人与专家的选

择，针对电视健康类节目的收视主体多为老年观众这一特点，应选择朴实沉稳、大气自然的主持人，同时也应尽量选择具有权威性，真正懂得专业健康知识的专家，以此赢得观众的信任和认同。与此同时，随着电视技术的革新，电视健康类节目应在节目形式与创作手法上有所创新。综观国外的电视健康类节目，其表现元素花样百出、表现形式丰富多彩，如日本、德国等国家在此类节目中就大量使用外采专题片、动画片、图片、图表、模型等众多表现形式；美国、英国、法国等国家在这类节目中则尽可能地将人物故事、体育、舞蹈表演、游戏等贯穿其中，以“寓教于乐”的方式来传播健康知识。利用电视健康类节目整合、规范的契机，超越此类节目说教式的传统模式，使电视健康类节目的形态更加鲜活，使其节目元素与形态更为多样，从而增强节目的可看性与艺术性。

三是树立品牌意识，开辟新的传播渠道，实现内容的“二次传播”。所谓“二次传播”就是指对已经在媒体上传播的内容直接或经过整合后再进行二次传播，这种传播可以在多种媒体上进行。电视健康类节目的内容涵盖面广，并且经过重新加工和整合后，很容易形成系统性的新内容。应将节目中所涉及的内容进行整合加工并通过图书、音像制品等方式进行再次传播，这样既能满足受众随时随地了解养生健康知识的需要，也能为节目内容创造更大的价值。目前，《中华医药》《健康之路》等节目都已经有多册图书出版并配有光盘，其成功经验值得其他节目学习。在新媒体时代，网站、微博、微信等新的沟通工具的普及，成为电视媒体节目内容传播的有力平台。电视健康类节目的新媒体传播绝不是简单地移植与照搬，而是应该加强节目的整合包装，在互动的基础上重新构建受众的新媒体体验。例如开设观众聊天室、专家在线答疑、相关产品咨询服务等，为受众提供更多除节目内容外的优质服务。

(3)医疗机构与医药企业：树立科学传播与社会责任意识，强化与媒体间的合作

医疗机构与医药企业是电视健康类节目的直接赞助方，其主要诉求是经济利益，表现在电视健康类节目中就是机构及企业产品对观众的广告效益。因为电视健康类节目制作与播出的资金来源单一，几乎完全依靠广告收入，在不法医疗机构和医药企业的裹挟下，电视健康类节目播出违法内容的情况屡见不鲜。2014 年 10 月国家新闻出版广电总局颁布的《通知》所针对的就是这一情况。

对于医疗企业和机构来说，远离违法违规红线，注重口碑宣传是保证自身品牌

获得观众认可的重要途径。医疗机构、医药企业希望通过电视节目进行宣传，获得观众关注并获得更好的经济收益这无可厚非，但是医疗机构、医疗企业必须清醒地认识到：违法、违规的广告行为无疑是饮鸩止渴，不但不能为自己谋得利益，反而还会受到法律的严惩。当然，在电视健康类节目的赞助者中，大部分是正规合法的。对于这些医疗机构、医药企业来说，必须要熟悉所赞助节目的制作和播出规律，这一方面是为了更精确地锁定目标受众；另一方面是借此与电视制作人员一起在提高电视节目质量上下功夫。电视节目质量的提高与经济效益并不矛盾，反而是一种双赢的关系。对于医疗机构和医疗企业来说，让更多的观众“认识”自己的品牌和产品其实只是第一步，距离观众的“认可”还很遥远。其所赞助节目的质量，体现的是节目赞助者的企业良知、社会担当和品牌自信，而这也构成了其产品品牌文化的一部分，只有抓住了这一点，才能保证节目赞助与节目制作的双赢，才能真正获得观众和消费者的“认可”。

(4)电视受众：正确认识电视健康类节目，提升对信息的辨别能力

面对电视健康类节目，受众一方面占据着收视的主动权，另一方面却又处于信息辨别上的天然劣势地位：电视健康类节目内容的专业化与观众健康知识的普遍缺失，使观众很难辨别节目传达信息的真伪。与此同时，随着群众健康意识的觉醒和老龄化社会的迫近，电视受众对电视健康信息的需求却日益迫切。从纷繁复杂的信息中获取真实、有效的信息，电视受众也应当具备一定的辨别能力和媒介素养。

电视健康类节目受众必须正确认识节目的性质与定位。电视健康类节目的确可以传递很多有效且实用的信息，也会邀请很多日常生活中难以见到的名医进行座谈，然而，电视节目面向的是千千万万的受众，对于健康话题的探讨时间也比较有限，不可能像真正的医生一样针对个体的病例进行精准的诊疗。所以，电视受众必须认识到，这些节目仅是我们日常生活中在治病防病方面的有益补充，千万不可因此否定医生的判断，更不可盲目地“自诊自治”。电视健康类节目的主要功能就是为广大观众提供健康的生活理念，如果不能正确认识这一点，不但达不到节目的收看效果，反而会贻误病情乃至影响身体健康。

电视受众还应注意相关信息的积累和辨别，提高自身的媒介素养。

电视健康类节目的电视受众具有群体相对固定、忠诚度高等特点，往往不会只收看一档节目。收集不同节目中的健康和养生知识进行对比甄别，是提高自身对

此类信息辨别能力的有效措施。此外，对于电视中出现的“明星”“名医”等嘉宾，观众不应该盲从。尤其是从近期查处的一些涉嫌违法宣传的案例来看，不少违规广告节目买通个别“明星”进行违法违规宣传，利用大众尤其是中老年人容易轻信“明星”的心态，对观众进行欺骗。观众对此类节目尤其需要提高警惕。

事实上，对于电视台来讲，帮助电视观众提高信息辨别能力和媒介素养，不但是节目与观众互动沟通、宣传节目品牌的大好机会，更是节目积极承担社会责任的体现。一档节目在满足观众需求的同时还能够积极承担社会责任，这对于获得观众的信赖和认可、对于电视节目的发展和提高都具有非常积极的意义。

（作者：张国涛　杨　宾　赵　伦　孟　雪　岳文正　熊景青
李若琪　王　茹　张金玲　魏尚智　罗　菁）

报告二：中国电视健康传播——节目类型分析报告

一、健康咨询类节目

随着物质生活水平的逐步提高，人们对健康咨询类节目的需求也愈发强烈，电视健康类节目获得了前所未有的发展机遇，越来越多地出现在荧屏中。央视及很多省、市乃至县级电视台都纷纷开办了电视健康类节目，个别节目甚至实现了由电视台的边缘节目到黄金档节目的华丽转身，而健康咨询类节目作为电视健康类节目的一种主要形态，更是得到了电视观众的普遍认可。

(一)健康咨询类节目的主要特点

健康咨询类节目是由主持人及一位或几位嘉宾主讲，嘉宾通常是业内知名的医师，或科研机构的专家学者，谈话的主题则是围绕某一类疾病、某一种药物，或者某种新疗法，讲解的同时与场内的观众进行互动，有时还会设置短信与电话等互动方式，让电视机前的观众也参与进来的一种节目类型。

健康咨询类电视节目的内容具有特殊性、专业性，因此要求专家对专业的健康知识进行讲解，节目中专家在一定程度上也扮演着传播者的角色。所以，对于健康咨询类节目而言，专家的权威性直接关系着节目是否能够取得受众的信任，从而取得良好的传播效果。也就是说，节目中专家的可靠性，即传播者的身份，以及在其领域所表现出来的理论水平、专业知识，直接影响着节目内容的科学性和可信度。

表 1 部分健康咨询类节目

节目名称	节目形态	播出频道	播出级别	节目时长	节目属性
《健康之路》	演播室谈话	CCTV－10	中央电视台	50 分钟	日播
《艾问·常识》	演播室谈话	广西卫视	省级卫视	30 分钟	周播
《健康大智慧》	演播室谈话	北京电视台科教频道	省级地面	45 分钟	日播
《健康看我的》	演播室谈话	辽宁电视台北方频道	省级地面	30 分钟	周播
《健康生活》	演播室谈话	山东电视台体育频道	省级地面	26 分钟	日播
《健康到家》	资讯	北京电视台生活频道	省级地面	40 分钟	日播

通过对全国副省级以上媒体的不完全统计，健康咨询类节目共有 47 档，涵盖资讯、专题、真人秀、演播室谈话四种节目形态。通过对该类型节目的总体研究，从节目播出时间上看，中国电视的黄金时段是每天 18:30—22:00，而我们所统计研究的 47 档健康咨询类节目绝大部分没有被安排在这个时段播出，节目时段比较边缘化，多集中在早晨和下午这些非黄金时段。主要原因是这类节目的目标受众大多是退休在家的中老年人，而这些时段正是他们惯于收看电视的时间。在健康咨询类节目的播出时长方面，相比过去有所改善，大部分节目都在 30—60 分钟，相对较长的时长保证了节目的完整性和信息传达的完全性，能达到更好的传播效果。

(二)健康咨询类节目举例

1.《健康之路》

在当下电视健康类节目竞争激烈的形势下，大部分节目并没有清晰而独特的定位，只是模仿搬抄、一味跟风，很难得到观众的青睐。想要在数量众多的电视健康类节目中突出重围，在市场中赢得一席之地更是难上加难。当下比较优秀的电视健康类节目无一不拥有清晰而独特的定位，如《健康之路》的定位就很有特色。《健康之路》在创始之初就将关注大众身心健康、普及保健意识、倡导健康生活作为宗旨，凭借鲜明的节目定位、权威的专家讲解、科学的现场演示，为大众传播最实用、最科学的健康知识。同时，在医学界也引发观摩效应，节目内容成为医生间相互学习切磋的话题。《健康之路》每年都会举办大型电视活动，如去其他城市义诊等，这一举动不仅能使许多北京之外，甚至农村的朋友享受到优质的医疗服务，更缩小了与受众的距离，是提高节目影响力的明智之举。

节目一开始便给观众留下了比较鲜明的印象，自然容易被识别。然而像《健康之路》这样定位明确又风格独特的电视健康咨询类节目毕竟是少数，大多数的电视健康类节目，只是笼统定位为传播健康资讯、养生知识和方法的节目，而无自身特色，不仅区分度低，节目内容也毫无新意，跟风严重。

图 1 《健康之路》剧照

2.《艾问·常识》

图 2 《艾问·常识》剧照

《艾问·常识》是国内首档病理医学知识科普节目，于2015年1月1日在广西卫视开播。节目从病理学角度探寻疾病的真相，揭示人体的秘密。它将镜头聚焦于那些被歪曲的医学概念，专注解读疾病的真相，以真实案例和生动比喻把医学知识简单易懂地传达给每一位观众，许多蒙蔽人们多年的医学误区都能在这里找到正确答案。

该节目的设置可谓别出心裁，打造了“最敢说真话的专家”纪小龙。例如，在节目现场，“呆萌逗趣”的纪小龙“金句”频出：“去养猪场找一头和你一样重量的猪，把肝取出来，就是你的肝(的大小)”“吃什么补什么是一句愚昧的话”“脂肪肝诊治专科不靠谱”“医院希望病人越多越好”，这无疑颠覆了传统观念中医生“呆板严肃”的形象。

3.《健康到家》

《健康到家》是由北京电视台推出的一档大型全媒体健康帮助类节目，于2015年3月20日在网络直播，是此类节目实现网台融合的新探索。该节目通过网络直播互动搭建起权威专家与民众近距离沟通健康的桥梁，只要电脑在旁或手机在手，观众与网民就可以随时随地分享健康。节目通过网络直播的形式，使频道播出与移动端的“边看边聊”功能实现无缝对接，利用新媒体与观众互动。该节目不仅仅是普及医学知识，还会传授给电视观众一些生活常识。每期节目都会深入到不同的观众家中与其交流，以此引发观众共鸣，培养观众的收视兴趣。

图3 《健康到家》海报

(三)健康咨询类节目的不足

虽然健康咨询类节目越来越多地走进荧屏，收视率也随之节节攀升，成为各大电视台的新宠。但是总体而言该类节目依然良莠不齐，整体水平有待提高，呈现出同质化严重、对嘉宾选取不严谨、娱乐化扭曲等问题。现阶段我国的健康类电视节目基本上都存在寿命不长，甚至昙花一现的问题。把节目做得好看耐看的同时，如何能让节目在激烈的竞争中永葆活力和生机，值得创作者思考。

健康咨询类节目作为一种以传播医学常识、打造健康生活方式为目的的节目，更应加强对嘉宾的把关与选择。某些健康咨询类节目为了吸引眼球，赚取收视率，邀请一些表达能力较强却缺乏专业医学知识的嘉宾来上节目。而真正具有专业医学背景、出自正规医疗院校的专家学者，虽然对医疗疾病、健康知识知之甚深，但其表达能力却又很难配合电视台做出精彩的节目。所以，有些电视养生节目偏好选择一些所谓的畅销书作者或“民间科学家”。只要能说、会说、敢说，就能上电视，而不管他们是否是真正的专家。于是，众多雷人观点便纷至沓来，诸如“越好吃的越不健康”“喝生水，不能喝水”“腐烂的香蕉皮有营养”等。

节目内容制作得不够科学严谨，致使不科学、不健康的信息得以传播，同时又大大削弱了节目的权威性和科学性；而对节目嘉宾把关不力，使得伪健康专家、伪养生专家频频出现在各类健康咨询类节目之中，大大削弱了这些节目甚至是电视台的公信力。

二、养生服务类节目

近年来，以《养生堂》为代表的养生服务类节目风靡荧屏。其实我国养生服务类节目可以追溯到 1960 年 1 月北京电视台(现中央电视台)开办的《医学顾问》，但由于当时生活水平、健康观念的落后，加之电视节目的制作水平有限，普及率不高，此类节目的发展一直比较缓慢。直到 20 世纪 90 年代，中央电视台的《中华医药》、北京电视台的《健康生活》等节目的出现，才使健康养生观念逐渐深入人心。2009 年以湖南电视台《百科全说》为代表的娱乐养生节目更是标志着养生服务类节目进入黄金时期。

随着现代人生活节奏的加快、生活压力的加大，以及亚健康人群的增多和人口的老龄化，“健康”成为人们关注的话题。有资料显示，“我国老年人口正以年均近 1000 万人的增幅‘跑步前进’，到 2020 年我国 65 岁以上老龄人将达 1.67 亿人”。我国社会老龄化的加剧更是催生了大家对“健康养生”的关注。防患于未然的养生服务类节目受到人们的欢迎。

一方面，电视媒体传播信息快速及时，不受时间和地点限制；传播画面直观易懂，形象生动；传播覆盖面广、受众不受文化层次限制、互动性强的媒体有义务传播健康资讯，服务大众。另一方面，在新媒体冲击下，年轻受众的流失，使得能够稳定中老年收视人群的养生服务类节目成为电视媒体热烈拥抱的节目类型。如北京卫视的《养生堂》就实现了对电视台收视率上的反哺。

养生服务类节目不仅满足了人们对健康知识的需求，而且使医疗资源分配更加合理，起到了贴近百姓、服务群众的作用，有利于社会的和谐稳定发展。像《中华医药》《藏地健康密码》等具有中华文化特色的养生服务类节目实现了对民族文化的传播与优秀传统的复归，正如习近平同志说的："中医药学凝聚着深邃的哲学智慧和中华民族几千年的健康养生理念及其实践经验，是中国古代科学的瑰宝，也是打开中华文明宝库的钥匙。"

因此，养生服务类节目十分值得我们细细研究。

（一）养生服务类节目的主要特点

课题组通过认真核实各个电视台的播出单信息，查找各大电视台官方网站、微信公众号以及咨询与电视健康相关委员会等方法，比较完整地获取了养生服务类这一节目类型的情况。

表 2　部分养生服务类节目

节目名称	节目类型	节目形态	播出频道	节目时长	节目属性
《养生堂》	养生服务	演播室谈话	北京卫视	40 分钟	日播
《中华医药》	养生服务	专题	中央电视台中文国际频道	50 分钟	周播
《36.7℃明星听诊会》	养生服务	演播室谈话	上海电视台娱乐频道	50 分钟	周播
《百家养生堂》	养生服务	演播室谈话	辽宁电视台北方频道	25 分钟	日播
《健康超市》	养生服务	演播室谈话	山东电视台农科频道	25 分钟	日播
《时尚健康》	养生服务	演播室谈话	青海卫视	45 分钟	周播
《医生来了》	养生服务	演播室谈话	四川电视台新闻资讯频道	30 分钟	周播
《健康就好》	养生服务	演播室谈话	青海卫视	60 分钟	周播
《藏地健康密码》	养生服务	演播室谈话	西藏卫视	20 分钟	周播
《聚健康》	养生服务	演播室谈话	甘肃卫视	45 分钟	日播

目前，在央视、省级卫视频道以及地方频道中播出的养生服务类节目多达40余档。其中，绝大多数养生服务类节目的形态为演播室谈话类，例如，北京卫视的《养生堂》、上海电视台娱乐频道的《36.7℃明星听诊会》等。此外，还有极少部分将专题形态作为主要展现形式的养生服务类节目，例如中央电视台中文国际频道的《中华医药》。

通过对大量养生服务类节目的观看、研究发现，此类节目在样式、形态方面存在着一些共同特点。在养生服务类节目中，一般都采用"主持人＋专家＋观众"的固定模式。整场节目围绕"健康养生"这一内容主题，通过引入主持人串联观众疑问与专家解答，形成现场交流，构成整场养生服务类节目的框架。从播出时段上来看，此类节目播出时间较为分散，大多在非黄金时段播出。

(二)养生服务类节目举例

1.《中华医药》

《中华医药》于1998年6月1日在中央电视台中文国际频道开播，每周三22：00首播，时长为50分钟，是中国电视媒体中唯一一档面向海内外传播中国传统医药文化的大型电视健康节目。该节目为海内外观众提供权威的健康医药资讯，全面展现中华传统医学博大精深的同时，也关注当代中华医学对世界的贡献。

图4 《中华医药》剧照

截至2015年，《中华医药》已开办17年之久，它不同于传统的电视健康类节目，栏目定位不局限于养生知识的普及，而是为观众提供健康、情感和文化三位一体的全面服务，坚持栏目主题化、主题人物化、人物故事化的创作原则，强化节目的服务性、时效性，增强故事性、可视性，加强互动性，加大信息量。每期节目通常会先讲述一个健康故事，抛出问题，制造悬念，所呈现的故事短片直接深入现实中普通人的个体命运，所涉及的问题也往往与我们的日常生活息息相关，再加上主持人洪涛与专家、观众深入浅出地交流和互动，使节目充满智慧、温情，增强了节目的人文性，调动了受众的情感参与。此外，《中华医药》充分运用博大精深的中医知识解释各种疾病的来龙去脉，通过中医药文化展示充满智慧和辩证哲学思想的中华传统文化。《中华医药》不仅用创新创优的傲人成绩自觉抵制低俗，而且还在提升文化软实力方面作出了可贵的努力。《中华医药》将一个相对边缘的服务类节目做出了知识性、文化性、科学性、权威性和影响力，其发展经验和栏目精神值得借鉴、发扬。

2.《养生堂》

作为养生服务类节目的代表，《养生堂》创办于2009年的北京电视台科教频道，首播年实际平均收视率为2.69%，单期节目最高收视率为4.68%，当年就将原时段的收视率提高了8倍。2011年，《养生堂》移到北京卫视播出，全国平均收视率达到0.50%，与2010年同时段相比，提升幅度高达256%，增长了两倍半。目前，《养生堂》在省级卫视同时段与健康养生节目类型中均为全国收视第一。BTV官网点击率周平均20万，在北京电视台所有节目中居第一位。

图5 《养生堂》剧照

《养生堂》是一档以养生专家讲解养生知识、发布养生观点为基本内容，以大型演播室访谈为电视形态的访谈节目。以“传播养生之道、传授养生之术”为宗旨，秉承传统医学理论，根据中国传统养生学“天人合一”的指导思想，系统介绍中国传统养生文化，同时有针对性地介绍实用养生方法。它从日常生活的最普遍层面切入形成话题内容，以专家的逐步讲解展开谈话层次，辅以现场演示与互动，注重信息的实用性、知识性和权威性。

《养生堂》紧紧抓住中老年观众的收视需求，它的简单和实用促使电视对娱乐潮的反思，让电视的性格缺陷在某种程度上得以弥补。2012 年上半年，《养生堂》相继获得电视民生类年度品牌节目、年度制片人、优秀主持人，全国健康品牌栏目、全国金牌主持人、第六届纪录中国创优栏目等多个奖项。

3.《36.7℃明星听诊会》

同样是演播室谈话类的电视健康类节目，上海电视台娱乐频道的《36.7℃明星听诊会》却显示出面对健康这个严肃话题时的轻松幽默态度。

图 6 《36.7℃明星听诊会》剧照

《36.7℃明星听诊会》是由上海新娱乐传媒有限公司制作的一档娱乐节目。节目开播于 2008 年 1 月 3 日。目前每周四晚 19:57 首播，由周瑾和陈国庆主持。节目内容为健康养生的各个方面，通常结合热门话题展开。

每期节目会邀请阿姨妈妈团、四位明星嘉宾及几位专家围绕特定健康话题展开讨论、交流和问答。在一些节目中嘉宾会接受健康体检，通过“健康安全门”，以此来帮助观众普及健康知识及医疗术语，增加节目的可看性。虽然每期节目模式不完全固定，但节目在以演播室为主的基础上还加入了再现式故事小短片、街头采访、食疗教学等环节，使50分钟的节目内容非常充实。而上海方言的加入虽然使得节目更加符合其在上海地面频道播出的特点，却也局限了节目的传播范围，但总体上开创了电视健康类节目的新风格，值得其他省级地面频道学习和借鉴。

（三）养生服务类节目的不足

近年来，养生服务类节目中不乏像《养生堂》《中华医药》这种良心之作，但如今的养生服务类节目更多的却是良莠不齐，发展面临极大的挑战。首先，一些节目出现了过度商业化的趋势，唯收视率为标准，对知识的科学性把关不严。其次，养生服务类节目的形式过于单一，绝大部分节目仍然以"主持人＋专家＋观众"的演播室传统形态出现，缺乏多样化的表现形式。最后，媒介文化的同质化现象严重，一档节目反复复制，重播率严重，缺乏内容和形式的创新。养生服务类节目需求量大，而且密切关系着人们的健康，因此政府部门也应做好监管工作。针对上述问题来看，养生服务节目的发展依旧任重道远。

三、食疗健身类节目

食疗类节目的前身是美食类节目，美食类节目过去是作为家政家居类节目的一个板块出现的，一直拥有很好的收视成绩。所谓"病从口入"，美食类节目从一开始就与健康脱不了关系。随着节目的不断创新调整与观众消费需要的提升，食疗健身类节目越来越展现出形式多样、娱乐与科普并存的特点，倾向科普健康饮食理念与知识的传播。自进入现代社会以来，随着经济的发展，工作压力的不断增大，生活节奏越来越快，国人的健康也面临着严峻的问题。《2014年中国健康报告》显示，我国居民超重肥胖问题凸显，18岁及以上超重率为30.1％，肥胖率为11.9％。2012年全国18岁及以上成人中，高血压患病率为25.2％，患者达到1.7亿人，糖尿病为9.7％，患者达到9240万人，平均每30秒就有一个人罹患糖尿病。在我国13亿人口中，每10万人中就有235个人患有癌症，并且平均每30秒就有一个人罹患癌症，这些疾病还出现了年轻化的趋势。由于电视节目的传播特性，食疗健身类节目能够在一定程度上起到指导合理饮食、正确锻炼的作用，因此这种节目类型十分值得我们研究。

(一)食疗健身类节目的主要特点

食疗健身类节目的播出情况主要呈现出以下特点：从播出平台来看，在食疗健身类节目中，食疗类节目覆盖广泛，包含省级卫视与地面频道；健身类节目则多集中于地面频道，如福建电视台青运频道的《运动时间到》、广西电视台影视频道的《健身吧》、江苏电视台体育频道的《健身 360》等；在节目制作上，食疗类节目的整体数量也多于健身类节目，其节目形态以真人秀与演播室谈话为主；播出时间大多集中于周末下午（见表 3）。

表 3 部分食疗健身类节目

节目名称	节目类型	节目形式	播出平台	节目现状
《大生活家》	食疗健身类	真人秀	黑龙江卫视	日播
《绿色中国味》	食疗健身类	真人秀	黑龙江卫视	周播
《加油主妇》	食疗健身类	真人秀	黑龙江卫视	周播
《运动时间到》	食疗健身类	真人秀	福建电视台青运频道	日播
《饮食养生汇》	食疗健身类	演播室谈话	湖北卫视	日播
《健康至尚》	食疗健身类	演播室谈话	山东电视台体育频道	周播
《健康最重要》	食疗健身类	演播室谈话	浙江电视台影视娱乐频道	日播

(二)食疗健身类节目举例

1.《健康至尚》

图 7 《健康至尚》剧照

《健康至尚》是山东电视台体育频道的一档食疗健身节目，它从运动养生出发，结合饮食、中医理疗等辅助手段，倡导科学运动养生方法。怎样科学合理地锻炼身体，将疾病扼杀于摇篮之中是节目传递的重点信息。在录制现场，节目还邀请到其他运动健身界知名人士现场讲解；其他嘉宾和学员边听边学边练；加强与电视观众的互动，通过短信、网络等方式，时时回答观众提出的相关问题。同时，配以专家嘉宾的理论讲解，以鲜活生动的个人事例讲解运动养生知识；并实地走进社区，现场为群众答疑解惑，讲解运动养生知识。

2.《饮食养生汇》

《饮食养生汇》是湖北卫视推出的一档美食健康养生类节目。节目分为两个板块："养生这点事"和"开饭了"。"养生这点事"每期邀请一位国内顶级养生专家，围绕一个养生话题，告诉老百姓最实用的养生知识或一个与节气相关的养生话题；"开饭了"每期由嘉宾告诉观众一道简单、易学的家常养生菜做法。

节目自 2013 年 3 月 26 日开播以来，因其"健康、养生、有机、节省"的生活方式和理念，获得了一定的影响力并以崭新面貌赢得了观众的信任和喜爱。

图 8 《饮食健康汇》剧照

3.《绿色中国味》

《绿色中国味》是中国第一档绿色食品咨询节目，以绿色食品知识为核心，用明星参与答题的方式，大力推介绿色食品知识，宣传绿色食品产业。节目每期通过嘉宾综艺答题的形式，探讨绿色食品知识，做到寓教于乐。节目一开播就受到了观众的喜爱。咨询与问答一直是健康服务类节目的主要表现形式，因为这种形式最有利于知识的传播。《绿色中国味》致力于宣传绿色食品相关知识，解决观众在饮食方面的盲区。

图 9 《绿色中国味》海报

4.《运动时间到》

考虑到当下社会人们的工作压力与有限的休闲时间，为了最大限度地帮助人们获得健康，福建电视台青运频道推出了健身类电视节目《运动时间到》。这档节目采取日播形式，每集只有 5 分钟，试图通过简短的时间指导压力过大的观众运动健身。这种新颖的形式不仅使节目取得了一定的收视率，而且更加适应当代人的生活节奏，有效组织起了碎片化时间。

(三)食疗健身类节目的不足

尽管食疗健身类节目本身具有纯洁的制作目的与不可替代的教育和服务功能，随着节目的发展，一些问题逐渐出现。

1.夸大失实

近几年，随着媒体的炒作、观众的盲目追捧以及节目数量的急剧增长，一些食疗健身类节目出现了夸张、失实甚至是误导情况，导致该类节目目前的权威性、可信度较低。

2. 广告虚假

不知从何时起，各种“知名”明星与所谓“权威”的代言，使得虚假广告充斥节目的广告时间，这对节目直接造成了破坏，拉低了节目的整体档次。

3. 心理缺失

有些食疗健身类节目一味强调通过食疗与健身，使人达到生理上的健康，却忽略了心理健康的重要性。这似乎反映了当下社会人对于健康的共同认知，即认为通过“吃”就可以获得健康。在中国，肥胖人口还在不断增加，并且心理疾病也越发常见与普遍。可见，目前人们对于健康的理解仍然具有局限性，不仅不重视运动锻炼，也不能同等对待心理健康与生理健康，忽视了受众的心理需求。

四、医患纪实类节目

随着医疗水平、医疗服务质量的提高，医疗活动对社会影响力的增大，医患关系成为社会热议的话题。老百姓大多通过媒体了解医疗行业、表达对医患关系的意见，这在以往大多是通过新闻的方式实现的。在目前各大卫视的电视健康类节目中，反映医疗行业工作现状与医患关系的纪实性节目相对较少。

2014 年，北京卫视第三季度播出的纪实类节目《生命缘》、浙江卫视第四季度播出的真人秀《因为是医生》以及东方卫视第四季度开播的观察类纪实节目《急诊室故事》，分别采用专题片＋纪实叙事的制作方法，融合时下流行的真人秀元素，聚焦医疗行业真实现状，直面医患关系，对生命及医学伦理等问题进行了记录和探讨，引起了社会各界的广泛关注。

（一）医患纪实类节目的主要特点

1. 通俗立体普及医学常识

围绕医疗话题、深入医疗现场，这类节目天生带有科普医学常识的基因。在《因为是医生》节目中，7 位青年医生时常就各自工作中遇到的实际问题展开讨论。在《急诊室故事》中，每集都设置了“急诊医生说”环节，针对当前故事中的医疗或疾病知识，由专门的医生进行解读。由于紧扣故事内容，又具有一定的实用性，该环节得到许多观众的青睐，在提高社会健康安全意识、普及医学常识等方面起到了良好的作用。与此同时，还有更多与我们日常就医息息相关的医学专业知识在这类节目中得到大众化传播。

2. 采用纪实手法，真实反映医疗行业现状

首先，医患纪实类节目是对医疗体制现状的反映。在医疗资源配置方面，参与拍摄此类节目的医院均为国内知名医院，在不同案例中均提到患者从外院转诊到被拍摄的医院来求治的经过，以及患者离院寻求康复、临终关怀等情节，这些都从侧面反映了我国医疗体系中不同层级医院的双向转诊、专科医院与综合医院之间转诊、医疗机构与家庭之间人员流动的运行现状。

其次，医患纪实类节目是对医疗服务现状的反映。这几档节目所涉及的专业以外科、急诊、重症监护（ICU）、妇产科为主，内科较少涉及，没有中医专业；案例多具有急、重、危和多学科参与救治的特点。节目中并没有回避救治过程中遭遇无奈与失败的案例。医学也有其自身的局限性，在《因为是医生》节目中，青年医生董世勇与倪萍交谈时也曾提到"医学可治愈的疾病种类用一个巴掌就能数出来"，然而面对疾病和死亡，医生必须和素昧平生的患者及家属共同承担风险；还有一些患者由于无法承担高昂的医疗费用不得不放弃最佳治疗方案……这几档节目都试图以积极引导的方式去呈现这些医疗问题，促进观众理解生命、理解医学、理解医生。

3. 平衡医患双方话语权，构建和谐医患关系

在以往的医疗事故报道中，媒介话语权的天平常常偏向患者一边，医生群体常处于"失语"境地、处于"被定义"的地位，想要获得其他社会群体的正确认识十分困难。在医疗类真人秀节目中，出镜的医生都不是演员，节目在呈现真实医生形象的同时也尽量给予他们足够的发声平台表达自己的观点，让医生自己站出来而不仅是听候"解析"。这种真实感、不做作的方式不仅拉近了与观众的距离，也让医生群体有了自我表达的媒介话语权。通过真实的镜头语言展现医生的工作与生活，有事实、有依据、有评论，自然而然能使观众有所动容，从患者的角度走出来进行换位思考，对医患关系产生正面理解。

（二）医患纪实类节目举例

表 4　部分医患纪实类节目

节目名称	节目类型	节目形态	播出频道	节目时长	节目属性
《急诊室故事》	医患纪实	真人秀	东方卫视	30 分钟	季播
《因为是医生》	医患纪实	真人秀	浙江卫视	70 分钟	周播
《生命通道》	医患纪实	真人秀	东南卫视	40 分钟	周播
《生命缘》	医患纪实	真人秀	北京卫视	60 分钟	周播

1.《因为是医生》

由浙江卫视推出的中国首档医疗纪实人文真人秀节目《因为是医生》，聚焦年轻医生群体，紧扣医患关系等社会问题。该节目的拍摄对象（青年医生）共 7 位，分别来自北京协和医院、北京大学第一医院和北京大学肿瘤医院。节目内容除了呈现 7 位青年医生各自在医院的真实工作情况外，还采用情景设置的方式，将嘉宾集中于家庭、社区、市场、广场等非医疗机构场合，完成节目组设置的任务，并邀请明星嘉宾参与互动，从而立体化、生活化地展现 7 位青年医生的个性。除常规的后期处理外，节目组还加入了光电动画、人物内心活动卡通配字、音效等娱乐化表现方式，呈现出轻松、活泼、温馨、励志的风格。

图 10　《因为是医生》海报

2.《急诊室故事》

东方卫视 2014 年第四季度开播的《急诊室故事》是一档使用固定摄像头拍摄的急救纪实类真人秀节目。单集时长 65 分钟，首季共 10 集。该节目利用全球最先进的固定摄像技术，使用 78 个固定摄像头，24 小时跟踪记录，直击常人视角无法触及的急诊室真实故事，记录生死关头的人生百态；为确保真实还原，现场使用66路全方位收音，确保急诊室各处都可以收到现场声。节目核心立意是直面社会广泛关注的医患矛盾、信任危机，以“生命有痛，有你真好”为主导思想，通过深入挖掘一个个真实的救治故事，让观众感受到病患如何被救治，及救治过程中医患间、病人与亲友间的各种情感迸发，全方位记录、还原真实的医患关系，直击中国医疗现状。

图 11 《急诊室故事》海报

（三）医患纪实类节目的不足

医患纪实类电视节目在真实反映医疗行业现状、正面引导舆论、积极塑造行业形象等多方面作出了积极的探索，但仍然有一定的局限性。

首先，出于收视考虑，医患纪实类节目选取的案例倾向于急危重、疑难、曲折、患者及家属情绪反应较激烈的病例，并借助制作手段加以渲染。但是，在日常医疗工作中，常见病、慢性病的诊治较多，大部分患者家属情绪稳定、配合治疗。这种常态性的场景由于不具备戏剧冲突，在播出时占比较小，部分程度上不能完全反映医生的工作实情。

其次，医疗话题的严肃性、特殊性导致节目观赏性不足。虽然一些节目在编排上加入了娱乐化元素，但在种类繁多、竞争激烈的电视节目市场中仍然不可避免地处于劣势地位。如何吸引更多观众、增强传播效果、实现口碑与收视双赢，从而使更多观众正确认识医患关系，也是此类节目在今后发展中所要面临的挑战。

五、养老育儿类节目

自 1982 年 12 月计划生育政策被写入《中华人民共和国宪法》开始至今，30 多年过去了。随着政策的实施推进，我国人口的增长率得到了有效控制，但同时人口红利也逐渐消失。由人口老龄化加速、育儿成本增加、社会保障体系尚不完善等情况带来的社会压力日渐凸显，人们对于相关问题解决方案的诉求也日益增长。对于每一个具体的小家庭来说，不同年龄层的家庭成员希望获取的相关信息具有差异性；对于整个社会来说，年龄构成接近的家庭对养老、育儿、保健等信息的需要又具有相似性。在此背景下，养老育儿类节目应运而生，专题、真人秀、访谈等多样的节目形式为观众提供了既有普遍性又有针对性的信息。

(一)养老育儿类节目的主要特点

表 5　部分养老育儿类节目表

节目名称	节目类型	节目形态	播出频道	节目时长	节目属性
《辣妈饭米粒》	养老育儿	资讯	福建电视台少儿频道	30 分钟	日播
《你好宝贝》	养老育儿	专题	云南电视台少儿频道	30 分钟	日播
《我们退休啦》	养老育儿	真人秀	上海电视台娱乐频道	30 分钟	日播
《宝宝抱抱》	养老育儿	真人秀	辽宁卫视	60 分钟	周播
《妈咪救兵》	养老育儿	真人秀	青海卫视	35 分钟	周播
《辣妈酷宝贝》	养老育儿	真人秀	四川电视台妇女儿童频道	60 分钟	周播
《宝宝爬》	养老育儿	真人秀	辽宁教育青少频道	15 分钟	日播
《辣妈学院开课啦》	养老育儿	真人秀	深圳卫视	45 分钟	周播
《辣妈健康站》	养老育儿	演播室谈话	浙江电视台少儿频道	35 分钟	日播
《人间晚晴》	养老育儿	演播室谈话	黑龙江电视台公共频道等	15 分钟	日播
《超级育儿师》	养老育儿	真人秀	安徽卫视	35 分钟	季播

据课题组不完全统计，2014－2015 年度，中国电视荧屏上的养老育儿类节目共计 11 档。养老育儿类节目主要依托省级地面频道播出，因此在收视率和社会影响力方面表现都不算突出。但随着近几年亲子真人秀节目的发展，过去以提供咨询服务为宗旨，关注普通人生活的养老育儿类节目也开始出现娱乐化倾向，在凸显电视节目的社会公益价值的同时，也出现了能够引起社会话题的优秀节目。根据养老育儿类节目的不同侧重点，主要可分为以下三种类型：母婴养成类（如深圳卫视《辣妈学院开课啦》等）、亲子早教类（安徽卫视《超级育儿师》等）、老年养生类（上海电视台娱乐频道《我们退休啦》等）。

（二）养老育儿类节目举例

图 12 《辣妈学院开课啦》海报

1.《辣妈学院开课啦》

作为母婴养成类节目的典型代表，深圳卫视《辣妈学院开课啦》由明星辣妈李湘主持，于 2014 年 3 月首播。借《爸爸去哪儿》第一季中丈夫王岳伦和女儿王诗龄带来的人气，主持人李湘通过《辣妈学院开课啦》重返综艺节目舞台，引发了新一轮的话题效应。随着中国社会的发展，人们的思想日趋多元化，价值判断也日趋多样化。现代社会中，女性既要在家庭中承担母亲的角色，同时在社会上又要有为家庭分担经济压力的能力。对那些外表依然漂亮、性感同时又极其有个性的妈妈，人们开始大方地讨论和赞美，“辣妈”便是对这些妈妈最流行的称呼。《辣妈学院开课啦》以李湘为“院长”，每期带领几位年轻妈妈，在营养学家、教育学家、心理学家等各路专家的帮助下，通过趣味亲子互动、多元化的电视表现方式，使亲子内容更加细节化、更贴近生活。李湘希望通过节目的播出，能让辣妈们把养孩子变成一件轻松、时髦的事。作为一档明星和普通人共同参与的真人秀节目，《辣妈学院开课啦》一方面满足了观众对明星的猎奇心理，同时也让观众了解了成为“辣妈”的艰辛过程。与中央电视台的《人口》节目相比，《辣妈学院开课啦》在受众选择上更有针对性，明星阵容加盟其中，让节目整体更具有时尚感与商业性，由此也可看出育儿类节目在定位不同的播出平台上呈现出的不同风貌。

2.《超级育儿师》

图 13 《超级育儿师》海报

《超级育儿师》于 2013 年 12 月 13 日在中央电视台财经频道首播，2015 年 7 月 1 日起开始在安徽卫视每周三晚的黄金时段播出。这是中国首次正版引进席卷全球的亲子早教类真人秀节目。原版节目 *Supernanny* 在全球超过 44 个国家播出成片，由 17 个国家制作播出，是全球最成功、最具品牌价值的亲子真人秀品牌。中国版《超级育儿师》一方面继承了原版节目中的科学育儿理念，另一方面也结合中国家庭的特点进行了本土化改造。中国家庭成员与主持人兼心理专家兰海的关系较原版节目更为缓和，节目的戏剧冲突主要有赖于以亲子关系为主的家庭成员间的矛盾冲突，而主持人作为一个闯入者与改变的发起者在家庭中所激起的矛盾则被弱化。除此之外，亲子间面对面的谈心环节对于含蓄的中国人来说是否能够起到如原版一样的效果也是值得思考的问题。《超级育儿师》作为一档亲子早教类节目在中国电视荧屏上的存在，对拓展现有节目类型起到了不可替代的作用，但同时也面临着当下众多引进节目中普遍存在的本土化不足的问题。儿童早期教育事关孩子的幸福成长，如何贴合中国国情进行有效的引进制作，是此类节目相比其他类型节目更为迫切要解决的问题。

3.《我们退休啦》

根据国家统计局《2014 年国民经济和社会发展统计公报》，2014 年中国 13.67 亿人口中，60 岁及以上的老年人口为 2.12 亿人，占总人口比例为 15.5%；65 岁及以上人口数为1.37亿人,占比10.1%。国际上通常认为,当一个国家或地区60岁及以上老年人口占人口总数的10%,或65岁以上老年人口占人口总数的7%时,就意味着这个国家或地区处于老龄化社会。据世界卫生组织预测,到2050年,中国将有35%的人口超过60岁,成为世界上老龄化最严重的国家。

图14 《我们退休啦》剧照

正是在人口老龄化日益严重的情况下,才使得近年来以中老年人为目标受众的老年养生类节目日益增多,成为社会关注的热点。上海是我国最早进入老龄化的城市,上海电视台娱乐频道于2015年5月4日推出了一档室内真人秀节目《我们退休啦》,关注城市中老年人群的健康、生活、理财问题,开播以来在以上海为中心的长三角地区获得了观众的广泛好评。该节目每期基本都采用真人秀和情景再现的形式,结合街头采访和网络视频素材,围绕一个中老年人在生活中面临的普遍性问题展开。例如在2015年9月28日的节目中,主持人邀请儿童教育专家与爷爷奶奶辈的嘉宾们共同探讨了如何给孩子选择兴趣班的问题。通过嘉宾们现场的角色扮演再现了一般家庭中的类似情景,专家通过嘉宾们的表现指出了在面对学龄前儿童受教育的问题上家长们会出现的具有代表性的问题。上海电视台娱乐频道作为省级卫视地面频道,一直注重本土化的节目定位。以上海方言为节目主要用语让《我们退休啦》更加贴近上海本地中老年观众,使节目信息借助方言的便利和亲切感得到有效传达。选择了如隔代教育、保险理财、权益保障等贴合一线城市老年人实际生活的问题作为节目的内容,同时适当植入社区周边的服务信息,为老年人的生活提供便利。

(三)养老育儿类节目的不足

综观2014—2015年的养老育儿类节目，在近年来亲子明星真人秀兴起、人口老龄化凸显、计划生育政策调整的大背景下，节目形态出现了多样化的趋势。总的来看，养老育儿类节目有以下两种变化：一是开始摆脱以往仅以提供服务类信息为宗旨的节目导向，把信息变成一个个鲜活的故事向观众娓娓道来；二是开通网络平台，及时获取观众对节目内容的反馈，让节目真正服务于受众。但同时我们通过统计也能看出，作为生活服务性质的节目，养老育儿类节目在与其他节目形态相结合的过程中容易出现过度商业化、倚重城市人口、流于娱乐化等问题。因此，要学习国外制作机构对节目模式的开发方式，树立品牌意识，将节目的影响力从电视、移动终端拓展到相关衍生产品中，使节目中的有益知识全方位抵达受众。如何在吸引观众眼球的同时承担社会公益的职责，是这类节目在未来的发展中始终需要用心思考的问题。

六、人口类节目

随着时代的变化和社会的快速发展，人口类节目的内容也逐渐发生了转向，它不再单纯地宣传国家计划生育的相关政策，而是更加关注普通人的故事和命运，旨在提高人们的生活质量，促进人口与社会和谐。这一转变，既是适应电视传播规律的需要，又是反映人口计划生育政策突出服务关怀、以人的全面发展为中心的理念的需要。

(一)人口类节目的主要特点

到目前为止，人口类节目基本上是采用由政府相关部门与电视台合作的方式共同生产播出的，内容题材多样，包罗万象。但相对于其他类型的节目，人口类节目表现形式相对固定。目前，在全国人口类电视节目中，有中央电视台综合频道播出的《人口》，也有地方电视台开办的人口电视宣传节目，比如贵州卫视的《贵州人口》、福建电视台综合频道的《人口家庭》、黑龙江电视台公共频道的《人口视界》、安徽广播电视台科教频道的《人与健康》等(见表6)。

表 6 部分人口类电视节目

栏目名称	播出平台	播出周期	时长	开播时间
《人口》	中央电视台综合频道	周播	20 分钟	1988
《贵州人口》	贵州卫视	周播	10 分钟	1994
《人口家庭》	福建电视台综合频道	月播	15 分钟	1988
《人口视界》	黑龙江电视台公共频道	月播	20 分钟	2010
《人与健康》	安徽广播电视台科教频道	日播	20 分钟	2002
《人口与家庭》	广西电视台公共频道	周播	12 分钟	2000
《人口方圆》	重庆电视台公共农村频道	周播	10 分钟	1994
《河南人口》	河南电视台公共频道	周播	15 分钟	2006
《家庭与社会》	吉林电视台公共新闻频道	周播	15 分钟	1989
《人家》	河北电视台少儿科教频道	周播	20 分钟	1993

(二)人口类节目举例

《人口》由中央电视台与国家人口和计划生育委员会合办、中国人口宣传教育中心承办,是中央电视台目前唯一一档以探寻中国人口与经济、人口与社会协调发展为核心的专题节目。该节目创办于 1988 年,主要围绕人口、家庭和健康话题,向观众传播人口知识和健康理念,记录对生命的尊重与关怀,倡导人文和科学的生活方式,把党和政府的倡导与观众的家庭、命运、健康、幸福紧紧相连。①

具体来讲,该栏目在内容上坚持以人为本,将政策与意识形态后置于叙事。选题涵盖了个体生命从起源到终点——婴幼儿期、青春期、新婚期、孕产期、更年期和老年期等各个阶段的生理和心理健康的科学知识,以社会学、伦理学、医学三大学科为支撑,将理性的知识通过富有情感性与叙事性的人物故事进行有效传达。在节目形式上,较多地利用同期声和内心独白,注重故事节奏与音乐的配合,以人物说命运,以命运说科学,以情节见真情;通过解决问题式的基本结构,使情节跌宕起伏,提高了节目的观赏性和趣味性。

① 刘健:《关爱生命健康 促进家庭幸福 构建社会和谐——央视〈人口〉栏目二十年的风雨路》,《现代传播》2009 年第 1 期。

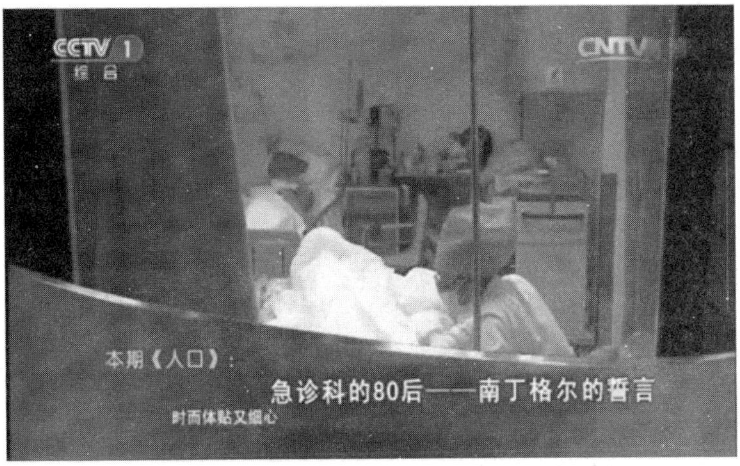

图 15 《人口》剧照

(三)人口类节目的不足

人口类节目与我们的日常生活、社会的和谐稳定发展密切相关，但人口类节目往往受频道、时段、时长等因素影响，很难形成较高的节目影响力和收视率。此外，就节目自身内容而言，人口类节目对于“人”这一核心主题的展示往往止步于表面现象，缺乏对人性的深度挖掘。从表现形式来看，相较于其他类型的电视节目，传播能力比较弱，缺乏跨界合作。鉴于此，人口类节目仍需进一步提高自身的品质和传播能力。

总之，从计划生育政策到单独二胎政策，再到中共十八届中央委员会第五次全体会议决定全面实施一对夫妇可生育两个孩子的政策，人口、家庭和社会问题始终与我们的生活息息相关。人口类节目应该把科学精神和人文关怀相结合，力争在我国电视传播中占有更加重要的地位，担负起新的社会责任，更加重视生命的价值，促进家庭的健康与社会的和谐。

（作者：熊景青　李　冰　孟　雪　罗　菁　岳文正
李若琪　赵　伦　王　菇　张玉玲　魏尚智）

报告三：中国电视健康传播——收视分析报告

电视健康类节目主要是指以医学常识介绍、疾病预防与保健、健体养生等为核心服务内容的电视服务节目形态。随着人们生活水平的提高，各种健康问题接踵而来，以受众价值为核心的电视节目分众化传播趋势的发展以及媒介技术的进步所带来的传播变革，都推动了健康传播与电视媒介的深度结合，电视健康类节目也逐步拓宽视域，节目内容拓展到养生、中医、食疗、运动、营养、心理健康等领域，表现手法也从演播室谈话、专题纪实向真人秀迈进。本文基于 CSM 媒介研究 71 个城市收视调查数据，对上星频道播出的健康类电视栏目，从播出收视概况、节目内容形态以及发展变化趋势等角度进行分析。

一、各类频道电视健康类节目播出收视概况

（一）地面频道是电视健康类节目的播出主体，省级卫视收视占优

作为生活服务节目的一个子类型，电视健康类节目虽然不是拉动收视的主力类型，但它以传递实用的健康生活信息为己任，通过多元的表现手法，在生活服务节目中占据一席之地并不断对其目标受众形成影响。从 2014 年以来 71 个城市上星频道电视健康类节目的播出和收视比重来看，电视健康类节目在省级上星频道的播出比重（15.4%）高于中央级频道（8.9%），收视比重上也是省级上星频道（13.5%）高于中央级频道（8.0%）。与其他生活服务节目相比，电视健康类节目的重要性不断提升，在省级卫视中其收视比重仅次于导视类节目，排在第二位，在中央级频道中则排在导视、天气预报和饮食类节目之后的第四位（见表 1）。

表 1 2014—2015 年 10 月上星频道各类生活服务节目播出、收视状况(71 个城市)

节目属性	中央级频道		省级上星频道	
	播出比重(%)	收视比重(%)	播出比重(%)	收视比重(%)
导视	49.0%	57.8%	22.5%	57.8%
饮食	10.9%	8.2%	2.3%	3.0%
电视导购/广告杂志	9.1%	0.6%	41.5%	11.5%
健康	8.9%	8.0%	15.4%	13.5%
天气预报	3.9%	14.5%	2.4%	2.8%
旅游	3.3%	0.6%	3.0%	0.9%
家居/房产	2.1%	1.5%	0.4%	0.4%
电视开奖	0.5%	0.4%	0.0%	0.0%
汽车	0.4%	0.1%	0.4%	0.1%
美容/服饰	0.0%	0.0%	4.8%	1.5%
生活服务其他	11.9%	8.4%	7.3%	8.4%

数据来源：CSM 媒介研究

在电视健康类节目的播出和收视时长分布上，不同级别频道表现出明显的不平衡。2015 年 1—10 月，电视健康类节目的播出更集中于省级非上星频道和城市台频道，而其收视则主要集中于省级上星频道。

2015 年 4 月 24 日新修订的《广告法》审议通过并于 9 月 1 日起正式施行，新《广告法》不仅加强了对医疗、药品、医疗器械、保健食品等医药健康类广告的监管，更强化了对大众传播媒介广告发布行为的监管力度，明确规定了大众媒体传播媒介不得以介绍健康、养生知识等形式变相发布医药类广告。可以看出，与 2014 年同期相比，各级频道电视健康类节目的播出时长有明显萎缩(见图 1、图 2)，这在一

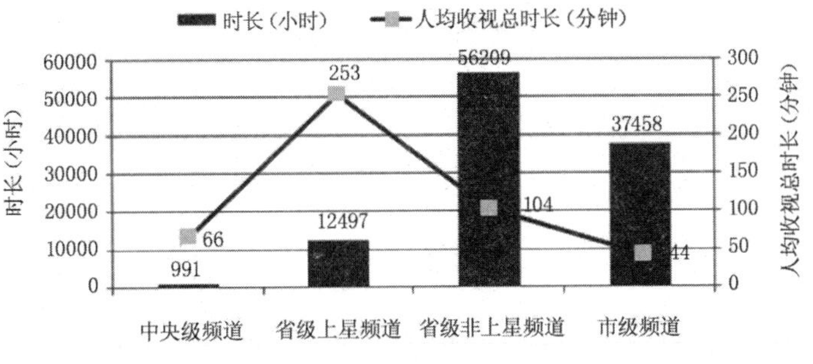

图 1 2014 年 1—10 月上星频道电视健康类节目播出收视时长(71 个城市)

数据来源：CSM 媒介研究

定程度上与新《广告法》审议通过后，电视健康类节目的播出环境得到净化有关。

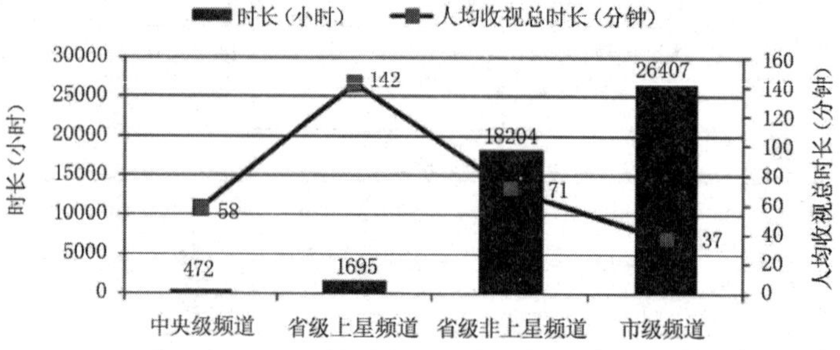

图 2　2015 年 1—10 月上星频道电视健康类节目播出收视时长(71 个城市)

数据来源:CSM 媒介研究

(二)省级卫视电视健康类节目数量众多,中央级频道电视健康类节目少而精

除上文所分析的电视健康类生活服务节目之外,近年来在电视荧屏上还活跃着一些专题、生活服务及其他饮食类节目,在传统健康养生的范畴之外,这些节目聚焦医疗行业或健康生活,与本文分析的电视健康类节目形成互补。因此,在后面的分类及案例分析中,本文将这些节目也纳入分析范围,以期对电视健康类节目未来的发展趋势有更全面的了解。从 2015 年 1—10 月电视健康类节目的收视数据可以看出(见表 2),省级卫视在电视健康类节目的播出数量上呈现出繁荣的态势,包括东方卫视、安徽卫视、北京卫视、浙江卫视、湖北卫视、贵州卫视、东南卫视、深圳卫视、黑龙江卫视、广西卫视、山东卫视等在内的十几家省级卫视均推出了专题栏目。与之相比,中央级频道的电视健康类节目目前只有中央电视台中文国际频道的《中华医药》以及中央电视台科教频道的《健康之路》,呈现出少而精的发展态势。

表 2　2015 年 1—10 月上星频道收视较高的电视健康类节目概况

节目名称	播出频道	播出周天	类别	属性
《急诊室故事 2》	上海东方卫视	周四	专题	专题其他
《养生堂》	北京卫视	周一至周日	生活服务	健康
《中华医药》	中央电视台中文国际频道	周三	生活服务	健康
《超级诊疗室》	安徽卫视	周二	专题	专题其他
《急诊室故事》	东方卫视	周五	专题	专题其他
《健康之路》	中央电视台科技频道	周一至周日	生活服务	健康

续表

节目名称	播出频道	播出周天	类别	属性
《我是大医生》	北京卫视	周四	生活服务	健康
《因为是医生》	浙江卫视	周三	专题	专题其他
《饮食养生汇》	湖北卫视	周一至周五	生活服务	健康
《最强大夫》	贵州卫视	周二	生活服务	健康
《生命通道》	东南卫视	周日	专题	专题其他
《时尚健康》	深圳卫视	周四	生活服务	生活服务其他
《大生活家》	黑龙江卫视	周一至周日	生活服务	生活服务其他
《艾问·常识》	广西卫视	周三、周四	生活服务	健康
《绿色中国味》	黑龙江卫视	周六、周日	生活服务	饮食
《时尚健康》	青海卫视	周四	生活服务	健康
《健康密码》	贵州卫视	周一至周日	生活服务	健康
《聚健康》	甘肃卫视	周一至周日	生活服务	健康
《藏地健康密码》	西藏电视台二套	周一至周日	生活服务	健康
《养生》	山东卫视	周一至周日	生活服务	健康

数据来源：CSM 媒介研究

（三）电视健康类节目的播出环境得到净化，真人秀等手法助力节目收视提升

经过多年的探索和发展，电视健康类节目无论是从节目的制作、编排还是播出上都渐趋成熟，日趋增强的贴近性广受大众青睐。尤其是 2015 年新《广告法》颁布实施后，电视健康类节目的播出环境得到净化，为权威性、高品质、贴近性强的品牌节目发展提供了条件，从 2015 年 1—10 月 71 个城市上星频道各档电视健康节目的首播档收视效果来看，除了品牌健康节目如北京卫视的《养生堂》、中央电视台中文国际频道的《中华医药》以及中央电视台科教频道的《健康之路》一如既往地受到观众关注外，一些聚焦医疗行业和医患关系的真人秀类节目也表现出较好的收视势头，如东方卫视急救纪实真人秀《急诊室的故事》已播出第二季，安徽卫视《超级诊疗室》立足明星公益救助，创新的表达手法助力节目收视提升（见图 3）。

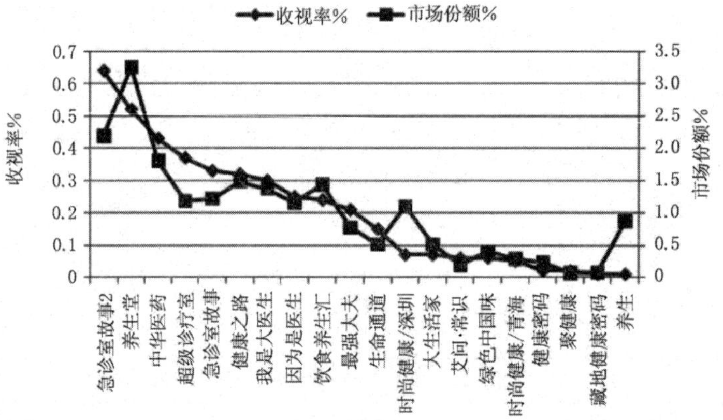

图 3　2015 年 1—10 月上星频道电视健康类节目收视概况(71 个城市)

数据来源:CSM 媒介研究

二、上星频道健康节目的分类比较

在下面的分析中,我们借鉴全国“人口与健康”类节目播出频道调研报告,根据内容主旨将上述各档电视健康类节目进行分类,大致分为养生服务、健康咨询、食疗健身、医患纪实四类(见表 3);从表现手法上又可以细化为演播室谈话、真人秀和专题三类(见表 4)。在此基础上,从栏目内容、节目形态、受众、收视及竞争角度进行比较分析,力图从更全面、更立体的角度对当前上星频道中电视健康类节目的特点、受众及收视差异作个形象化的描摹。

表 3　上星频道主要电视健康类节目内容分布

内容分布	百分比
食疗健身	17%
医患纪实	17%
健康咨询	22%
养生服务	44%

数据来源:CSM 媒介研究

表 4 上星频道主要电视健康类节目形态分布

形态分布	百分比
专题	5%
真人秀	32%
演播室谈话	63%

数据来源：CSM 媒介研究

（一）节目内容及形态的差异

如表 5 所示，在各类电视健康类节目中，养生服务类所占比重较高，在节目形态上多采用演播室谈话的形式，北京卫视的《养生堂》以“传播养生之道、传授养生之术”为宗旨；《我是大医生》以权威医生主持团为核心向大众传递健康医学服务知识；深圳/青海卫视播出的《时尚健康》集资讯、访谈、绿色生活技巧于一身；贵州卫视的《健康密码》汇集资深名医，为观众提供健康知识、传授养生妙招；甘肃卫视的《聚健康》由中医养生专家以浅显易懂的方式向观众传递中医养生、食疗养生、养生保健等知识；西藏电视台二套的《藏地健康密码》普及藏地健康保健知识和旅行常识，介绍高原独特的食物和藏医藏药；山东卫视的《养生》全方位展示中医养生文化，为观众提供实用的养生资讯。除了演播室谈话这种形式外，中央电视台中文国际频道的《中华医药》则采用电视专题的形态，以“关爱生命健康，服务全球华人”为宗旨，向海内外观众传播中华传统医药文化，提供权威健康服务。

与养生服务类节目立足养生知识有所不同，健康咨询类节目侧重于对具体病例、问题的解答和解决。中央电视台科教频道的《健康之路》每期都会围绕有关卫生与健康的一个主题，邀请国内一流的医学专家到演播室作为嘉宾主持直接回答观众的问题；贵州卫视的《最强大夫》集合 18 位三甲医院不同科室医生同台坐镇，解答观众的健康疑问；广西卫视的《艾问 · 常识》从病理学角度探寻疾病的真相，揭示人体的秘密，这儿档节目均采取演播室谈话的形式播出；安徽卫视的《超级诊疗室》则借助真人秀之形，以典型极致病例为切入点，为病患人群提供可参考的诊疗方案和救助基金。

食疗健身类节目在内容上更侧重于饮食这一特定领域，通过美食厨艺、美食知识来传播健康养生的理念和知识。湖北卫视的《饮食养生汇》集养生知识和养生家常菜做法于一身；黑龙江卫视的《绿色中国味》以绿色食品知识为核心，用明星参与答题的方式推广绿色食品知识；黑龙江卫视的《大生活家》则融合美食厨艺、生活百科、健康公益等元素，传播科学健康的生活理念。

医患纪实类健康节目则进一步聚焦发生在医院、医生和患者身边的健康事件，通过真人秀的表达形式，直击中国医疗现状，还原真实医患关系，传递社会正能量。东方卫视的《急诊室故事》通过深入挖掘一个个真实而充满人道主义精神的救治故事，赞颂生命的力量与尊严；浙江卫视的《因为是医生》关注年轻医生成长过程中的严谨学习、科学操作、医学伦理、人性关怀以及温馨的日常生活与情感；东南卫视的《生命通道》以现实生活中的突发事件为基础，以剧的概念进行深度报道。

表 5 2015 年 1—10 月上星频道收视较高的电视健康类节目概况

节目内容	节目形态	节目名称	播出频道
养生服务	专题	《中华医药》	中央电视台中文国际频道
	演播室谈话	《养生堂》	北京卫视
	演播室谈话	《我是大医生》	北京卫视
	演播室谈话	《时尚健康》	深圳卫视
	演播室谈话	《时尚健康》	青海卫视
	演播室谈话	《健康密码》	贵州卫视
	演播室谈话	《聚健康》	甘肃卫视
	演播室谈话	《藏地健康密码》	西藏电视台二套
	演播室谈话	《养生》	山东卫视
健康咨询	真人秀	《超级诊疗室》	安徽卫视
	演播室谈话	《健康之路》	中央电视台科教频道
	演播室谈话	《最强大夫》	贵州卫视
	演播室谈话	《艾问·常识》	广西卫视
食疗健身	演播室谈话	《饮食养生汇》	湖北卫视
	真人秀	《大生活家》	黑龙江卫视
	真人秀	《绿色中国味》	黑龙江卫视
医患纪实	真人秀	《急诊室故事》	东方卫视
	真人秀	《因为是医生》	浙江卫视
	真人秀	《生命通道》	东南卫视

数据来源：CSM 媒介研究

（二）节目受众的差异

观察 2015 年 1—10 月 71 个城市各类健康节目晚间时段的观众特征，不难发现女性、中老年、中等学历和收入水平的观众是节目的主要收视群体，而基于各类健康节目不同的内容定位和节目形态差异，其核心收视群体也存在着一定的分化（见图 4、图 5）。

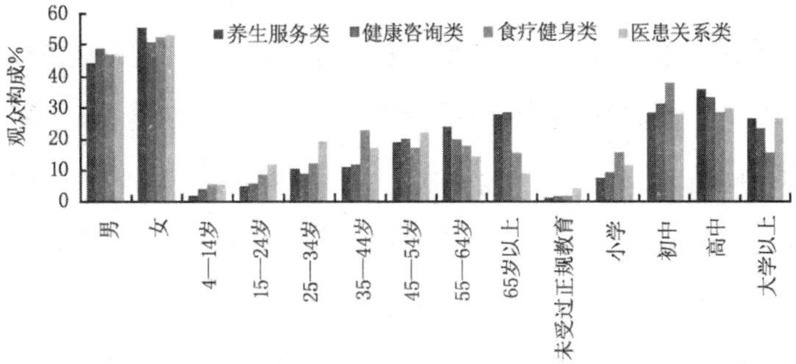

图 4　2015 年 1—10 月上星频道各类健康节目观众性别、年龄、学历构成(开始时间 18:00—24:00,71 城市)

数据来源：CSM 媒介研究

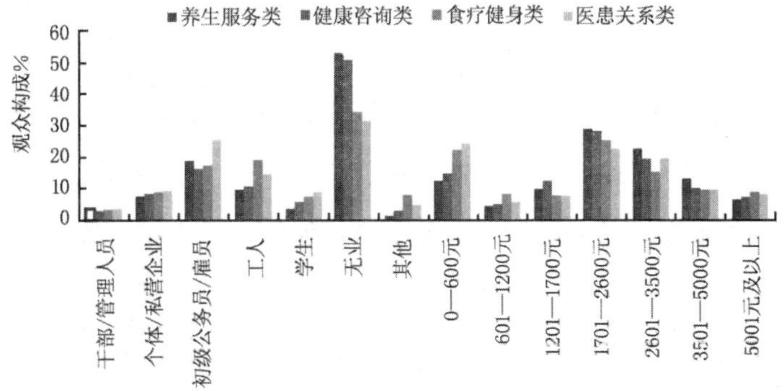

图 5　2015 年 1—10 月上星频道各类健康节目观众职业及收入构成(开始时间 18:00—24:00,71 城市)

数据来源：CSM 媒介研究

偏重健康咨询和养生服务的两类节目，65 岁及以上的老年收视群体、以离退休人员为主体的无业群体、个人月收入在 1200—3500 元之间的中等收入群体在节目观众中占据的比例高于其他两类节目，他们可以被描摹为离退休在家且有稳定收入来源的老年人，对养生和健康知识具有一定诉求，更愿意通过电视节目获取相关的知识。医患纪实类节目，因为多采用真人秀的表现形式，相对而言更吸引 34 岁以下年轻收视群体、大学及以上高学历群体、初级雇员群体，他们是一群年轻有朝气、具有一定学识、工作稳定且具有一定上升空间的观众。食疗健身类节目更偏重饮食领域，35—44 岁、初中学历、职业类别为工人的观众，对其收视偏好明显更强。

三、上星频道健康栏目的发展展望

(一)平民视角为节目创造发展空间

作为与人们日常生活及养生息息相关的一个节目类型,电视健康类节目早期制播者更强化其社教属性,以传授知识为主要目的,在节目形式上普遍采用说教形式,难以激发观众的收视积极性。近年来,随着经济技术的发展以及社会文化的重建,尊重个性发展和以人为本的人文主义越来越被提升到日程上来,传播视角从共性传播向个性传播转化,传播理念也从精英传播向平民传播转化。在电视健康类节目的制播中,充分体现了这种平民化视角的制作理念,不仅选题内容贴近性增强,更注重对轻松、愉快的信息接受氛围的营造,同时节目的权威性和贴近性也不断增强,这也是近年来在各级频道多档具有品牌影响力的节目不断扩大收视战绩的重要原因。

以北京卫视的《养生堂》为例,该节目开播于 2009 年,采取演播室专家谈话的形式,经过多年的发展,在内容的广度、深度、关联度上精雕细琢,以"贴近实际、贴近生活、贴近群众"为原则,选题内容贴近百姓的日常生活和节气变化,针对不同季节的多发疾病和养生方法从不同角度为观众提供切实可用的健康知识和健身方法,所邀请的专家也具有较强的权威性和广泛性,在广大观众尤其是中老年观众中的影响力不断提升。观察《养生堂》近两年的收视走势,在保持稳定的前提下 2015 年第三季度后整体收视水平有明显提升(见图 6),彰显出以观众为核心的节目制播理念在收视实践中的无往不胜。

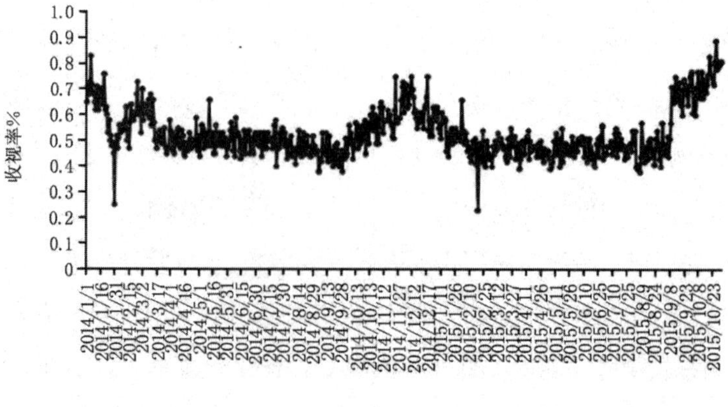

图 6 2014 年以来北京卫视《养生堂》各期收视走势(首播档,71 城市)

数据来源:CSM 媒介研究

（二）文化品位为节目注入新的内涵

尽管在节目内容上都是围绕百姓日常生活和健康养生而展开的，但电视健康类节目要想获得自身的竞争优势和长远的竞争力却不能停留在单纯满足受众日常健康知识的浅层次需求上，成功的节目制作者开始将健康传播视为一种建构文化认同、民族认同的文化实践。

以中央电视台中文国际频道 1998 年开播的《中华医药》为例，它不是通常意义上的电视门诊，而是一个以传播中医药文化为主，具有较高文化品位的健康节目，并担当起向海外传播中国传统中医文化的责任。在《中华医药》的创办人看来，节目的根本宗旨是希望借中医中药之口，利用其所具有的超越政治与地域的文化特质，实现对外宣传中国传统文化的一次“软着陆”，以增强海外华人对祖国的认同感。[①] 通过近年来的收视实践，借助节目文化品位的提升，《中华医药》不仅获得了稳定收视的回报（见图 7），也为自身注入了新的内涵，开拓了未来发展的无限可能。

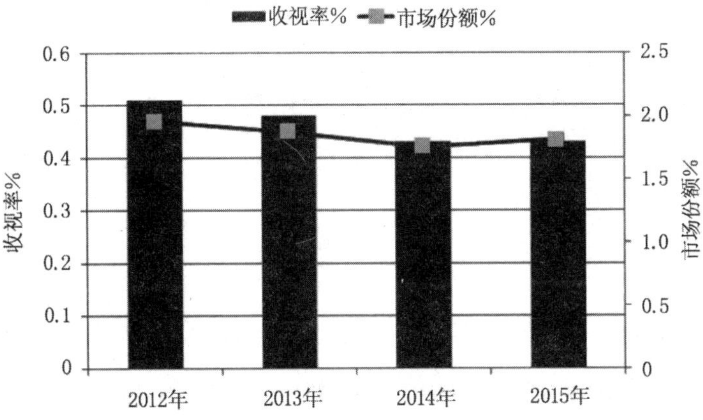

图 7　2012 年以来中央电视台中文国际频道《中华医药》各年收视表现（18:00—24:00，71 城市）
数据来源：CSM 媒介研究

（三）创新形态为节目带来活力

作为电视大众文化的特征之一，娱乐是大众一种主观性的生命体验和内在情

① 刘文：《〈中华医药〉创办手记》，《现代传播》1998 年第 4 期。

感感受。随着我国经济的发展，电视大众文化的娱乐属性愈加清晰显现，反映在电视健康类节目中，最直接的就是在新节目中运用如真人秀、戏剧表演等极具娱乐元素的表现手法。

以东方卫视的《急诊室故事》为例，该节目定位为急救纪实真人秀，借助先进的固定摄像技术，24 小时跟踪拍摄常人视角无法触及的急诊室真实故事，真实还原生死关头的人生百态。2015 年《急诊室故事》第二季开播，创新的表现手法，为节目赢得了更多年轻、高学历、高收入群体的关注，为节目的发展带来更多活力(见图 8)。

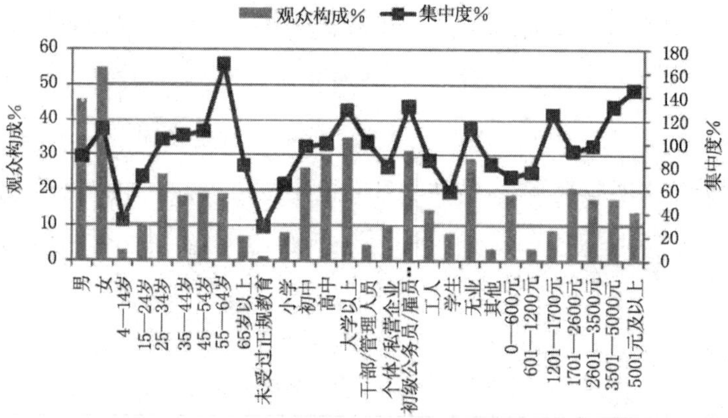

图 8 2015 年 10 月东方卫视《急诊室故事》观众特征(18:00—24:00,71 城市)

数据来源:CSM 媒介研究

四、结　语

“健康是人生第一财富”，这是美国人爱默生的感悟。我国著名教育家陶行知也说过:“健康是人生的一个重要目的，也是学问的一个重要目的。”在社会生活水平逐渐提高，生活节奏日益加快、竞争渐趋白热化的今天，无论是人们健康也好，亚健康也罢，每个人都非常迫切地需要健康之道。借助电视这一传播平台，向大众普及健康的生活方式和养生理念成为全国众多电视健康类节目繁荣发展的重要依据。面对未来的发展，电视健康类节目有着无限的机遇，也面临着未知的挑战，随着人口老龄化的加剧、受众健康意识的提高以及电视媒体人的不懈努力，我们有理由相信，电视健康类节目的未来会更美好。

(作者:周欣欣)

报告四：中国电视健康传播——电视剧研究报告

一、中国医疗题材电视剧发展研究报告（1958—2015年）

1958年9月4日，刚宣布正式播出仅两天的北京电视台直播了电视报道剧《党救活了他》，这是中国电视荧屏上出现的第一部医疗题材电视剧。自中国电视剧事业诞生之初，医疗题材电视剧就开始生根发芽，经过不断摸索创新，陆续推出了若干部精品之作，逐渐走入了社会各界的视野。迄今为止，中国医疗题材剧已经走过了50多个年头，逐渐发展成为中国电视剧的一个重要类型。

（一）概念界定

医疗题材电视剧，简称“医疗剧”（Medical Drama/Medical Show/ Doctor Show），又称“医务剧”或“医生剧”，这一概念源于美国。早在1987年，国内学界就开始关注医疗剧这一研究对象，王忠明《病人类——评电视剧〈希波克拉底誓言〉》一文较早地对医疗剧进行了分析评论，虽然该文中并没有明确出现“医疗剧”相关字眼。“医疗剧”这一名称最早由苗棣于1999年在《美国电视剧》一书中提及，“以电视剧的内容特质为依据，能够将品类多样的美国电视情节系列剧分为医疗剧、刑侦剧、科幻剧、奇想剧和冒险剧几大主要类目”，2004年苗棣、赵长军在《论通俗文化：美国电视剧类型分析》一书中再次提及“医疗剧”这一概念，“在一切大众传媒中，健康、疾病、治疗都是重要话题之一，而在电视剧这个领域，这一话题就变成了医疗剧或医生剧”，但这两部著作均未对医疗剧的概念进行界定。

2008年，吴素玲主编《电视剧艺术类型论》一书中首次对医疗剧进行定义，“这是一类以医院或诊室为背景，以一个或几个医生为主线贯穿全剧的情节系列剧，每一集相对独立,但集与集之间仍具有连续性”。此后,许多研究者陆续对医疗剧的概念进行了界定,各自都有一定的合理之处。为了便于本研究的开展,笔者尝试提出个人对这一概念的粗浅理解:医疗剧是一种以医院(或诊室、医馆)为主要场景,以医者(医疗行业工作者)为叙事主体,展现医者的日常工作和生活状态的电视剧类型。

(二)艺术特征

中国医疗剧在50多年的探索过程中,已经在题材选择、主题呈现、情节设置、人物塑造等方面积累了一定的经验,其中既有自己摸索出来的直接经验,也有借鉴美国、日本、韩国等国家的间接经验,这些直接和间接经验共同构成了中国医疗剧的艺术特征。

1.题材选择

以现实题材为主,追求现实主义,是世界各国医疗剧的共同之处。医疗事业以治病救人、救死扶伤为宗旨,追求精湛的医术和高尚的医德,在病患生死存亡之际容不得一丝一毫的马虎大意。现实中医疗事业的严肃性和专业性,很大程度上决定了医疗剧的现实主义基调,医疗剧自诞生以来一直都秉承着现实主义传统。此外,中国医疗剧在探索过程中,还注重与其他题材、类型的结合,如青春偶像题材、爱情题材、家庭伦理题材等,这方面与美国、日本、韩国及我国港台地区的医疗剧相似。纯粹意义上的医疗剧医学专业性很强,批判色彩较浓,这对于许多观众来说,可能显得过于沉重和严肃,且缺乏可视性,而与其他题材、类型电视剧相结合会提升医疗剧的可视性,这种结合也会碰撞出意想不到的火花。

2.主题呈现

主题是创作者通过对现实的观察、体验、分析、研究以及对材料的选择、整合、概括、提炼而得出的思想结晶,中国医疗剧的主题体现了创作者对中国医疗事业的客观描述和主观认识。50多年来,中国医疗剧呈现出许多主题,主要包括:弘扬高尚医德、树立先进榜样、宣扬医道仁心、揭示人性善恶、反思医疗体制、回应社会热点、关注医者成长、探秘医者生活等。在诞生之初,中国医疗剧的主题相对单一,如今随着大时代主题的变化,中国医疗剧的主题开始逐渐丰富起来,呈现出多元化的趋势,有的偏深度化,有的偏轻松化,还有的偏日常化。早期的中国医疗剧,在主题的呈现上较为直接生硬，意识形态色彩较浓，当前则比较重视主题传达的技巧，开始弱化、淡化和内化意识形态，更多关注普通的医者和病患个体。

3.情节设置

医疗剧的叙事环境主要集中在医院、诊室、医馆等场景当中，其情节的展开也主要集中在这些地方。美国医疗剧《急诊室的故事》所形成的“P＋P 模式”，即“Professional（专业）＋Personal（个人）模式”，对各国医疗剧的情节设置都有一定的影响，中国自然也不例外。铁打的医院，流水的病人，在医疗剧中，主要医生角色基本不变，病人根据情节发展需要流动变换。每个病案是一个相对完整的故事，情节的起承转合随着病情的轻重缓急不断变化，一波未平一波又起，下一个故事伴随着新的病人入院而展开。通常情况下，医疗救治这条情节线叙事节奏相对较快，持续周期相对较短，而个人生活这条情节线叙事节奏相对平缓，持续周期相对较长，这两条线不断穿插交织，共同推动着故事的发展。

4.人物塑造

“为医者，首当仁慈尽责。名医无他，精于医术，诚于医德而已。”唐代名医孙思邈在《备急千金要方》一书中曾提到理想的医者形象。几千年来，一些传世名医的形象广为人知，如扁鹊、华佗、张仲景、孙思邈、李时珍等，但这些名医早已被高高地供奉在神坛之上，离现代中国人的日常生活太远。如何塑造和还原符合时代、生活、逻辑的医者形象，成为中国医疗剧一直以来面临的重要问题。早期的中国医疗剧，医者形象较为刻板和扁平，要么德才兼备，要么医德败坏。近些年来，《医者仁心》《心术》等几部医疗剧佳作成功地塑造了武明训、钟立行、王冬、霍思邈、刘晨曦、谷超华等一批真实、鲜活、立体的医者形象，让口罩后面的那张脸回归现实生活，变得有血有肉，成为普普通通的“人”。

（三）产业价值

近年来，《医者仁心》《心术》等质量上乘、制作精良、阵容强大的医疗剧的陆续问世，使得医疗剧的收视率不断攀高，影响力日渐增强，中国医疗剧的产业价值逐渐被电视剧行业内部所认同并看好。中国医疗剧产业价值的实现，主要依赖类型化、精品化、产业化等路径。

1.类型化

中国电视剧在发展过程中,形成了古装历史剧、都市言情剧、青春偶像剧、武侠剧、农村剧、谍战剧、军旅剧等多种电视剧类型。随着时间的推移,新的类型不断出现,医疗剧便是其中重要的一种。类型剧产业价值的大小和类型化程度的高低存在一定的关系,当前中国医疗剧的类型化程度不断提升,其产业价值也日渐凸显。其他国家医疗剧在发展过程中,注重与其他相对成熟的电视剧类型结合,"杂交"出一些新的亚类型,大大拓宽了医疗剧的题材边界,同时也顺势提升了医疗剧自身的社会影响力。中国医疗剧很早就意识到了这点,但是创作上却没有及时跟上,没有形成较大的影响。

2.精品化

自《党救活了他》起,中国医疗剧便有了一种精品意识。50多年来,虽然总体数量不算太多,但有多部作品先后获得过中国电视剧飞天奖、大众电视金鹰奖等重要奖项,这些奖项肯定和鼓励了中国医疗剧的精品化战略。与其他题材电视剧相比,医疗剧的创作对编剧的要求极高,编剧需对医院的日常运转、手术的操作流程、医学的专业术语十分了解才行,如果没有一定的专业素质,根本无法创作出真实、细致、严谨的医疗剧剧本。《医者仁心》的编剧徐萌曾深入医院直面患者、体验生活长达5年,对医院的各种人、事、物有极为深入的观察,这种认真严谨的创作态度让她再度成为《青年医生》的编剧。

3.产业化

近年来,高品质的医疗剧成了各大电视台的争抢对象,其中《心术》最为抢手,先在浙江、上海、安徽、天津四星首播,后在其他共计24个频道多轮播出;《医者仁心》先后在19个频道播出,《感动生命》在18个频道播出。[①] 医疗剧的创作难度较大,产品供给相对不足,但中国电视剧市场对于医疗剧的需求却与日俱增,限量的供给无法满足旺盛的需求,因此出现28个频道播出一部《心术》的现象也不足为怪。医疗剧成为继谍战剧、穿越剧、宫斗剧、育儿剧等风潮之后中国电视剧市场新的收视增长点,日益增长的市场需求势必会加速中国医疗剧的产业化进程。

---

① 陈若愚主编:《中国电视收视年鉴(2015)》,中国传媒大学出版社2015年版,第192页。

（四）社会意义

生与死是这个世界的终极命题，每一个个体生命都无法逃避这个命题，而医疗正是与生命的存亡最为紧密相关的领域。医疗剧是人类以电视剧这种艺术形式对医疗相关问题进行审美观照的产物，其出现具有非同寻常的社会意义，它直面人性善恶，正视医疗困境，有助于缓和医患关系，传播健康文化。

1. 直面人性善恶

医院是离生死最近的地方，在这里人性善恶尽显，以医院为主要叙事场景的医疗剧敢于直面“人性”这个严肃而沉重的话题。在医疗剧当中能看到人间百态，既能看到命悬一线的救治，也能看到对于灵魂深处的拷问，还能感受到温暖人心的亲情、爱情和友情；既有为儿女治病卖房卖车的可怜父母，也有为争家产抛父弃母的不孝子女。“疾病是生命的阴面”，[①]医院就是与“阴面”搏斗的地方，现实社会中的善良、孝顺、慈悲、贪婪、恐惧、自私等一系列人性的美好和丑恶都会在医院里较为集中地暴露，而医疗剧则将这些美丑善恶通过艺术化的方式生动形象地展现出来，直抵观众心灵深处。

2. 正视医疗困境

“二战”之后，世界各国的医疗水平都有了一定程度的提升。但无论是发达国家还是发展中国家，都面临着一定的医疗困境，这种医疗困境或是医疗技术方面的，或是社会问题方面的。当下的中国也正在面临着许多问题，如医疗体制不够健全、医疗资源分配不均、医患纠纷不断激增、医患关系日趋紧张……中国医疗剧正视当前中国所面临的医疗困境，许多医疗剧都或多或少地触及了上述问题，并在剧中提出了创作者对于这些问题的独特思考。医疗剧天生就具有一种现实主义基因，具有一定的批判色彩，散发出浓郁的“社会问题剧”气质，注重观照现实社会中的种种医疗问题。

3. 有助于缓和医患关系

近些年来，各种“袭医”和“医闹”的新闻层出不穷，医生和护士的人身安全得

---

① 〔美〕苏珊·桑塔格：《疾病的隐喻》，程巍译，上海译文出版社2014年版，第5页。

不到保障，病患和家属对于医院和医生缺乏足够的信任，医者和患者之间似乎呈现出一种对立的状态。正是由于医患之间缺乏有效的沟通，产生一种“信息不对称的怀疑情结”，[①]导致了医患关系的日趋紧张。医疗剧遵循“源于生活，高于生活”的艺术创作规律，从现实生活中选取素材，将目前这种医患关系日趋紧张的状态真实地再现出来，有意识地去引导观众。创作者以相对合理的方式缓和了剧中的医患关系，潜移默化地影响了观众对于医患关系的认识、解决医患纠纷的方式，一定程度上缓和了现实中紧张的医患关系。随着自身影响力的不断扩大，医疗剧将会通过增进剧中的医患沟通，更加有效地缓解现实中的紧张医患关系。

4.传播健康文化

随着中国经济的快速发展和物质生活水平的提升，中国人的健康意识逐渐增强，对于健康相关信息服务的需求也日益增长。电视作为一种大众传播媒介，深度介入人们的日常生活，是健康传播最重要的平台之一。以北京卫视《养生堂》为代表的电视健康服务类节目较好地满足了观众的健康信息服务需求，与此同时，医疗剧也在以自身独特的方式传播健康文化。与电视健康服务类节目不同，医疗剧通常不会直接地告知观众应该如何预防和治疗某种疾病，而是以剧中人物的所作所为、所思所感间接地去影响观众，在潜移默化中传播健康文化，普及医疗常识。

（五）历史与现状

回望历史才能更好地认知现实和创造未来。厘清中国医疗剧的发展之路，对于中国医疗剧研究来说，十分重要和必要，有利于客观准确地认知当下的中国医疗剧。

1.本土摸索阶段（1958—1999 年）

1958 年 9 月 4 日，北京电视台直播了电视报道剧《党救活了他》，[②]这是中国电视荧屏上出现的第一部医疗题材电视剧，也是继《一口菜饼子》之后中国第二部电视剧。该剧由高方正编剧，胡旭、王扶林导演，根据当时《人民日报》报道的上海钢铁厂工人邱财康为抢救国家财产被严重烧伤，上海广慈医院医护人员给予全力抢

---

① 六六：《误解医生？理解医生——作家六六“卧底”医院，揭的不是黑幕，是成见》，《南方周末》2010 年 7 月 28 日。

② 郭镇之：《中国电视史》，文化艺术出版社 1997 年版，第 109 页。

救的真实事迹改编而成。从报纸刊出有关报道到电视剧播出，只间隔了30个小时，观众反响十分强烈。时任文化部副部长的夏衍看过后说，这部剧给他留下了较好的印象，电视剧还是很有前途的。[①]电视剧《党救活了他》对于新题材的初次探索，无意之间掘开了医疗剧这座富矿的一角，为中国电视剧从业者提供了一种全新的思路，也为此后中国医疗剧的发展提供了一种方向上的指引。

1959年4月，由王扶林导演，王显、王昌明、郝爱民等主演的《辛大夫和陈医生》播出，[②]该剧为宣传破除迷信思想、解放思想而作，塑造了辛大夫和陈医生两个人物形象，陈医生墨守成规，对盲肠炎病人坚持开刀，而辛大夫却用新方法治疗阑尾炎，减轻了病人的痛苦。

"人都会生病，这就有了病人。病人都要看病，这就有了医生。有了医生和病人，这就构成了医学关系。"1986年电视剧《希波克拉底誓言》的这句开篇之词，是改革开放之后中国电视剧对于医疗这一重要社会话题的第一次正式发声。两集单本电视剧《希波克拉底誓言》，由王苏源、潘小扬导演，中央电视台、上海戏剧学院、重庆电视台、陕西电视台联合摄制。[③]该剧采用电视纪录片的手法，讲述了三位医生因竞争眼科主任而引发的一系列故事，诠释了古希腊医学之父希波克拉底的职业道德誓言，直逼人的灵魂深处，充满了深刻的哲理思考，[④]展示了较强的艺术感染力。这是中国电视剧在医疗题材领域中的第一次探索，该剧具有较为浓郁的实验色彩和强烈的创新意识，产生了不凡的社会影响，不仅获得了1987年第七届全国优秀电视剧飞天奖单本剧一等奖，而且在"东京电视剧研讨会"上受到了日本放送协会(NHK)会长川口干夫的称赞，"每一个画面都那么美，非常科学、冷静地表现了医学关系和主体"。[⑤]

1993年，又一部医疗剧走入了观众的视野，由山西电视台摄制的时长100分钟的短篇电视剧《一个医生的故事》在中央电视台晚间黄金时段播出。该剧以山西省长治市人民医院妇产科主任赵雪芳为原型，根据其真实故事改编而成，塑造了一

---

① 陈志昂主编：《中国电视艺术通史》，中国文联出版社2000年版，第85页。

② 钟艺兵、黄望南主编：《中国电视艺术发展史》，浙江人民出版社1994年版，第8页。

③ 任远：《中国电视50年的风风雨雨》，人民网，2009年9月10日，http://media.people.com.cn/GB/10031824.html。

④ 胡智锋、周建新：《从"宣传品"、"作品"到"产品"——中国电视50年节目创新的三个发展阶段》，《现代传播》2008年第4期。

⑤ 张凤铸：《影视艺术新论》，北京广播学院出版社2000年版，第92页。

个有血有肉的人民好医生形象。该剧播出之后受到多方关注，同年获得了第十四届中国电视剧飞天奖短篇电视连续剧一等奖和中宣部“五个一工程”优秀作品奖。中国早期医疗剧的发展除了不断从文学和电影领域中汲取营养外，还格外注重从现实生活中寻找创作灵感。

1958—1999 年，还有《真假医生》(1959 年)、《妇产医院》(1995 年)、《陈医生诊所》(1995 年)、《红十字方队》(1997 年)、《黄家医圈》(1997 年)、《儿科医生》(1999 年）等几部医疗剧陆续问世。其中，《妇产医院》把现实社会中的医患纠纷问题搬上荧屏；《红十字方队》将目光投至军医学员这一特殊群体的成长过程；《儿科医生》则对当时的医院制度改革问题进行了关注。《红十字方队》1998 年被评为第十六届大众电视金鹰奖最佳长篇电视连续剧，《儿科医生》获得 2001 年第二十届中国电视剧飞天奖优秀长篇电视剧二等奖。这一阶段中国医疗剧作品数量相对较少，从艺术特征上很少看到其他国家医疗剧的影子，这个阶段可以称为中国医疗剧的“本土摸索阶段”。

2. 模仿借鉴阶段(2000—2009 年)

随着新世纪的到来，中国医疗剧迎来了一个新的发展阶段，开始有意识地模仿借鉴其他国家医疗剧相对成熟的创作思路。2001 年由郑晓龙导演，江珊、李幼斌主演的电视剧《永不放弃》，以北京某家医院的急诊室为主要叙事场景，通过对急诊室一个个案例的剖析，探讨了医者应有的价值选择和道德追求。该剧播出之后，实现了收视和口碑的双赢，获得了 2003 年第二十二届中国电视剧飞天奖长篇电视剧二等奖，江珊也获得了优秀女主角这一殊荣。该剧在人物塑造、场景选择、情节设置上，都能看到美国医疗剧《急诊室的故事》的影子，被称为“中国版”《急诊室的故事》。《永不放弃》的热播，让更多的观众有机会了解医患关系、医疗事故、医德伦理等他们此前不甚熟悉的社会话题。

2005 年，一部同样以美国医疗剧《急诊室的故事》为范本的电视剧《无限生机》登陆荧屏，该剧由徐庆东执导、《重案六组》原班人马打造，讲述了某医科大学附属医院急诊室发生的一系列故事，全景式地展现了急诊室中紧张激烈、惊心动魄的医疗救治场面。该剧对《急诊室的故事》的模仿痕迹较为明显，与《永不放弃》不同的是，该剧的叙事场景基本都集中在急诊室里，叙事节奏也更为紧凑。“医学总顾问”“医学总指导”“医学总统筹”等此类专业职务在《无限生机》片头中第一次出现，这表明中国医疗剧开始重视医学专业性的提升和对基本医疗知识的普及。

除了《永不放弃》和《无限生机》这两个典型案例以外，2000—2009 年，中国电视荧屏上还陆续涌现了《都是天使惹的祸》(2000 年)、《爱在生死边缘》(2001 年)、《帕米尔医生》(2001 年)、《关怀》(2002 年)、《为民医生》(2002 年)、《神医喜来乐》(2003 年)、《皇朝太医》(2003 年)、《最后的诊断》(2004 年)、《天涯侠医》(2004 年)、《女法医》(2004 年)、《神医华佗》(2004 年)、《红十字背后》(2005 年)、《急救生活》(2005 年)、《生命烈火》(2005 年)、《急诊室风波》(2005 年)、《心理医生非常档案》(2005 年)、《活着真好》(2008 年)、《卫生队的故事》(2008 年)、《生死一线》(2008 年)、《柳叶刀》(2009 年)、《盛京医院的故事》(2009 年)、《大国医》(2009 年) 等 20 多部医疗剧。这一阶段，中国医疗剧作品数量明显增加，整体质量逐渐提升，但过度依赖其他国家特别是美国医疗剧的先进经验，甚至直接模仿，创新意识相对薄弱，创新能力略显不足。

3.本土创新阶段(2010 年至今)

2010 年《医者仁心》的出现，标志着中国医疗剧的发展进入了本土创新阶段。这一阶段中国医疗剧数量明显增多，作品相对成熟，专业化程度更高，从对其他国家医疗剧的初步模仿借鉴，走向了在借鉴中实现本土创新的道路。由中国电视剧制作中心投资拍摄的《医者仁心》，生动描绘了一幅真实可感的医生群像，客观审视了中国医疗行业现状，从医者、病患、社会、媒体等多个视角深入探讨了当下中国医疗困境之所在。编剧徐萌曾以"实习医生"的名义深入医院体验生活，前后长达 5 年，称《医者仁心》"是一次有目标有纲领，直指靶心的创作，这个靶心就是人心"。[①] 该剧将炽热的人文情怀与冷峻的现实主义笔触交互融汇，[②]是一部优秀的现实主义作品，有评论称它是"第一部真正直击中国医疗界困境的揭秘之作"，[③]播出之后产生了强烈的社会反响，获得了 2011 年第二十八届中国电视剧飞天奖长篇电视剧一等奖和最佳编剧奖。

2012 年，由吴秀波、海清、张嘉译主演的电视剧《心术》在中央电视台和各大主流卫视轮番播出，掀起了中国医疗剧领域的一个新高潮。被誉为"国内首部反映医

---

① 徐萌：《始有真心，方有仁心——长篇电视剧〈医者仁心〉创作谈》，《当代电视》2011 年第 2 期。

② 黄式宪：《无影灯下：是什么震撼着我们的心灵——略论电视剧〈医者仁心〉在现实主义审美境界上的开拓》，《当代电视》2011 年第 3 期。

③ 杨旭：《新时期国内医疗剧创作研究》，西北师范大学硕士学位论文，2013 年，第 14 页。

患关系的大型医疗剧”[①]的《心术》,用生活化的处理方式塑造了一个又一个鲜活真实、有血有肉的医生形象,在向观众展现真实的医疗救治场景的同时,也展现了医生护士群体丰富的情感生活。该剧所宣扬的理念正如片名的解释一样,“仁心仁术”,医者不仅要有高尚的医德,更要有高明的医术,这样才能更好地缓解当下日益紧张的医患关系。《心术》的播出,不仅拉近了观众与医生护士群体之间的关系,同时也让“医疗剧”这个名字为更多观众所熟知。

此外,短短几年间还有《手术刀》(2010 年)、《神医大道公》(2010 年)、《人到四十》(2011 年)、《无影灯下》(2011 年)、《感动生命》(2012 年)、《幸福刚刚好》(2012 年)、《生死依托》(2012 年)、《远远的爱》(2012 年)、《医怪文三块》(2012 年)、《今夜天使降临》(2013 年)、《到爱的距离》(2013 年)、《神医喜来乐传奇》(2013 年)、《青年医生》(2014 年)、《产科医生》(2014 年)、《产科男医生》(2014 年)、《爱的妇产科》(2014 年)、《神医安道全》(2014 年)、《神医大道公前传》(2014 年)、《急诊室故事》(2015 年)、《天使的微笑》(2015 年)等 20 余部医疗剧登陆电视荧屏,中国医疗剧的队伍逐渐壮大起来,俨然已经成了中国电视剧领域中的一支重要力量。一边不断借鉴其他国家医疗剧的成功经验,一边不断从当下中国社会生活中寻找源泉,中国医疗剧逐渐在模仿借鉴中摸索出了一条本土创新之路。

(六)比较研究

美国、日本、韩国和我国港台地区的医疗剧曾经不同程度地影响了中国内地医疗剧的发展,未来这种影响还将继续,因此有必要分别对上述国家和地区的医疗剧进行比较研究,找出各家的特色和所长。

1.美国医疗剧

“医疗剧”这一概念起源于美国,世界上第一部医疗剧也诞生在美国。1951 年,美国哥伦比亚广播公司电视网(CBS TV Network)播出的电视剧《城市医院》(*City Hospital*),是目前可以查到的美国最早的一部医疗剧。[②]此前有不少学者称,1961 年播出的《基戴尔医生》(*Dr. Kildare*)是美国最早的医疗剧。早在 1937

---

① 张新英:《〈心术〉:多种元素混搭而成的另类医疗剧》,《中国电视》2012 年第 8 期。

② 见 https://en.wikipedia.org/wiki/Medical_drama。

年，美国就出现了一部医疗题材电影 *Internes Can't Take Money*，[①]这应该是最早出现在银幕上的医疗题材影视作品。1963 年开播的《综合医院》(*General Hospital*)至今已播出了 50 多年，[②]是目前最长寿的美国医疗剧。该剧讲述了一家综合医院里形形色色人物的喜怒哀乐，虽然主角都已更换过 10 次以上，但依然保持着相当高的收视率和号召力。20 世纪七八十年代，还出现了《医疗中心》《急救》《圣艾里奇医院》等多部医疗剧，但这个时期美国医疗剧发展速度缓慢，没有实现突破性进步。

《急诊室的故事》是美国医疗剧的重要代表，是美国医疗剧走向成熟的标志，它的播出使医疗剧开始真正成为美国一种重要的电视剧类型。该剧主要讲述了芝加哥一家医院急诊医生抢救病人的故事，自 1994 年以来共播出 15 季，先后获得了 21 项艾美奖及 115 项提名，[③]社会影响力极大，自 20 世纪 90 年代起风靡全球，成为各个国家医疗剧纷纷模仿借鉴的对象，各种以该剧为蓝本的医疗剧层出不穷。

由美国广播公司(ABC)出品，于 2005 年开播的《实习医生格蕾》(*Grey's Anatomy*)已经更新至第十二季，该剧展现了一群年轻的实习医生之间的情感纠葛和他们在成长道路上的曲折与磨炼。该剧兼具艺术价值与商业价值，收视数据惊人，全球范围内的观众数量与日俱增，还曾拿下包括美国金球奖剧情类最佳电视剧等在内的总计 36 座奖杯和 87 项提名。该剧于 2010 年被中央电视台电视剧频道引进，是第一部登陆中国电视荧屏的美国医疗剧。

《豪斯医生》《南国医恋》《整容室》《私人诊所》《周一清晨》等一批优秀剧目的出现，也为美国医疗剧的发展添砖加瓦。经过几十年的发展，美国医疗剧逐渐形成了相对稳定的类型特征。在结构模式上，形成了著名的“P＋P”模式，专业和个人两条线分别展开；在角色设置上，“常规角色”即主要医生基本固定，病人等“辅助角色”流动变换；在故事情节上，每集之间相对独立、较为完整，注重与观众的互动。这些比较成熟的叙事手段和表现技法，不仅被世界各国医疗剧模仿借鉴，还被广泛应用到其他行业剧或类型剧当中。

---

① 见 https://en.wikipedia.org/wiki/Internes_Can%27t_Take_Money。

② 徐思鉴：《美国医疗剧一部火 50 年场景略血腥真实性强》，新华网，2012 年 5 月 10 日，http://news.xinhuanet.com/zgjx/2012－05/10/c_131578934.htm。

③ 苗棣、赵长军：《论通俗文化：美国电视剧类型分析》，北京广播学院出版社 2004 年版，第 193 页。

2. 日本医疗剧

在世界各国医疗剧当中，日本医疗剧是除美国医疗剧之外最具影响力的医疗剧品牌，也是对美国医疗剧模仿借鉴最为出色、最富有民族精神的医疗剧品牌。1993 年日本富士电视台出品的 11 集电视连续剧《回首又见他》，是日本早期影响力较大的医疗剧之一，该剧翔实地揭露了日本医学界的阴暗面，受到了日本社会的多方关注。此后，《在灿烂的季节里》《跳跃大搜查线》《救命病栋 24 小时》《白色巨塔》《急救先锋》《医龙》《蓝色代码》《仁医》《顶尖医生》等一大批优秀作品陆续问世，日本医疗剧的品牌也逐渐形成。

1999 年《救命病栋 24 小时》系列的开播，标志着日本医疗剧开始走向成熟。该系列的前两部作品在故事情节上可以明显看出对美国医疗剧《急诊室的故事》模仿的痕迹，2005 年推出的《救命病栋 24 小时Ⅲ》以当年发生的东京 7 级地震为背景，与时俱进地讲述了震后急救的感人故事，引发了强烈的情感共鸣和巨大的社会反响。《救命病栋 24 小时》三部曲的发展过程，也是日本医疗剧不断进阶、由模仿借鉴走向本土创新的过程。

电视剧《白色巨塔》(2003 年)是日本医疗剧发展史上不得不提的重要作品。1963 年日本作家山崎丰子所著长篇小说《白色巨塔》，被称为日本“国民级小说”，先后五次被改编为影视作品。[①] 在这五个版本当中，被公认最好的当属 2003 年西谷弘等导演的《白色巨塔》，该剧是日本富士电视台为纪念建台 45 周年而制作的，曾获得第四十届日剧学院最佳作品、最佳导演等奖项。它通过展现大学医学院的医疗事件和外科主任在选举中的贿赂行为，揭露了医学界尔虞我诈、争权夺利的黑暗面，焕发出深刻的人性色彩。

随着日本医疗剧的不断发展，其内部可以大致分为四类：以《白色巨塔》为代表的社会问题类、以《救命病栋 24 小时》为代表的正统行业类、以《蓝色代码》为代表的青春偶像类、以《仁医》为代表的杂糅类。日本和美国一样，都有着先进的医疗技术和发达的医疗系统，这为医疗剧的发展提供了较好的社会条件。日本医疗剧与美国医疗剧相比，共同之处在于注重对人性深处的开掘，不同之处在于审美标准和

---

① 五个版本分别是 1966 年山本萨夫导演的日本电影《白色巨塔》、1978 年小林俊一导演的日本电视剧《白色巨塔》、1991 年迟广一夫导演的日本电视剧《白色巨塔》、2003 年西谷弘等导演的日本电视剧《白色巨塔》和 2007 年安判石导演的韩国电视剧《白色巨塔》。

价值选择。日本医疗剧在对美国医疗剧的模仿借鉴中，逐渐形成了富有日本民族特色的、具有本土化意识的发展之路。

3. 韩国医疗剧

韩国电视剧在亚洲地区，特别是在中国有着巨大的影响力，这股“韩流”之中不乏医疗剧，如为国人所熟知的《顺风妇产科》《医道》等。美国医疗剧之风初起时，韩国迅速发展本国医疗剧，多年来相继推出了《医家兄弟》《综合医院》《妙手情天》《顺风妇产科》《医院》《医道》《医家四姐妹》《医疗先锋》《妇产科女医生》《医学团队》《Doctor 异乡人》《第三医院》等多部医疗剧，医疗剧也由此成为韩国电视剧中的一个重要类型。

1998 年首尔广播公司（SBS）推出《顺风妇产科》，该剧以医院妇产科生活为主题，生动展现了韩国人的生活风貌和幽默天性，是一部具有韩国特色的家庭情景医疗剧，是韩国情景喜剧与医疗剧的第一次碰撞。《医院》这部韩剧讲述了一群医学院学生如何怀着对医生这一职业的向往从学校走向医院的过程，该剧可以视为韩国青春励志剧与医疗剧的杂糅。韩国文化广播公司（MBC）于 2005 年推出的《医道》可谓是韩国医疗剧的又一重要代表作。该剧讲述了韩国历史上著名医学家许浚济世行医的真实故事，刻画了一代名医的崇高医德和人性魅力，该剧在韩国电视史上创下的 63.5％的收视率纪录至今还无人能破。

韩国将医疗剧进行了本土化改造，突破了美国医疗剧的现代叙事场景局限，从古代医疗史中寻求营养，《医道》将医疗剧与历史剧紧密结合，为韩国医疗剧的发展提供了一种新思路。注重与韩剧所擅长的历史剧、青春励志剧、家庭伦理剧等类型相结合，注重借鉴美国医疗剧的先进技法，同时又善于发扬自家优势，这是韩国医疗剧在本土创新过程中的重要经验。

4. 港台地区医疗剧

警匪剧、律政剧、商战剧等行业剧（或称类型剧）在香港由来已久，已经形成了较为成熟的叙事模式。当医疗剧之风由美国和日本刮到香港时，就迅速被纳入到香港行业剧体系之中，吸收其他成熟行业剧的经验和技巧，并与香港言情剧、家族剧等类型剧亲密结合，形成了富有言情剧、家族剧特色的香港医疗剧。被誉为“港版《急诊室的故事》”的《妙手仁心》三部曲，是香港医疗剧的代表之作。该系列的三部剧分别于 1998 年、2000 年和 2005 年推出，讲述了一群医护人员工作和生活中的喜怒哀乐，体现出一种宽容、同情、关怀的医道精神。2012 年香港无线电视公司推出的《On Call 36 小时》是香港医疗剧的又一佳作，该剧选用了香港电视剧几十年来沉淀下来的若干经典桥段，如身世揭秘、突患绝症、兄弟反目、姐妹情仇等，将香港言情剧、家族剧的经典技法运用得炉火纯青，医疗剧中充满情感戏份也是香港医疗剧的一个特色。出现最早的香港医疗剧当属 1981 年香港丽的电视（RTV）推出的《大昏迷》，该剧反映了医疗制度和医院内部的种种问题，包括医疗失误、包庇、利益输送、贩卖人体器官等，由于内容较为敏感，该剧当年遭到香港医疗部门的投诉并被禁播。

台湾医疗剧虽不及香港医疗剧成就突出，但在多年的探索中也逐渐形成了自己的特色。2000 年，台湾公共电视台推出的《大医院小医师》，由王小棣导演，蓝正龙、江祖平主演，讲述了实习医师的苦乐生活及成长历程，播出之后不久便引起了强烈的社会反响。2006 年，由蔡岳勋导演，言承旭、戴立忍主演的台湾电视剧《白色巨塔》播出，该剧虽与日本医疗剧《白色巨塔》重名，但剧情却大相径庭，该剧以联合大学附属医院里的政治生态为背景，讲述身陷其中的青年医师们如何在理想与现实之间抉择、奋斗、成长的励志故事。2006 年播出的《白袍之恋》由郭品超、安以轩主演，该剧主要讲述了两名精英医生从医术到情爱上的竞争故事。从上述几部台湾医疗剧来看，与青春偶像剧的深度杂糅，是台湾医疗剧的一大特色，这与台湾青春偶像剧的巨大影响力密不可分。

（七）问题与挑战

50 多年来，中国医疗剧虽然取得了一定的成绩，涌现出了一批佳作，逐渐开始被行业内外所关注，但其自身存在着一些问题，仍面临一定的挑战，很大程度上限制了中国医疗剧的进一步发展。

1.专业性不足

“Professional”（专业）是医疗剧“P＋P 模式”中的重要一方面，专业性决定了医疗剧的真实性，专业性不足会大大降低医疗剧的艺术感染力。国内医疗剧因专业性不足被许多网友诟病，这也正是目前中国医疗剧发展过程中面临的一大障碍。国内出身医疗专业的编剧极少，大部分编剧对医疗行业缺乏足够的了解，写出的剧本漏洞百出，显得比较外行。美国医疗剧在发展之初，就特别注重专业性的提升，请了大量医疗专家介入医疗剧的编剧和拍摄，以保障其专业性。《医者仁心》《心术》等几部医疗剧在专业性方面也下了不少功夫，《医者仁心》的编剧徐萌曾深入医疗行业体验生活长达5年，在剧本创作这一环节保障了医疗剧的专业性。该剧在拍摄环节上也比较重视专业性的把握，剧中除主要角色外，其他许多角色都由现实生活中的医生和护士出演，有4位护士长、10余位医学博士和博士生导师进行现场指导。

2. 现实性不足

当前的中国医疗剧中，虽然不乏现实主义精品力作，但是从整体上来看，仍然呈现出现实性不足的问题。现实题材的作品很多，但真正达到现实主义的作品却少之又少，许多医疗剧只是对深层问题的浅层回应，并没有深入、全面地反映客观现实。“看病难、看病贵”，已经不仅仅是一个医疗难题，更是当下中国的社会难题之一。对于大多数中国普通家庭来说，医疗支出已经成为除住房、教育之外的最重要的家庭支出，普通老百姓“病不起”，只能是“小病拖，大病挨，重病才往医院抬”。医疗资源分配不均，医疗费用居高不下，才是中国老百姓最头疼和最为关注的医疗问题，而非离他们相对遥远的医患纠纷问题。中国医疗剧很少关注到城乡医疗资源的巨大差距，将视线主要集中在北上广等大城市的三甲医院，对于中西部地区特别是农村地区的医疗现状较少关注，而这些地区的病人才是中国病人的主要群体。在这些社会难题面前，中国医疗剧显得苍白无力，对于时代脉搏的把握和社会弊病的揭露还不够到位，只是浅层次的、选择性的现实主义，并非真正的现实主义。

3. 可视性不足

可视性决定了观众的关注程度。当前的中国医疗剧可视性不足，和美国医疗剧相距甚远，主要体现在故事讲述、人物塑造和叙事节奏等方面。中国医疗剧在故事讲述方面缺乏本土创新，对美国医疗剧的模仿痕迹还相对较重，真正具有本土特色的原创故事相对较少。日本医疗剧在故事讲述方面比较注重本土创新，出现了《仁医》这样的结合本土动漫文化特色的创新之作。中国许多医疗剧在人物塑造方面不够成功，呈现出一种完美化、理想化、简单化、脸谱化的倾向，对于复杂人性的表现不够全面和真实，人物形象不够饱满、真实、立体。此外，中国医疗剧对于叙事节奏的把握还不到位，整体节奏相对缓慢，医疗救治场景的紧迫感不太强，这方面远远不如美国医疗剧；日常生活场景的代入感也不够，这方面可以借鉴韩国医疗剧。

(八)未来发展

早在1964年,著名传播学学者麦克卢汉就曾预言与医疗有关的特定剧种未来将备受瞩目,因为医疗剧"创造了一种对身体幸福的痴迷"。[①]时至今日,麦克卢汉的预言变成了现实。中国医疗剧作为世界医疗剧中的一支年轻力量,也被越来越多的人所关注,它在稚嫩青涩中焕发出一种毛头小伙特有的生机与活力。从中国医疗剧的现状来看,其未来发展应当主要从规模化、品牌化、国际化三个方面努力。

1.规模化

中国医疗剧目前尚未开始规模化生产,其中一个重要原因在于编剧人才的稀缺,深入了解医疗行业的编剧人才少之又少,如能尽快走出编剧人才缺乏的困境,优质剧本源源不断地供应上来,中国医疗剧的规模化生产才指日可待。但这绝非易事,不是两三年就能实现的。目前,中国医疗剧的规模化生产可以从纵向和横向两个维度着力。纵向维度上,继续在医疗题材领域内深耕细作,从现实生活中的热点话题汲取营养,进一步细化医疗剧创作。近几年来,"产科医生"这一群体备受关注,围绕"产科医生"扎堆出现了好几部医疗剧,如《产科医生》《产科男医生》《爱的妇产科》等,虽有跟风之嫌,但这未尝不是好事。横向维度上,不断尝试融入其他类型剧元素,发挥现有优势,碰撞出新的火花。日本、韩国及香港地区的医疗剧都曾采用这个做法,且屡试不爽,中国医疗剧可以大胆进行尝试。比如,可以融入军旅剧元素,关注军医这一特殊群体;也可以融入农村剧元素,反映农村医院的真实现状;还可以融入古装历史剧元素,讲述古代名医的传奇故事……

2.品牌化

美国医疗剧非常注重品牌的塑造和维护,形成了《综合医院》《急诊室的故事》《实习医生格蕾》等多个医疗剧品牌。中国也需要这样的医疗剧品牌,但是因为国情的差异,我们不能照搬美国的品牌化之路。中国医疗剧品牌的塑造,应紧紧把握当下中国影视行业的"IP"(Intellectual Property)开发热潮,实现"弯道超车"。在医疗题材IP开发方面,似乎存在着这样一个规律:文学在不断地影响着电影,电影

---

① 〔加〕马歇尔·麦克卢汉:《理解媒介——论人的延伸》(增订评注本),何道宽译,译林出版社2011年版,第374页。

进而不断地影响着电视剧。美国作家麦克斯·布兰德(Max Brand)创作的医疗题材小说《基戴尔医生》曾近10次被搬上银幕和荧屏，[①]日本作家山崎丰子出版的医疗题材小说《白色巨塔》曾先后5次被改编为影视作品，中国作家谌容发表的医疗题材小说《人到中年》也曾被改编为同名电影，医疗题材IP的巨大影响力可见一斑。《滚蛋吧！肿瘤君》就是一个很好的医疗题材IP，它由漫画改编成电影，不仅让原有品牌得以延续，而且进一步提升了该品牌的知名度，如改编成医疗剧，其品牌价值将会进一步延续和提升。

3. 国际化

"中医药是打开中华文明宝库的一把钥匙"，医疗剧作为传播中医药文化的重要载体之一，肩负着传播中华文明的重要使命。如何实现中国医疗题材故事的国际化表达，是中国医疗剧未来发展不可绕过的重要问题。在五千年的历史长河中，中国形成了独特的中医药文化，并影响了周边许多国家医疗事业的发展。当前的中国医疗剧，对于自身独特的中医药文化的关注度还不够，对于历史上名医故事的表现尚不深入。与韩国相比，中国的历史文明和医药文化要悠久厚重得多，但是在对这些内容的电视剧呈现方面，中国远不如韩国。同样是与古装历史剧的结合，《神医喜来乐》《神医大道公》等作品却不如韩国医疗剧《医道》那样震撼人心、影响深远，也未冲出国门、销往海外。当前的中国医疗剧不够成熟，正在不断模仿借鉴其他国家医疗剧的先进经验并寻求本土创新的道路上，尚未形成中国特色、民族气派和本土品格。我们应从这个阶段的自身实力出发，将影响儒家文化圈作为中国医疗剧国际化的短期目标。要想实现这个目标，一方面可以在真实全面反映时代中国的现实问题上下功夫，另一方面可以从中国的历史文明和中医药文化中寻找答案。

二、中国养老育儿题材电视剧发展研究报告

养老题材电视剧和育儿题材电视剧是近年来在我国蓬勃发展的电视剧类型。自2010年后，这两种类型的国产电视剧在作品数量、上映时段和受众反响等方面

① 见 https://en.wikipedia.org/wiki/Medical_drama。

整体都占据优势。本部分从国产养老育儿题材电视剧的创作背景、叙事图景与时代观照、文化特征、历史源流、现存问题与未来发展等方面入手，对其展开观察和研究。

(一)创作背景

新世纪头十年后，作为近年现实题材电视剧重要表现对象的“80后”一代逐渐迈入“上有老、下有小”的人生阶段；同时，我国的社会结构、国家政策和大众文化在“养老”与“育儿”议题上呈现出崭新的特征和发展趋向，使扶老携幼的“80后”一代养老和育儿问题处于空前境遇。

在养老问题上，截至2014年年底，我国60岁及以上老年人口数量达到2.12亿，占总人口的15.5%，尽管如此，我国人口老龄化仍处于发展期，老年人口规模时时增加。“据预测，本世纪中叶老年人口数量将达到峰值，超过4亿，届时每3人中就会有1个老年人。”①甚至到2020年，我国极有可能提前进入“超级老龄社会”。② 日益严重的老龄化问题也引起了官方的关注，2010年以来，《中华人民共和国老年人权益保障法》被修订实施，城乡养老保险制度几经优化；2015年1月，全国老龄办、民政部、财政部联合下发《关于开展第四次中国城乡老年人生活状况抽样调查的通知》，全国最大规模的老龄国情调查由此启动；③ 2015年10月29日召开的党的十八届五中全会更再次明示“健全……老人关爱服务体系”的决定。

尽管加速加剧的老龄化问题已获得政治话语的关注，然而目前，我国应对老龄化问题的社会基础设施建设情况仍不容乐观。目前，我国的社会性养老资源较为短缺，而现存养老产业的发展也处于失衡状态。民政部调查数据显示，“截至2013年底，……全国有各类养老服务机构4.2万余个，拥有床位493.7万张，平均每千名老年人仅拥有床位24.4张”。④在北京、上海等大型城市，部分养老院处于

① 《截至去年底中国60岁以上老年人口已达2.12亿》，《人民日报》2015年6月12日。该预测由中国人民大学人口与发展研究中心教授宋健提出。

② 《报告：中国老龄化形势更严峻部分人或因老致贫》，人民网，2015年2月10日，http://politics.people.com.cn/n/2015/0210/c70731—26537827—2.html。

③ 《中国即将启动最大规模老龄国情调查》，新华网，2015年7月28日，http://news.xinhuanet.com/politics/2015—07/28/c_1116065169.html。

④ 《中国养老院现状：每千名老人仅拥有床位24.4张》，中国网新闻中心，2015年6月15日，http://news.china.com.cn/2015—06/15/content_35824855.html。

“一床难求”的境地。①

除资源短缺外，社会养老院在资源、容量和费用等方面也存在巨大差距。“公办的进不去，民办的住不起”已成为中国式养老问题的普遍特征。②在这一形势下，“居家养老”不得不成为当下社会主要的养老方式。根据国家卫计委发布的《中国家庭发展报告 2015》，在 2015 年，“我国 90％以上的老年人是在家庭中养老的”。③

面对严峻形势，鼓励人口新增被视为缓解社会老龄化问题的有力举措。2010 年后，国家生育政策开始逐步倾向于促进人口增长：2011 年，全国 31 省份全部开放“双独二胎”政策，即夫妻双方均为独生子女的，可经批准生育第二个子女。2013 年，中共十八届三中全会决定启动实施“单独二孩”政策，至此，夫妻双方有一人为独生子女者，可经批准生育二孩。2015 年 10 月 29 日，党的第十八届中央委员会第五次全体会议上再次放宽生育政策，提出“促进人口均衡发展……全面实施一对夫妇可生育两个孩子政策，积极开展应对人口老龄化行动”。④

然而在现实中，逐渐放宽的生育政策却远未获得预料中的热烈反响。根据国家统计局调查，城市高昂生活成本和现代生育观念的影响，截至 2015 年，我国单独二胎申请数量比预期少 93 万，而实际出生的二胎人数则更少。⑤ 2015 年，我国平均每个家庭人口数仅为 3.02 人，⑥生育、养老等传统家庭功能被持续弱化。

在文化上，养老育儿问题近年也深陷传统与现代文化交杂的旋涡中：一方面，“养儿防老”“孝思不匮”“子嗣绵延”“多子多福”等传统思想仍根深蒂固地存在于社会文化体系中；另一方面，宣扬自由独立和强调个人体验的现代思想所催生的现代养老育儿观念掀起浪潮。在养老方面，根据《常州晚报》记者调查，近六成老人表示愿意去养老院，而近七成的子女因担忧伦理的失范而不愿送长辈去养老院。在“生育”问题上，《中国家庭发展报告 2015》调查显示，当下我国单亲家庭、单人家

① 《北京养老院生存现状调查：排号入住要等十几年》，《中国经济周刊》2012 年 7 月 10 日，http：//news.xinhuanet.com/fortune/2012－07/10/c_123392662.html。

② 《中国式养老院现状：公办的进不去民办的住不起》，中国财经网，2012 年 7 月 27 日，http：//finance.china.com.cn/money/cfsh/20121127/1157102.html。

③ 《首个〈中国家庭发展报告〉发布》，光明网，2015 年 5 月 14 日，http：//legal.gmw.cn/2015－05/14/content_15661413.html。

④ 《中国共产党第十八届中央委员会第五次全体会议公报》，央广网，2015 年 10 月 29 日，http：//china.cnr.cn/gdgg/20151029/t20151029_520328336.html。

⑤ 《单独二胎申请数量比预期少 93 万专家：实际生育更少》，《京华时报》2015 年 2 月 10 日，http：//www.cssn.cn/zx/xshshj/xsnew/201502/t20150210_1511722.html。

⑥ 《我国丁克家庭快速增长》，《烟台晚报》2014 年 5 月 15 日 A6 版。

庭和丁克家庭也不断涌现;2014 年百合网就“如果你的另一半不打算要孩子,你会怎么办”这一问题做调查,受访者中 19%的女性和 6%的男性表示“自己也有此打算”,而近四成受访者表示“会考虑接受对方的建议”。①

由此,养老育儿问题,在国家政策、传统伦理、现代文化和物质现实的博弈中,在代际话语的协商和冲突下,成为炙手可热、富有争议的社会话题;同时,也成为近年来养老育儿题材电视剧发展的动因。这些电视剧紧扣时代命题,以多样的主题和丰富的叙事展现了当今社会养老育儿方面的问题和矛盾,并尝试性地提出相应解决办法。

(二)叙事图景与时代观照

近年来,国产养老育儿题材电视剧关注内容与时代的关系,尤其是与政策、文化、生活体验的互动性,试图冲破传统的叙事窠臼,塑造时代人物,描摹时代景观。

1. 白首新程:养老题材电视剧对老年群体的立体化叙事

近年来,国产养老题材电视剧多倾向于突出老年群体的主体性,赋予他们独立的个性、品质和理想。在荧屏上,作用承载家庭叙事亲情符号的老年人摆脱陈旧的话语模式,成为智者、君子、家庭砥柱和爱情守望者。

(1) 老当益壮:养老题材电视剧对老年群体的功业叙事

在近年来的国产养老题材电视剧中,老年群体不再被笼统地定格为边缘群体,他们中的许多人被打造成独立自强、积极生活的榜样。不论是在家庭还是在社会中,老年群体都发挥着“主心骨”的作用,而相比之下,子女一代则显示出软弱幼稚的特征。

如 2014 年,徐化雨执导的电视剧《当妈不容易》塑造了正直仗义、古道热肠的老年女性形象。剧中,年过六旬的陆老太不仅是庞大家庭的中流砥柱,还是邻里友人眼中的侠义之士。她不仅帮助四个子女度过各式各样的家庭危机,而且在友人危难时分倾囊相助。最后,陆老太组织老友创办自助式养老院,主张老有所为,用自己的力量迎来幸福晚年。与此相似,2013 年由庞好执导的电视剧《我们家的微幸福时代》也塑造了为儿女和孙辈们排忧解难的退休老人形象。剧中,年过六旬的

---

① 《中国丁克三十年》,《新华日报》2015 年 4 月 9 日第 15 版。

方锦华不仅没有成为儿女的负担，还成为三代人的幸福秘方。2012 年，由李妮指导的电视剧《老爹的非“城”勿扰》塑造了一个睿智果断的老爹形象。在巨额拆迁款面前，几个子女私自算计，向“老爹”讨钱，而“老爹”却果断将拆迁款全部投资酒店，以“酒店经理”的职位激励三兄妹挑战命运，教导几个成年的子女在金钱诱惑与良知的博弈下，勇于经受锤炼，坚守道德底线。

此外，《我家的春秋冬夏》(2013 年)中，秦家的四姐妹处于各式各样的生活困局时，即将成为她们继母的马瑙以善良和智慧帮助她们化解难题，最终获得了孩子们的认同和尊重。与此相似，《激情永远燃烧》(2012 年)中的杨墨青、《妈妈的花样年华》(2013 年)中的文校长、《我的极品老妈》(2013 年)中的张文音、《家有一老》(2013 年)中的余志刚、《劝和小组》(2013 年)中的李奶奶等老年形象都被赋予了“老当益壮”“老而多智”的色彩。

(2) 老有所爱：养老题材电视剧对老年群体的婚恋叙事

老年群体的婚恋叙事在国产电视剧中由来已久。20 世纪 90 年代在《夕阳红》节目“微剧场”板块播出的《黄昏探戈》、新世纪初期由杨亚洲指导的《浪漫的事》(2004 年)、龚朝执导的《老人的故事》(2006 年)、张今彪执导的《金色黄昏》(2008 年)等都曾以较大篇幅表现老年群体对爱情的追求与执守。

近年来，老年群体中较大的丧偶比例及其对婚恋生活的向往客观上推动了电视剧对老年婚恋题材的关注。根据全国第六次人口普查报告，截至 2010 年，“我国丧偶老人占老年人口的 27%左右，约为 4748 万，……80%的丧偶老人有再婚愿望”。[①]由此，在近年来国产养老题材的电视剧叙事中，老年人既是“老有所为”的事业积极分子，也是“老有所爱”的爱情守候者。在叙事手法上，作品不仅以诙谐和温暖的笔触描绘着老年婚恋生活的浪漫和美妙，也客观反映了在子女阻挠和舆论压力之下，老年婚恋之路的坎坷艰辛。

2013 年热播的电视剧《我家的春秋冬夏》以退休珠宝鉴定师秦有天和保姆马瑙的爱情故事为主线。该剧不仅讲述老人群体赢得子女认可、化解前任矛盾、携手步入婚姻殿堂的故事，还塑造了张招娣这一优雅时尚、接受整容手术的老年女性形象，展现出精彩多姿的另类老年生活。与此相似，2012 年周小刚执导的《激情永远

---

① 《80%丧偶老人有再婚愿望》，光明网，2015 年 9 月 13 日，http://difang.gmw.cn/newspaper/2015－09/13/content_109166231.html。

燃烧》讲述了文物专家杨墨青与保姆胡美兰阴差阳错的爱情故事，作品以幽默诙谐的基调，表现老年群体奋不顾身追求爱情的勇气。

与以上两部作品轻松诙谐的艺术风格不同，电视剧《有你才幸福》(2013 年)以更鲜明的现实主义笔法描绘了退休老人祺瑞年和宋茹君的爱情故事。作品细致呈现了老年伴侣在追求婚恋的道路上战胜病魔、获得子女谅解、冲破社会舆论、解决家庭矛盾的艰辛过程，反映了当下社会中老年婚恋所面临的重重困境。

同时，近年来养老题材电视剧在老年群体的婚恋叙事上勇于摆脱传统叙事窠臼，将新潮婚恋观念赋予老年群体。如电视剧《我的极品老妈》(2013 年) 塑造了勇于"闪婚" 的老年女性张文音，而《我和妈妈一起嫁》(2011 年) 则讲述了老年"姐弟恋" 的故事等。

此外，《空巢》(2009 年)、《老爸的爱情》(2011 年)、《金太郎的幸福生活》(2012 年)、《我们家的微幸福生活》(2015 年)、《空巢姥爷》(2015 年) 等诸多作品也描绘了老年群体的婚恋故事。

2.群体焦虑:养老育儿题材电视剧对社会问题的呈现与反思

作为深入社会细胞的家庭型媒体，电视在促进民主自由、推动社会进步方面责无旁贷。作为电视媒体中具有较大影响力的节目类型，电视剧尤其应担负起观照大众生活、反映社会问题的责任。在政策变革、社会矛盾杂生、多元文化并立的时代背景下，养老育儿类电视剧在提供休闲娱乐的同时，承载着创作者对相关问题及其引发的社会焦虑的关注和思考，在娱乐至死的时代彰显了媒体的社会责任。

具体到近年来我国的养老育儿问题，国家卫计委家庭发展司有关负责人曾表示，"我国人口老龄化发展呈现这么几个特点:老年人口增长快、规模大;高龄、失能老人增长快，社会负担重;农村老龄问题突出;老年人家庭空巢化、独居化加速"。[①]这些社会问题在近年来国产养老题材的电视剧叙事中几乎全部有所体现。此外，在育儿问题上，隔代抚养、育儿成本过高等社会问题，也成为相关题材电视剧创作的内容来源。

(1) 老而难安:"啃老" 问题和"巨婴" 心理

"啃老" 是当下中国社会的一大病灶。2012 年零点研究咨询集团对全国七大城市 1125 名 60 岁以上老年人的抽样调查结果显示，"超过半数的家庭中，老年人

---

① 《截至去年底中国 60 岁以上老年人口已达 2.12 亿》，人民网，2015 年 6 月 12 日，http: //www.farmer.com.cn/xwpd/jsbd/201506/t20150612_1040423.html。

都会对子女进行经济上的‘再哺育’”。[1] 除却物质依赖外，80 后、90 后一代对长辈的精神依赖在当前社会也尤为明显，成年子女的心理断奶期一再延宕。“啃老”问题和“巨婴”心理成为当下国产养老育儿题材电视剧关注和思考的重点。

电视剧《老牛家的战争》(2010 年) 深刻反映了“养儿啃老”这一残酷的社会现实。剧中，独身老人老牛虽已分配财产，仍然被子女伪造死亡证明、卖掉栖身之所。2010 年，何伟执导的电视剧《儿女冤家》更极致地突显了“啃老”问题的残酷性。剧中，退休教师周蕙茹为儿女操劳半生，晚年却遭到儿女两家联合啃老：做超市理货员的女儿不仅侵吞了母亲的房款，还带着丈夫蹭住在母亲家里；而处于知识分子阶层的儿子一家也想尽办法蚕食母亲仅剩的财产。最终，母亲周蕙茹因缺医少药被逐出家门而倒在一个废弃的仓库中。

除这两部具有典型性的作品外，“啃老”问题还在《小儿难养》(2013 年) 中赵晓柔和吴迪、《老有所依》(2013 年) 中于淼和田咪、《有你才幸福》(2013 年) 中沈洁等人物身上有所体现。

除却物质依赖外，近年来养老育儿题材电视剧还细腻呈现了成年子女的低幼化特征及其对父辈过度精神依赖的社会问题。譬如由李立安执导的电视剧《断奶》(2013 年) 中，已自立门户的安琪和李俊鹏不仅缺乏基本的生活技能，而且心智低幼，无法处理婚后的日常生活和情感危机，而两人的父母则不仅分担着子女的物质生活压力，还兼任其思想引路者和情感调解员身份。此外，类似的“巨婴”心理还在育儿剧《食来孕转》(2014 年) 中沈立东、沈小满兄妹等人物身上鲜明体现。

关涉“啃老”问题和“巨婴”心理 的养老育儿剧不仅生动呈现了社会弊端，还以冷静态度剖析了问题产生的原因：相关电视剧并不把问题全然归咎于子女的软弱自私，父母溺爱成性、独断专权的行为也受到批判。如电视剧《断奶》在表现年轻人对父辈精神依赖的同时，也集中刻画了三位对子女生活过度干涉的父母形象。晚辈的婚恋住房、衣着饮食、个人隐私，被无分巨细、盘查过问，而成长于这一环境下的子女，亦难以避免地表现出“巨婴”心理。与此类似，《老有所依》(2013 年)、《妈妈的花样年华》(2013 年)、《老牛家的战争》(2010 年)、《保卫孙子》(2014 年) 等作品也一定程度地透过“啃老”问题和“巨婴”心理，审视当今家庭教育的弊病。

---

① 《超五成家庭年轻人都曾“啃老”》，凤凰网财经频道，2012 年 2 月 17 日，http：//finance. ifeng. com/money/roll/20120217/5612639. html。

（2）老无所依：当今老年家庭的养老问题

“空巢”问题是当下我国日益凸显的社会问题之一。《中国家庭报告 2015》显示，目前中国“空巢”老人的数量占老年人总数的一半，其中，独居老人占老年人总数的近 10%，仅与配偶居住的老人占老年人总数的 41.9%。[①]

2009 年上映的电视剧《空巢》是较早聚焦“空巢”问题的电视剧之一。该作品以一个辗转于三个空巢家庭的保姆为线索，展现三个不同社会阶层、性格迥异的空巢老人孤寂无依的家庭生活。与此相似，由林柯执导的热播剧《空巢姥爷》也以空巢老人为表现主体。该剧以退休教师与保姆的爱情故事为主线，表现了周开启、赵雅萍、老王等独居老人对亲情和陪伴的渴望。与《空巢》和《空巢姥爷》相比，2012 年，由余淳执导的电视剧《谁来伺候妈》在刻画孤苦的老年人形象的同时，更侧重于进行物质危机下的道德拷问。面对患病的母亲，三个家庭陷入争执：有的推诿怠慢，有的积极筹备，有的巧取财产，有的潜心算计，而母亲也随之辗转于养老院等几个住所，最终还不得不通过分配财产来资助几个儿子。此外，电视剧《有你才幸福》中的独居老人康老师、《老牛家的战争》中的退休医生紫霞等都是空巢老人的代表人物。

值得注意的是，当下相关题材的电视剧在展现老而无依的情景时，并未武断地将问题全然归结为子女的道德沦丧；相反，诸多作品从现实环境出发，体察 80 后、90 后子女在赡养老人问题上力不从心的一面。《中国家庭发展报告 2015》显示，自 20 世纪 80 年代以来，我国家庭平均规模锐减，其中，1990 年缩减到 3.96 人，2010 年缩减到 3.10 人；同时，至 2015 年，我国逾 8800 万户家庭有 65 岁以上老人，占全国家庭户的比重超过 20%。这意味着出生于家庭规模锐减期的 20 世纪八九十年代的一代人正在承担着巨大的赡养压力。当下电视剧生动体现了这一群体在传统文化与现实处境中面临的物质与道德双重困境，将对个体的道德批判转化为对社会现实的反思。

如 2011 年由丁黑执导的电视剧《独生子女的婆婆妈妈》和 2014 年由李威执导的《独生子》就集中展现了 80 后独生子女在巨大的赡养压力下的艰难处境。与这两部作品相比，2009 年，由高满堂执导的电视剧《满堂爹妈》更极致地表现出独生

---

① 《空巢老人占老年人总数一半》，全国老龄工作委员会办公室网站，2015 年 5 月 13 日，http：//www.cncaprc.gov.cn/contents/2/78139.html。

子女的赡养压力。剧中主人公曹端午因父母复杂的婚姻经历而有 14 个需要赡养的长辈，他一人承担了老人们的求职、医疗、送丧、做媒、调解纠纷、保家护院等工作，最终不得不依靠装病来获得解脱。

此外，电视剧《老有所依》(2015 年)、《妯娌的三国时代》(2012 年)等也同样在呈现老无所养问题时，观照老龄化时代中青年群体的艰难处境。

(3) 孙辈绕膝：隔代养育的困局

"隔代养育"是指祖辈承担对孙辈抚养和教育任务的现象。受传统家庭文化的影响，这一现象在我国由来已久。自进入新世纪以来，随着我国老龄化程度的加剧、独生子女育龄时代的到来以及当代青年物质生活压力的增加，"隔代养育"的现象尤为繁盛，"只生不养"的"新丁克"群体由此诞生。中国老龄科研中心 2006 年对全国城乡 20083 位老人的调查显示，在老年群体中，"照看孙辈的占 66.47%，上海、成都等大中城市比例更高"。①

"隔代养育"是当下国产养老题材电视剧与育儿题材电视剧共同关注的话题。这些作品多通过展现祖辈和父辈两代人，或男女两方家庭对孙辈的管理权的争夺来构架戏剧冲突，以多方的妥协谅解为结局，张扬互谅互信、共享天伦的原则和理想。

2012 年，由沈航执导的电视剧《保卫孙子》将"隔代养育"问题置于电视剧叙事的核心地位。该剧生动描绘了祖母苏梅、祖父周非凡、外祖母马大玲等家长在孙辈孕育、生产、注册、哺养、教育这一漫长过程中的"拉锯战"。

2015 年由姚晓峰执导的电视剧《虎妈猫爸》也生动呈现了当下我国家庭婆婆与儿媳、婆家与娘家在孙辈教育问题上的差异与争锋，表达了对"公主式"溺爱、"棍棒式"苛责的反思以及多重教育观念交杂下儿童成长的困境。剧中，年仅 5 岁的罗茜茜先是在祖母的过度保护下养成了软弱傲慢的性情，又在"虎妈式"教育中艰难实现转变，并在长辈教育观念的争执下罹患儿童抑郁症。

与《虎妈猫爸》不同，电视剧《二胎》较少涉及幼教叙事，更多聚焦于祖辈对孙辈的看护问题上。电视剧表现了当下我国普遍存在的"421 家庭"②中男女双方家庭对孙辈的争夺。剧中，年幼的唐豆豆不仅是祖母、继祖母、外祖母三家激烈争夺的

---

① 《爷爷奶奶爱孙辈的正确打开方式》，《成都日报》2015 年 9 月 29 日第 17 版。

② "421"是当前我国社会流行的家庭结构，这一结构主要分布于城市。它被用于指称双方父母健在、已婚育的独生子女家庭。这一家庭包含 4 个父母长辈、2 个青年夫妻和 1 个孩子，因此被称为"421 家庭"。

对象，还是父母用于缓解家长焦虑、均衡各方利益的杠杆。

此外，电视剧《双城生活》（2011 年）、《宝贝》（2013 年）、《我为儿孙当北漂》（2015 年）等也聚焦于隔代抚养现象，表现祖孙三代在当下社会的情感纠葛。

(4) 未富先老：老年群体的贫困问题

根据北京大学国家发展研究院发布的《中国健康与养老追踪调查》，截至 2013 年，“全国有 22.9％的 60 岁以上老年人（4240 万人）的消费水平位于贫困线以下”。其中“农村人口的贫困率（28.9％）远高于城镇人口（9.5％）”。[①] 加之目前我国施行的社会保障体系仍待完善，未富先老已成为我国老龄化社会的重要问题，老而未富、老无所安的问题也由此成为当下相关题材电视剧关注的内容。与“老无所依”“隔代养育”等主题相比，表现“未富先老”主题的电视剧虽数量较少，但内容多极具力度，发人深省。

电视剧《老有所依》有力地揭示了未富先老的社会问题。剧中，三个处于社会不同阶层的老年家庭都无法逃避物质匮乏的问题：生活在城市底层的谢亚芝不仅无从享受天伦之乐，还必须为拮据的家庭奔波劳碌；作为普通市民的吕希父母同样过着捉襟见肘的生活，在面临经济困难时，他们只得将买墓地的钱挪作他用；而乡镇籍的老人江福山更因缺乏积蓄和社会保险而备受儿媳嫌弃。与《老无所依》相比，电视剧《我的丑娘》（2008 年）和《我的丑爹》（2012 年）以更为极致的手法展示了进城务工寻子的农村老人的悲苦境遇。剧中，发鬓皆白、身材佝偻的老人不仅难以寻得安身之所，还要风餐露宿，靠扫马路、拾废品等体力工作维持生计、贴补儿女。

此外，电视剧《嘿！老头》（2015 年）和《家有一老》（2015 年）也不同程度地涉及未富先老的问题。在对这一问题的表现上，相关题材的电视剧多用抒情化手法描绘垂暮老人在物质匮乏生活中的心酸际遇，呼唤子女和社会群体对贫弱老人的赡养与救助。如电视剧《老有所依》和《我的丑娘》都以多个拍摄角度，呈现老人劳作、流浪、拾荒的场景，画面多配以浑厚沉缓的背景音乐，烘托哀婉气氛。在结局处理上，《我的丑娘》《我的丑爹》等沿用子女尽孝、反哺父母的传统大团圆结局；而《老有所依》则只是部分地实现人物的命运救赎，一定程度上保留了贫困老人“艰难苦恨繁霜鬓”的悲情基调。

---

① 《〈中国健康与养老追踪调查全国基线报告〉发布》，北京大学新闻中心，2013 年 6 月 4 日，http：//pkunews.pku.edu.cn/xxfz/2013－06/04/content_274291.html。

3.关注当下：国产育儿类电视剧的时代性叙事

自2013年《小儿难养》《小爸爸》《宝贝》等火爆荧屏以来，短短3年中，近20部育儿题材剧扎堆登上各大卫视平台。与养老剧相似，近年来国产育儿题材电视剧紧扣时代旋律，在变换着的政策导向、物质背景和文化环境中书写时代性育儿故事。它们呈现初为父母的80后、90后一代在育儿问题上的迷茫，塑造反传统的时尚辣妈和暖男奶爸形象，对丁克、试管婴儿、非婚生子等特殊婚育现象极为关注。

（1）聚焦二胎：育儿剧与现实生活的紧密呼应

在崭新的生育政策推动下，“二胎”成为近年来育儿题材剧中最受关注的话题之一。自2011年开始，国家相继推出“双独二胎”“单独二孩”和“普遍二孩”的生育政策“三连跳”。

“二胎”题材的国产育儿剧紧随政策变化而繁荣。2013年，电视剧《孩奴》和《辣妈正传》开始涉及对新形势下二胎生育现象的描述。2014年，首部以二胎生育为主题的电视剧《双独家庭的奢侈品》诞生，次年，《二胎时代》和《我为儿孙当北漂》相继出炉。其中，《二胎时代》曾在同时段节目中收视居于榜首，[①]而《我为儿孙当北漂》也获得受众青睐，达到0.998%的平均收视率。[②]

在叙事上，近年来以“二胎”为题材的国产育儿剧多从职业女性意外孕育二胎为切入口，着力展现三代人对二胎问题的差异性观念，突出孕育与生产过程中种种家庭纷争或现实挫折，最终以二胎顺利降生、三代人情感升华为结局；在积极响应主旋律文化的前提下，倡导以传统亲情化解现实问题所引发的创痛体验。

（2）辣妈当道：育儿剧对青年母亲的另类塑造

在近年来的国产育儿题材电视剧中，曾活跃于20世纪晚期荧屏的温柔可亲、心灵手巧的母亲形象不再流行。荧屏上典型的母亲形象不再被全然笼罩于“母性”或“妻性”的光环之下，而成为优雅时尚、独立自由的主体。同时，与之相对的“父亲”则承载更多家庭性叙事，突显出女性化的角色和气质。

2013年，由沈严执导的电视剧《辣妈正传》塑造了夏冰和李木子两个典型的辣妈形象。剧中，两位母亲不仅追求独立自主的物质与精神地位，还以丰满的个性和

① 《〈二胎时代〉同时段全国收视第一，王晓晨无惧争议》，《南方日报》2015年8月24日。

② 《〈我为儿孙当北漂〉内容为王 收视击败热门剧》，新华网，2015年5月4日，http://ent.news.cn/2015-05/04/c_127762007.html。

主体精神观照育儿生活，引发了一系列戏剧性情节。如热爱夜店生活的夏冰在哺乳期饮酒，致孩子生病；当职业女性与母亲的角色发生冲突时，夏冰直接推着孩子参加会议；李木子则一边工作，一边通过摄像头照看孩子。

与《辣妈正传》相似，《双独家庭的奢侈品》中两个孩子的母亲唐乔菲也被塑造为强势精悍的职业女性形象，剧中，她身怀二胎坚持工作、处理几个家庭的矛盾，最终获得亲人、同事乃至竞争对手的叹服，而与之相对的男性角色，即唐乔菲的丈夫林海生，则承载了更多家庭化叙事，显现出温懦、隐忍的女性化气质。

当下，仅以"辣妈"为核心表现对象的电视剧包括《辣妈正传》(2013 年)、《辣妈》(2013 年)、《今夜天使降临》(又名《辣妈大作战》)(2013 年)三部，而《夫妻那些事》(2012 年)、《老沈家的育龄时代》(2014 年)、《我的宝贝》(2015 年)、《虎妈猫爸》(2015 年)等作品也都塑造了典型的"辣妈"形象。这些形象不仅有力地增强了作品的戏剧性，使之更富张力，也尽力迎合了 80 后、90 后一代的生活方式和价值观念，表现出当代电视剧作品对青年受众群体的追寻。

(3) 父亲归来：育儿剧对父子/父女关系的特殊关注

《中国家庭发展报告 2015》的调研结果显示，在我国，"无论是在农村还是在城镇，0 至 5 岁儿童日常生活的主要照料人是母亲，……在日常生活照料过程中，父亲角色发挥不足"。[①] 甚至在"0 至 5 岁儿童中，22.4%的儿童与父亲平均每周见面次数为 0"。[②] 这一结果凸显了父亲在家庭育儿中的缺席状态。近年来，国产电视剧创作者也敏锐地察觉到这一社会问题，引导育儿剧整体突显父亲的家庭角色，细腻描绘父亲的育儿生活，以此呼唤现实中"缺席的父亲"的归来。

截至目前，以"父亲的育儿生活"为主题的电视剧已有《小爸爸》(2013 年)、《奶爸的爱情生活》(2014 年)和《三个奶爸》(2015 年)三部。此外，这一主题的电视剧《奶爸当家》和《无敌奶爸》(又名《熊爸熊孩子》)也即将播出。这些作品多由一线影视团队制作，众多明星加盟，在受众群中具有较高影响力，如《小爸爸》上映之初就占据浙江、东方、深圳、陕西四个卫视平台的黄金时段，[③] 而《三个奶爸》上映两周

①② 《2015 家庭发展报告：空巢老人占老年人总数一半》，《北京晚报》2015 年 5 月 13 日，http://news.xinhuanet.com/politics/2015－05/13/c_127796667.html。

③ 《〈小爸爸〉收视夺冠　完美世界影视再度发力》，搜狐网，2013 年 9 月 9 日，http://yule.sohu.com/20130909/n386206293.html。

后微博关注量超过 10 万，收视率也突破 1%。[①]

除却以上几部以父亲育儿为主题的作品外，在电视剧《虎妈猫爸》(2015 年)、《小爸妈》(2015 年)、《酷爸俏妈》(2015 年)、《我的宝贝》(2016 年)等当下众多育儿题材电视剧中，父亲均被塑造为育儿工作的重要参与者——他们至少与母亲一样承担着等量的育儿任务、扮演着不可替代的育儿角色。在叙事策略上，这一类型的作品多集中展现年轻的、不谙柴米油盐的父亲在育儿过程中日常性、戏剧性和争议性的情节，以父亲与孩子实现共同成长为结局。在艺术层面上，它们通过颠覆传统的男性角色，突显不擅长育儿的父亲在照顾孩子时种种手足无措、状况百出的情态，增强作品的戏剧性和感染力。在文化上，这一类型的电视剧亦通过强调男性的家庭责任，促进现实家庭结构的优化，彰显电视剧作为家庭型大众媒介的社会功能。

(4) 观照个例：育儿剧对特殊婚育现象的探讨

除却对主流话题的关注外，当下国产育儿题材电视剧还涉及对特殊婚育现象的表现和探讨。近年来，受到物质环境、现代婚育观念等因素的影响，80 后、90 后一代在婚育问题上呈现出一些新的取向。其中，丁克家庭、试管婴儿辅助生殖以及未婚孕育是当前我国婚育领域较为突出的现象，也是国产育儿题材电视剧较常涉及的话题。

其中，丁克观念是当代育儿题材电视剧的常见话题。根据国家卫计委的调查，近年来我国非传统家庭大量涌现，其中，丁克家庭数量的增长尤为显著。[②]电视剧《家有爹娘》(2007 年)、《夫妻那些事》(2012 年)、《宝贝战争》(2012 年)、《宝贝》(2013 年)、《双独家庭的奢侈品》(2014 年)、《香火》(2015 年)、《小爸妈》(2015 年)等都对丁克观念有所呈现。

同时，试管婴儿辅助生殖也是当代育儿题材电视剧较常涉及的特殊话题。国际辅助生育技术监控委员会发布的报告显示，截至 2013 年，全球已有超过 500 万试管婴儿降临人世，[③]而中国的试管婴儿人数也在 2010 年后激增，根据中国学者在 2015 年第二届中美辅助生殖医学高峰论坛上的发言，在我国，每年约有 10 万试管

---

① 《〈三个奶爸〉领跑收视　精诚担当保驾标杆品质》，搜狐网，2015 年 11 月 6 日，http: //www. qianhua-web. com/2015/1106/3028304. html。

② 《卫生计生委：中国家庭呈现五大变化》，国家卫生和计划生育委员会生育家庭发展司网站，2013 年 12 月 12 日，http: //www. nhfpc. gov. cn/jtfzs/s7873/201312/661c2e7afb0043caa892a13815 c498e0. shtml。

③ 《全世界已有 500 万试管婴儿降临人世》，《宁夏日报》2013 年 10 月 17 日第 1 版。

婴儿出生。[①]电视剧《夫妻那些事》(2012 年)、《爱的妇产科》(2015 年) 等都涉及对试管婴儿等辅助生殖技术的描述。其中,《夫妻那些事》和《爱的妇产科》较细致地阐释了试管婴儿技术。

此外,当今育儿题材电视剧适当放宽了对未婚孕育现象的禁忌。在当下育儿剧中,这一现象不再被提升至道德与作风层面而遭受质疑,更多是在日常化、情感化的语言中获得宽释。电视剧《小爸爸》和《辣妈正传》将非婚孕育事件作为富有戏剧性的叙事起点,而电视剧《裸婚时代》(2011 年)、《宝贝》(2013 年)、《妈妈的花样年华》(2013 年)、《爱的妇产科》(2015 年) 等都从理性化角度对这一现象及其连锁事件展开描述。

(三)文化特征

尽管叙事情节纷繁驳杂,然而近年来,国产养老育儿题材电视剧所体现的文化内涵却是相对稳定、具有普遍意义的。对弱势群体主体精神的尊重、对传统文化的遵从以及浪漫主义与现实主义思想的均衡,是近年来国产养老育儿题材电视剧所普遍彰显的文化特征。

1.张扬社会弱势群体的主体精神

近年来,国产养老育儿题材电视剧突出老年群体和女性群体的主体精神,从现象上解决其由身体和社会地位的弱势所引发的话语弱势问题。

在当今荧屏上,老年人的身份不再仅源自与他者的关系,即不仅仅作为儿孙的对应物,被冠以"爸爸""妈妈"或"外公""外婆"的称呼等;其生活叙事也空前程度地挣脱"以儿孙为中心""以服务为目标"的窠臼。在当下,众多养老题材的电视剧赋予了老年群体主体性话语权。通过对老年人个性、职业、爱情、社会公益以及独立,乃至对立的代际关系的叙事,描绘出老年群体在家庭、社会和自身命运中的话语权。

同样,担任妻子、母亲的女性也有力地从家庭叙事和亲情叙事中挣脱出来,成为虽扶老携幼,但独立个性的存在。这表现在以《辣妈正传》中夏冰、《双独家庭的奢侈品》中唐乔菲为代表的、不囿于家庭和亲情的"辣妈"形象的崛起,以及《虎妈猫爸》《孩奴》等电视剧所呈现的"强势女性搭配温懦男性"这一创作范式的流行。

---

① 《中国每年约有 10 万试管婴儿出生》,环球网,2015 年 6 月 2 日,http://health.huanqiu.com/health_news/2015-06/6574705.html。

2.包容青年观念，回归传统权威

近年来，国产养老育儿题材电视剧充分包容青年群体多元的价值观念，呈现出缤纷多彩的荧屏文化，然而，荧屏上的中国家庭价值观并未“去传统化”；反之，多数电视剧保留了传统文化的核心地位，将回归传统作为一种文化的宿命，实现现代观念对传统文化的妥协。这一特征集中体现在青年群体对传统家庭权力结构从背离、抗拒到顺从的过程中。

在《保卫孙子》《双独家庭的奢侈品》等反映隔代抚养问题的电视剧中，作为父母的青年夫妻最终都会部分地将监护权让渡给爱孙心切的长辈，通过顺应长辈意志、主动妥协，从而构建一个充满天伦之乐的结局。此外，在现代与传统婚育观念的冲突中，丁克、独子等现代家庭观念多轻易让位于家长意志：在《夫妻那些事》《香火》《宝贝》《小爸妈》等育儿题材电视剧中，曾经秉持丁克观念或坚决抵制“二孩”的青年夫妻在经历与父母的冲突后，几乎无一例外地有感于其对孙辈的殷殷期盼，转而放弃现代性的婚育观念，千方百计地寻求保胎育儿之道。透过此类故事的发展脉络，可以清晰察觉到倡导“传宗接代”“多子多福”“顺从家长”的传统家庭文化在相关题材电视剧中的优势地位。

3.浪漫主义与现实主义的平衡意识

在思想上，国产养老育儿题材电视剧多注重浪漫主义与现实主义的接洽与平衡：一方面以深情的语调，描绘真挚情感，表达丰沛的主观思想；另一方面又以冷峻的笔法，挖掘生活细节、寻求客观真相，暴露问题、针砭时弊。两者在当下众多电视剧作品中相互平衡，并以平衡状态探求电视剧艺术价值与社会价值的辩证统一。

养老题材电视剧《老有所依》是浪漫主义与现实主义思想平衡互补的典型之作。该剧一方面在温情的气氛中，描绘江木兰、吕希三口之家甜蜜的家庭生活，展现江木兰与父亲、祖父间血浓于水的深厚情感以及雷颂华与母亲间具有喜剧色彩的日常生活，在表述这些场景时，作品多采用抒情性手法，以影调、音乐与内容相配合；另一方面，该剧又客观展示了谢亚芝被疯狂啃老、江福山被儿媳离弃、吕家保姆遭遇家庭暴力而吕希妈妈遭到保姆虐打等情节，在表现这些残酷场景时，作品始终坚持客观理性的现实主义精神，以不回避、不粉饰的原则，直接呈现人物的创伤体验，为观众带来心灵震颤。

与《老有所依》相似，电视剧《小儿难养》《宝贝》《双独家庭的奢侈品》等作品也在 80 后婚恋题材电视剧惯有的浪漫主义基调中追求现实主义的深度，以理性态度关注和批判群体缺陷与社会问题。而《我的极品老妈》《有你才幸福》《我家的春秋冬夏》等作品亦在关注养老问题时，强调老年群体的个性和情感，甚至采用夸张手法，呈现老年生活的奇观，为作品注入浪漫与温情的光芒。

（四）历史源流

养老题材电视剧和育儿题材电视剧都是家庭伦理剧的分支。20 世纪末至本世纪最初的十年，偏重于养老和育儿叙事的电视剧逐渐成为家庭伦理类电视剧中相对独立的门类。这两个类型的电视剧在内容上与婚恋剧、青春剧或职场剧有所重合，但对老年群体、儿童群体以及养老、社保、生育、幼教等问题的高度聚焦又使其与其他类型的电视剧相区别。

养老题材电视剧是以老年生活以及社会或个人对老年群体的奉养为主题的电视剧。这一题材电视剧的起源可以追溯到 20 世纪 90 年代的《黑槐树》(1993 年)、《咱爸咱妈》(1995 年) 等作品。相比于养老剧，国产育儿题材电视剧起步较晚，它自新世纪后才正式诞生并逐渐发展起来。在此期间，国产养老育儿电视剧在形式上走过了"从中短篇到中长篇" 的道路，在内容上经历了"从相对局限到纷繁多样"的过程。

1. 表现形式：从中短篇电视连续剧到中长篇电视连续剧或系列剧

单本剧和短篇剧是中国电视剧起步时期的样式。20 世纪 90 年代，中国电视艺术家和学者对电视剧的本体性认知仍处于探索阶段。这一时期诞生的养老题材电视剧在篇幅上相对短小，如诞生于 1993 年的养老题材电视剧《黑槐树》为 4 集电视连续剧，1995 年的《咱爸咱妈》、1996 年的《儿女情长》均为 22 集电视连续剧。此外，自 1995 年起，中央电视台《夕阳红》栏目"微剧场" 板块开始播放《老牛外传》《黄昏探戈》等展现养老生活的电视剧也均为短剧。[①]

随着电视产业的发展和社会对电视剧本体性认知的升级，新世纪以来，国产单本剧和短篇剧在长篇剧的迅速发展下日渐萎缩。诞生于这一时期的养老育儿题材电视剧整体以中长篇或系列剧为主。如《老有所依》为 41 集，《宝贝》《妈妈的花样

---

① 应红、鄢丽娜：《中央电视台〈夕阳红〉栏目召开微型短剧研讨会》，《电视研究》1998 年第 8 期。

年华》《空巢姥爷》等多数近年来的国产养老育儿剧篇幅都在30集以上，而诞生于2004至2007年的育儿题材情景系列剧《家有儿女》则分为四部，其中第一、二、三部各100集，第四部67集。

2.内容景观：从相对局限到丰富多样

在内容方面，养老育儿题材电视剧并未因篇幅的增加而造成内容的稀释。反之，自诞生至今，这类题材电视剧的内容经历了从相对局限到丰富多样的过程。

20世纪90年代的养老剧主要表现两方面的内容：一是对老年生活境况进行道德审视，弘扬传统“孝”文化；二是描绘老年人丰富多彩的晚年生活，鼓励老年群体笑对人生。

电视剧《咱爸咱妈》和《儿女情长》展现了传统道德濡染下为人子女者的既感人又辛酸的经历。在这两部作品中，子女们为给患病的父母筹集医疗费用，不惜违法犯罪、牺牲事业和学业、搁浅对孩子的培养。与之相对，电视剧《咱爸咱妈》刻画了一个自私、刻薄的儿媳形象，通过叙述其与孝子孝女间的争斗，批判利己主义思想，弘扬传统孝文化。与这两部作品相比，1993年由陈胜利执导、河南电影制片厂出品的电视剧《黑槐树》则赋予养老题材更深刻的意义。剧中，育有五个子女的母亲一方面愤恨自己养子不孝，另一方面又害怕自己通过法院争取赡养权的举动会伤及儿子；孝顺的女儿们希望照顾老人，却又被重男轻女的母亲拒之门外。该剧不仅揭露了人情冷漠、老无所依的社会现实，也抨击了迂腐的性别观念对人的侵害。该剧因内容丰富、立意深远曾获得第十二届中国电视剧飞天奖二等奖等九项全国性奖项。

中央电视台《夕阳红》栏目于1995年元月开创“微剧场”板块，3年内，这一板块播送了18部共200余集电视短剧。[①] 其中《老牛外传》《黄昏探戈》等养老题材短剧都曾在此播出。这一平台上播映的电视剧倾向于日常化和平民化叙事，风格简洁明快，故事结构明晰，多站在老年群体的视角上观照生活和情感，鼓励老年人老而有为，积极走向未来。如电视短剧《老牛外传》以诙谐的手法叙述了退休工人“老牛”丰富多彩、妙趣横生的晚年生活；《黄昏探戈》则以细腻的笔触谱写了退休老教授陆远和亲家老余浪漫温情的黄昏恋曲。

---

① 应红、鄢丽娜：《中央电视台〈夕阳红〉栏目召开微型短剧研讨会》，《电视研究》1998年第8期。

新世纪之后,日渐加深的老龄化危机及其与社会基础设施、子女物质条件等的尖锐矛盾,促使国产养老题材电视剧迅速兴盛起来。这一时期的养老剧在数量和艺术价值上达到了新的高度,在内容与主题上亦开拓出新的领域。这一时期的作品不仅涵盖了早期养老剧所关涉的老年婚恋、奉老爱老等内容,还表现出对老年人的职业生涯、老年生活中的子女啃老、隔代抚养、未富先老等诸多内容的关注,彰显出电视剧的时代性和现实主义精神。

相比于养老题材电视剧,国产育儿题材电视剧起步较晚。尽管"文革"结束后,诸如《凡人小事》(1980 年)、《大地的深情》(1981 年)等早期国产电视剧已包含部分育儿叙事,90 年代后,大量国产家庭伦理剧中亦不乏对育儿内容的涉及,而以育儿为主题的国产电视剧却是在新世纪后逐渐勃兴的。

和养老剧相似,国产育儿题材电视剧立足当代,与时俱进,呈现了多元立体的内容。2002 年,即中国加入世贸组织的第二年,钱晓鸿执导了电视剧《外国小孩中国爸》,该剧以中西文化的碰撞为着力点,将中外文化冲突融汇的过程浓缩于一家一户,最终以叛逆的外国孩子雅各布顺应中国传统道德,成为信守诺言、助人为乐的少年榜样为结局。在新世纪第一个十年中,随着国家改革开放力度的加大和 90 后、00 后的成长,驳杂多元的价值观并立,代际文化冲突也迅速加剧。在此背景下,关注个体日常生活的《家有儿女》系列情景喜剧应运而生。该剧将自信的优等生、顽劣的"问题少年"和在国外成长的"小海龟"三个孩子置于同一个家庭中,以中西文化、传统观念和现代追求、主流文化和亚文化的碰撞构建戏剧冲突,以平民化视角、轻松诙谐的语调叙述几个孩子在这一多元文化背景下的境遇和变迁,透过诸多生活情境,构筑当今中国主流家庭的教育景象。

此后,紧随国家政策、社会文化和主流人群生活体验的变迁,国产育儿题材电视剧充分涵盖对二孩政策、亲子教育、丁克观念、试管婴儿、父亲的家庭角色等诸多问题的展现和探讨,呈现出多元立体的内容景观。

(五)现存问题与未来发展

近年来,尽管养老育儿题材电视剧在数量和质量上取得了新的突破,但其在创作上依然存在一些问题。针对这些问题,笔者对未来国产养老育儿题材电视剧的发展提出以下建议。

1.从人云亦云到求变求新

与曾一度风靡的青春婚恋题材电视剧相似，当养老育儿题材电视剧进入多产阶段而创新思维却相对缓滞的阶段时，陈旧的叙事套路和桥段便接连形成并一再显现。

近年来，在养老育儿题材电视剧的叙事构架中，第三者介入、婆媳恶斗等家庭伦理剧的陈腐桥段被屡次搬出，而养老育儿剧独属的长辈争抢孙辈、婆婆消灭丁克等段落亦已屡见不鲜。此外，一些微观情节也被多次搬演，其中，仅“退休知识分子（或专业技术人员）与保姆相恋”的桥段，就被2012—2015年间上映的《激情永远燃烧》《我家的春秋冬夏》《空巢姥爷》三部电视剧搬上荧屏。同时相比于对城市个别养老育儿问题的一窝蜂式关注，电视剧对农村空巢老人、老年进城务工人员、留守儿童等边缘地区弱势群体的关注非常薄弱，而这些群体及其面临的困境却正在成为一种广泛存在的社会问题。① 开掘新内容、杜绝盲目从众、发扬大众媒介的民主精神，是未来养老育儿题材电视剧应努力的方向。

2.从过度夸张到真实辩证

当下国产养老育儿电视剧在叙事和人物塑造上存在过度夸张的问题，部分情节脱离现实，内容流于表面、人物过度极端和生硬，性格缺乏发展空间。如养老剧《老有所依》呈现了较为极端的“孝女”与“逆子”形象：江木兰为尽孝道不惜牺牲女儿的教育和自己的婚姻，余森则为讨好妻子而屡屡将老母逼向绝境；电视剧《二胎时代》为凸显金灿灿的低幼化性格，设计了她因不舍即将入园的女儿而蹲在幼儿园门口泪流满面的夸张场景。《双独家庭的奢侈品》中唐母、唐父及唐父再婚的妻子为照顾外孙频繁激烈争吵，而林母更因思念孙子而甘愿无偿为别人带孩子。与《双独家庭的奢侈品》相似，电视剧《我为儿孙当北漂》在表现两个家庭争抢孙辈的情节时也有些许浮夸：剧中，婆婆为保护尚未出生的孙子，跟踪儿媳上班；爷爷奶奶因为

---

① 留守儿童、农村养老和老年农民工是我国当下社会养老育儿领域较为严峻的问题。据全国妇联最新调查，2014年全国有农村留守儿童6102.55万，占全国儿童总数的21.88%。根据《中国家庭发展报告2015》，我国农村75%以上的老人感觉养老存在困难。此外，国家统计局公布的《2014年全国农民工监测调查报告》显示，我国50岁以上的农民工占农民工总人数的17.1%，41－50岁的占26.4%。两部分合计接近1.2亿，几乎占全国总人口的10%。参见《全国有农村留守儿童逾6100万　占儿童总数约两成》，中国新闻网，2014年5月16日，http://www.chinanews.com/edu/2014/05－16/6180580.shtml；《上亿老年农民工，他们的养老谁来管？》，澎湃新闻网，2015年6月3日，http://www.thepaper.cn/newsDetail_forward_1337242。

想念孙子，便把孙子“偷走”，在车站被当成人贩子。

夸张本是常见的修辞方式，对电视剧艺术价值和娱乐价值的彰显具有一定功效，而夸张过度就会造成脱离现实、难获共鸣的反向结果。对国产养老育儿题材电视剧来说，寻找立体辩证的视角，塑造鲜活丰满的人物形象，避免过度夸张和刻板塑造，才能让现实题材电视剧真正扎根生活、影响受众。

3.从独尊娱乐到兼顾科普

国产育儿题材电视剧的风靡一直伴随着专家学者对其内容的质疑和批驳。近年来，受众几度被提醒“千万别跟着电视剧学育儿”。[①] 其原因在于国产育儿题材电视剧为营造娱乐效果，一再渲染和传达错误的育儿行为和育儿理念，如电视剧《小爸爸》和《辣妈正传》过度呈现了武断粗暴的家庭教育，甚至抛出“把儿子当动物养，该锁的锁，该拴的拴”的教育理念；而电视剧《孩奴》也被认为呈现了“一种极端的教育方法”。[②]

毋庸置疑，作为一门大众艺术，电视剧需依靠戏剧性和娱乐性表现艺术价值、扩大社会影响，然而电视剧的艺术价值和社会影响力不应建立在标榜荒诞行为、传递错误理念、张扬反面典范的基础上；并且，科学与娱乐的关系亦非水火不容。停止传播错误的理念，探索寓教于乐的道路，才是未来国产养老育儿电视剧的发展之路。

（作者：张陆园　李一君）

---

① 《千万别跟着电视剧学育儿》，《新闻晚报》（上海）2013 年 9 月 2 日。又见：《千万别跟着电视剧学育儿》，《今晨六点》（烟台）2013 年 9 月 24 日；《80 后新爸妈，看电视剧学带娃?》，《广州日报》2013 年 8 月 31 日。

② 《80 后新爸妈，看电视剧学带娃?》，《广州日报》2013 年 8 月 31 日。

个案研究

《中华医药》:电视品牌建设的独特路径

胡智锋

1998年6月1日,中央电视台中文国际频道《中华医药》栏目诞生。十多年间,经过栏目组主创人员艰苦的努力,《中华医药》由一个默默无闻的小栏目,成长为享誉海内外、具有极高公信力和美誉度的电视品牌栏目。《中华医药》的成长与成功,在电视品牌的打造上走出了一条具有鲜明中国特色的本土化电视品牌建设之路,值得认真梳理和总结。

一、人无我有:对稀缺资源的持续开发

在中国电视对外传播的大格局中,以中华民族传统医药为内容的节目和栏目少之又少。而中华医药作为华夏民族的瑰宝,在海内外有着广泛的影响,《中华医药》的创办恰恰抓住了这一具有鲜明民族特色的内容领域,并采用电视化的手段加以表现。由于中华传统医药本身的丰富性、复杂性、多样性乃至神秘性,使得这些内容在电视化的转化过程中遭遇颇多困难。12年间,该栏目从看病、治病到保健养生,从中医药名家到名人明星,从生理心理到文化审美,不断地开掘中华医药这一在电视荧屏上稀缺的内容资源,并进行与时俱进的电视化处理与转化。依靠这些其他节目鲜有触及的稀缺资源,《中华医药》获得了品牌打造的先天优势和坚实基础。

二、人有我优:坚持高品质的节目生产

《中华医药》自创办以来,始终坚持以国家大台的要求进行节目生产,力戒低俗化,追求高品质。在医疗健康电视节目中,一个有目共睹的事实是,许多节目、栏目受巨大的市场利益的诱惑,直接或间接地做成了软广告、“二类广告”,甚至成为变相卖假药的“药贩子”。但难能可贵的是,《中华医药》栏目始终没有走国内许多类似节目和栏目的老路,而是自觉地维护栏目形象,把为广大观众提供优质的健康服务作为自己的目标与责任,抵挡住了来自市场的诸多诱惑。从选题、策划、板块设计到演播室制作,直至与观众的沟通与交流,均按照电视节目的生产规律和中华医药的科学规律进行组织生产,严格把关,力求精到、精致、精美。2004 年 9 月 1 日,中央电视台中文国际频道进行全面改版,为了适应国际频道的改版对栏目提出的新目标,适应中央电视台实施的频道栏目淘汰制的新要求,全面提升栏目的竞争力和影响力,满足海内外观众的收视需求,《中华医药》进行了进一步的改进和调整,由先前的《健康话题》《医药名家》《专科门诊》《洪涛信箱》《养生有道》五个板块,调整为《健康故事》《仲景养生坊》《洪涛信箱》三大板块,按照栏目主题化、主题人物化、人物故事化的创作原则,强化服务性、时效性,增强故事性、可视性,加强互动性,加大信息量,寓传统文化于健康服务之中。

《中华医药》自觉坚守高端人文价值取向,将主流文化、精英文化、大众文化巧妙地融为一体,相继推出了《我的健康我做主》《天佑中华有中医》《探秘红楼美食》《教您如何不生病》《反思“胃癌”的美食家》《孤独的记录》等系列节目和主题节目,不仅极大地激发并提升了观众的收视兴趣,还进一步深化了栏目的文化品质和人文关怀,播出后在海内外观众中引起了极大的反响。

在内容、形式、包装等各个方面坚持走优质化之路,使《中华医药》先后荣获了中宣部颁发的全国新闻界抗击“非典”宣传先进集体称号、世界中医药学会联合会颁发的“第三届中医药国际贡献奖”、中国广播影视大奖(政府奖)优秀栏目奖、全国少数民族电视艺术“骏马奖”、纪录片评委会特别奖等多项荣誉,获国家广电总局推荐的 2009 年度“创新创优典型电视节目形态”奖,多次荣获中央电视台优秀栏目、优秀节目、精神文明先进集体称号等荣誉。

三、人优我特:探索独特的理念与方式

十余年来,《中华医药》栏目在国内外激烈的电视竞争格局中,清醒地探索着属于自己最为独特的理念与方式,以此保持栏目的可持续发展,并在众多栏目中独树一帜。除了拍摄与表现对象的内容特色外,栏目还在定位、价值观和具体运作上,不断探索其独特的个性。

从内容定位来看,栏目创办初期面对的主要是海内外观众的迫切需求,定位在求医问药上。面对各种疾病,寻求以民族传统的手段与方式为广大观众答疑释惑。两三年之后,按照电视传媒的规律,栏目把时代性和时效性融入定位之中,不仅回答一般性的问题,更着力于回答当下的、紧迫的、时效性的问题,尤其是对时令性、季节性的健康问题予以回复和解答。经过几年的发展,栏目又对自己的定位提出了更高的要求,不再局限于求医问药和当下的健康问题,而是站在面向未来的更广阔的人类健康的高度,力求引领健康新潮流,尤其是把中华医药博大精深的文化内涵灌注其中。借助中华医药进行对外文化传播成为其新的定位。十余年间,从常规的求医问药到具有时效性、当下性的健康问题,再到人类健康发展的新潮流;从医术医法到保健养生,再到民族文化深厚内涵的发掘、提升与传播,《中华医药》完成了定位的“三级跳”。

从价值观层面看,在《中华医药》探讨独特定位的背后,以人为本的价值观像一条红线始终贯穿于栏目十余年的发展历程之中,也体现在节目生产的各个环节之中。对生命尊重,对健康关注,对每一位观众关爱,是栏目始终不渝的信条和追求。对于患者求医的诉求,栏目总是尽快地联络名医名家,及时地进行跟踪医治;对于普通人,他们更是通过健康话题、健康故事、健康对话等多种方式,积极地向观众推荐健康的养生之道与方法。栏目不仅在生理层面,更在心理与精神层面,传播、弘扬植根于深厚民族文化土壤基础上的科学、和谐的健康观。为此,栏目在专家的选用、观点的提炼、拍摄对象的角度、主持人的话语与形象设计,乃至在影像与叙事、节奏等各个方面都尽可能地贯彻对生命和个体的尊重、关注和关爱,力避消极的、不良的,乃至对人产生伤害的观点和影像的出现。

从运作上来看,为了保证栏目的品质和特色,《中华医药》在电视与医药两个维度上,长期聘请高水平的专家顾问,对栏目前期策划、中期拍摄和后期制作进行全

程监控，并随时进行阶段性总结。由于栏目内容的受关注度不断增强，仅仅依靠电视节目本身已不能满足广大观众的需求，为此，栏目组在相关纸质图书和音像制品的后开发上也作出了极大的努力。十余年来，先后推出了“中华医药”“我的健康我做主”“懂得健康，懂得生命”三个系列丛书共 18 册，另有音像制品 5 种 12 张，而且是一版再版，已成为图书市场上的热销产品。

综上可知，正是在定位、价值观和运作上的独特理念与方式，使《中华医药》栏目保持了长久的生命力。

四、人特我绝：与时俱进的不懈追求

一档栏目若想获得不可替代的品牌价值，除了外在环境、机遇以及体制管理等方面的条件外，最重要的是人的因素，是栏目的主创者和团队的素质与水平的发挥。《中华医药》的成功，得益于前后两任制片人对栏目高度的责任心、使命感和对栏目与时俱进的不懈追求。《中华医药》的首任制片人刘文，在电视纪录片和专题节目的创作上成就卓著，曾担任过大型电视纪录片《香港沧桑》的总摄像和《再说长江》《香港十年》《澳门十年》的总制片人和总编导，他以摄影家的精细、纪录片人的严谨，为《中华医药》栏目的创办与发展奠定了重要基础。第二任制片人兼主持人洪涛，严格自律，有着东方女性端庄、优雅的气质与品格，在其领导下的栏目制作团队，形成了一种团结互助、和谐共进的良好的创作状态与氛围，不断跟踪电视传播与中华医药研究的新潮流与新趋势，不断引进新的观念、手段与方法，如开播不久虚拟演播室的最先使用，将文怀沙等文化名人、洪昭光等健康名人请进演播室、将近年来故事化的叙事方式引入节目中等，体现了他们追求卓越、完美的不懈努力。甚至为了“中华医药”系列丛书的可视性与可读性，对惠赠观众的小台历、小礼品等都专门邀请顶级的美术设计团队进行统一的包装与制作，这一切使得栏目从内到外，从屏幕形象到社会形象，都保持了完整、和谐、统一的格调与品质。

十余年来，《中华医药》的品牌建设之路走得并不顺遂，栏目创办之初即遭遇了中国电视的娱乐化风潮，其间又经历了中国电视市场化、产业化的转型，但它却以非主流的内容达到了主流的效果。仅从收视率来看，近年来始终在国际频道位居前列，甚至持续名列榜首。这或许给电视品牌的打造带来新的启示：靠主流内容和娱乐化方式固然容易打造品牌，但对于非主流内容来说，靠精心规划、设计与运作同样可以成就品牌。只要秉持人无我有、人有我优、人优我特、人特我绝的理念,坚定不移地开掘稀缺资源,坚持优质化生产的追求,在理念与方式上突出独特个性,并与时俱进地引入新的方法和手段,植根于中华文化的深厚土壤,担当起文化传播的责任与使命,真诚地为观众服务,满足和引领观众不断增长的各种需求,依靠团队的精诚团结、通力合作,就一定能够打造出令观众喜闻乐见的、不仅有收视率而且兼具美誉度和公信力的电视节目品牌。

(作者胡智锋系教育部"长江学者"特聘教授,中国高校影视学会会长,
中国传媒大学传媒艺术与文化研究中心主任、《现代传播》主编)

真实的力量

——在 2015 东方卫视《急诊室故事》研讨会上的发言

高长力

非常感谢谢有广电方面的专家、平面媒体的专家，特别是医疗卫生战线上的一些专家，如果没有医疗卫生战线的支持、配合，可能类似《急诊室故事》这样的节目就没法出来。这个节目的成功，是大家努力的结果。

我对这个节目的评价是非常高的，我个人甚至认为，这是中国电视发展史上的一个里程碑，是具有转折意义的一个标志。为什么我给它这么高的评价？因为它不是一般的新节目，而是在电视节目里运用了纪录片的手法，以电视季播的形式呈现的一个尝试。我非常赞同苗棣老师的观点，这绝不是纪实真人秀，这就是纪录片，我建议你们回去把所有"真人秀"的字样全部去掉，今后不要再说这个节目是真人秀节目，它就是纪录片。为什么说它是纪录片？苗老师刚才说他有一本书在说，我想非常简单，真人秀是你人工对生活做了一点干预，生活发展有一点转向，不是原原本本原生态的发展。而这个节目是完全客观记录，没有做任何的干预，所以这就是纪录片，要把它纳入纪录片的体系进行研究。这两年有很多节目想要进入纪录片的体系，我是不认可、不同意的。比如说很多热播的节目，《爸爸去哪儿》，包括我很喜欢的《变形计》，节目是好节目，但是不能把它们叫作纪录片。《急诊室故事》是真正的纪录片。所以下一步，可以从《急诊室故事》中抽出一些来，改编成反映"中国梦"的优秀纪录短片。这些短片不是简单的医疗方面的科普，而是讲述一种人生故事。

再说回来，这种拍摄制作手段，已经有很多节目，甚至就包括恒顿公司做的别的节目，做出来后被我们给叫停的都有。但是为什么这个节目我们鼓励？那是因为它和其他节目有完全不同的方向。同样的技术手段，用来做什么？做出了什么东西？那会是截然不同的。我觉得这个栏目的社会意义，或者说我们支持它的原因，有三点：

第一，传播正确的价值观。这些故事里面，我们可以看到，社会核心价值观里的敬业、友善，还有职业道德，包括医生的职业道德。幕后新闻工作者的职业道德，也有非常好的示范，就是每一个出镜的人都要签一个同意书，不签的就不出镜。这就是当今，也是我们这个行业最关注的新闻工作者的职业道德。看第一期的时候，我很激动，给李总发了一个短信，八个字——人间百态，温暖真情。传播正确的价值观，反映人与人之间的温暖真情，透视医患关系、家人与家人之间的关系。透过这些故事，温暖感人，对受众有非常好的教育作用，这就是电视的教育功能得到了很好的发挥。

第二，传播医疗健康知识。这一点也不能小视，我们看到里面专门有医生出来，结合病例讲一些知识。我们现在太需要这方面的知识了，上海发生踩踏事件，心肺复苏不是人人都能做的，在国外小学生都要进行训练，而我们懂得这一知识的人很少。同时通过传播这些知识，包括救治的知识，也让大家了解一些疾病、了解一些救治过程。只有认识到医生尽了力，医生是科学地在救治病人，病人及家属才能理解医生，而不是天天只喊口号——我们要尊重医生、理解医生。只有通过一个个故事，通过这些具体的知识，受众才能够真正理解。

第三，传播真实的人生社会。这样的节目通过一个社会横断面，让我们去认识真正的社会。现在都说我们的作家、文艺工作者，应该去体验生活、深入生活，其实我倒建议不妨看看这样的节目。看了这个节目，你就会增强对社会的认识和理解。当年《非诚勿扰》就有很多作家喜欢看，不同的思想观念、人物故事，能给他们很多的创作灵感。《急诊室故事》更直接，是一手的创作材料。在急诊室所看到的，不仅仅是一个医疗的层面，而是整个社会各个层面的故事。

刚才有专家反对电视节目拍大电影，我倒是觉得这个节目应该做大电影。因为它不是电视娱乐节目，它是纪录片，有很多震撼人心的故事。可能拍成大电影，它的票房不如娱乐节目票房高，但是它的社会意义、价值却很高。我们说电视为什么有人喜欢看？有一个原理，后窗理论、窥私心态。急诊室一般人是进不去的，里面发生了什么一般人也看不到。借助电视，我们进去了，我们看到了别人的故事，看到了别人的生老病死、人生百态，看到了真实的人生，最高潮、激烈状态下的各种关系，不由人不思考自己的人生。所以，《急诊室故事》在帮助人们认识社会方面具有极其重要的意义，其主题“真实的力量”一定要坚持。有些节目虽然用了和《急诊室故事》一模一样的手法，但是没有做到真实，加入了明星、动用了编剧，开始干预生活，最后制作出来的东西可能很热闹，但是不感人，不能打动人。这样的节目是在无病呻吟。我们不要做无病呻吟的节目，要做像《急诊室故事》这样真实、温暖、坚强的节目。

关于这个节目下一步的改进，我有一点想法。现在固定机位很多，有七十几个，但是游动机位不可缺少。摄影是一门艺术，镜头的运动不是几十个、上百个机位就能取代的。比如说急速感，运动、脚步没有游动机位，效果就出不来。片花里，急救车一点都不急，就得运动镜头过去才急，脚步匆匆才急。比如说光的运用，急诊室不一定总是冷冰冰的，插着管子、摆着刀子，好的摄影能给人生命的希望。

还有我也同意刚才有些专家讲的，要有人生存下来的后续的故事，这也是大家的关注点。甚至故事还可以往前延伸，事故是怎么形成的？发病的环境、事故的环境是什么样的？要考虑前后的延伸，而不仅仅是事后的描述。也可以探索一下，就从外在的记录，越来越走向内心，走进医生的内心。包括医生的生活也要记录，急诊室的医生能够坚持下来，能够有耐心就已经很伟大了，更不要说有那么多的爱心。也就是说，要把医生的处境表现出来。

《急诊室故事》的收视率并不是非常高，但是大家不要担心，一定要坚持，同时栏目组还要相应地在新媒体上做一些推送和宣传工作。节目的知名度高了，我想会有越来越多的人喜欢这个节目。

希望在大家的支持下，类似《急诊室故事》这样的节目做得越来越好。我也特别赞成国家卫计委宣传司的提议，好好地研究该怎样来推动这类节目的发展，我们会积极配合。

谢谢大家！

（作者高长力系国家新闻出版广电总局宣传管理司司长）

（本文已征得作者本人同意，并在发言速记稿基础上整理而成）

时间的重量:《中华医药》的文化身份与品牌内涵

张国涛

在2009年岁末至2010年年初不到4个月的时间里,《中华医药》栏目数次得到世界中医药学会联合会、中国广播电视协会、中国视协纪录片学会、国家广电总局等的赞誉和嘉奖,这种密集程度对于已经走过了12年的《中华医药》来说还是第一次。12年,足以让一个呱呱坠地的小生命成长为一个意气风发的少年;但对于一个电视栏目来说,所有电视人都非常清楚这样一个“本命年”的轮回到底意味着什么。

一、时间的重量:《中华医药》的成长历程

在中央电视台的栏目格局中,能够持续12年的专题型栏目为数不多,像《中华医药》这样形成一定知名度、美誉度,并有一定社会影响力的品牌栏目更是屈指可数。

(一)1998—2002年:品牌培育期

1998年6月1日,一个以“传播中华医药文化,服务全球华人华侨”为宗旨的电视栏目——《中华医药》应运而生。所谓“应运而生”,在当时的情况下意味着两个方面:一是切实满足全球华侨、华人现实而迫切的健康需求;二是填补中央电视台对外传播方面缺少中医药文化的空白。在充分策划和调研的基础上,《中华医药》栏目将观众定位为45岁以上的中、老年人群,每期节目设计5个板块:《健康话题》关注健康热点,倡导科学的生活方式;《医药名家》聚焦中华名医,展示中华医药的文化内涵;《洪涛信箱》为海内外观众寻医问药提供向导;《专科门诊》探讨解除疾病

痛苦的良方;《养生有道》传播中华养生文化。

《中华医药》开播不到半年,便实现了节目定位基本准确、栏目风格初步形成的预期目标。在接下来的4年中,栏目形态日趋成熟,逐渐成为广受海内外观众喜爱和关注的品牌栏目之一。

(二)2003—2006年:品牌巩固期

2003年春,“非典”疫情蔓延。《中华医药》果断出击,在很短的时间里,制作播出了系列节目《中西医联手——把脉“非典型性肺炎”》,包括《认识“非典”面目》《探究“非典”之源》《应对“非典”之法》《亲历“非典”一线》《预防“非典”之方》《阻断“非典”之途》等多期节目,大力宣传并推广中医防治“非典”的成效。节目播出后,在民众中产生了极好的社会反响,受到卫生部、国家中医药管理局、中央电视台领导的好评与称赞,被中宣部、全国记协评为全国新闻界抗击“非典”宣传先进集体。后来的事实也证明,这种在紧急状态下的探索对栏目的发展非常有益。近年来,《中华医药》经常根据一些社会热点,制作具有时效性和针对性的特别节目或系列节目,获得了良好的收视效果和社会反响。

2004年9月,借国际频道改版之际,《中华医药》为适应新的传播环境与频道生态,将原有栏目构成相应调整为《健康故事》《仲景养生坊》《洪涛信箱》三大板块,按照栏目主题化、主题人物化、人物故事化的创作原则,力求强化服务性、时效性,增强故事性、可视性,加强互动性,加大信息量,寓传统文化于健康服务之中,使得栏目的服务理念和传播艺术进入了一个新的阶段。现在看来,这次改版对于栏目品牌的成长、发展是一次非常重要的主动性调整,通过改版吸引了一批新的观众加入到收视队伍之中,有效地提升了栏目的影响力与美誉度。更重要的是,这次改版基本形成了目前栏目的基本面貌,为栏目走向品牌成熟阶段奠定了坚实的基础。

(三)2007—2010年:品牌成熟期

在这一阶段,《中华医药》栏目在坚持“宗旨不变、内容为王”的前提下,“以质量求生存,以创新求发展”,在节目内容拓宽、节目形态创新和故事化讲述三个方面不断努力,展现贴近群众情感的事例,采用生动活泼的语言,运用喜闻乐见的形式,使节目中的故事和人物鲜活生动、真实可信。基于此,《中华医药》栏目持续推出了《我的健康我做主》《天佑中华有中医》《探秘红楼美食》《孤独的记录》等系列节目和主题节目,不仅极大地激发并提升了观众的收视兴趣,还进一步深化了栏目的文化品质和人文关怀。同时,《中华医药》在大力宣传中医传统疗法方面作出了很大的贡献。2008 年国家中医药管理局在全国推行“治未病”的医疗模式,早在 2007 年和 2009 年,《中华医药》就和相关中医院合作,先后推出了两部 8 集系列节目《教您如何不生病》和《健康身体有“膏”招》。

在中国的一些电视节目为了获得更高的商业利益,不惜滑向庸俗化、低俗化的时候,《中华医药》独树一帜,打造出大气、典雅的风范,营造出清新、亲切的气息,让困境中的人们感受到温暖的力量,汲取到生命的信心。时至今日,《中华医药》这种耐心和坚持相对于电视界的普遍浮躁,显得尤为难能可贵。

二、角色的重量:《中华医药》的文化身份

《中华医药》之所以获得如此巨大的成功,赢得海内外受众的衷心喜爱,成为我国优秀的电视品牌,是因为在这十余年的创新与努力过程中,《中华医药》始终勇于担当各种社会角色和不同的文化身份。笔者认为,《中华医药》的文化身份主要体现在以下四个方面:

(一)中华传统文化的传播者

中华传统文化源远流长,包罗万象,而可以被电视关注并加以传播的武术、中医、中餐、京剧等更是中华传统文化的重要组成部分。中华传统医药文化博大精深、天人合一,它将中国文化中的“儒、释、道”思想精髓融会贯通,一方面具有与生命相似的神秘感,另一方面也充满与生命相通的辩证法。中医是一门“辩证平衡”的科学,身与心、动与静、热与冷、养与防各种关系在中华医药哲学中被表述得魅力无穷。《中华医药》的每一期节目都充分而生动地展现了中华医药无穷的文化魅力,使这档医药健康的服务类栏目具有浓厚的文化底蕴,产生了“养生先养心”、润物细无声的文化效果。总之,《中华医药》是将中华医药作为外在载体,而真正传播的是中华文化“天人合一”“和合之道”的内涵与精髓,是当之无愧的中华文化的传播者。

（二）沟通全球华人的文化使者

《中华医药》栏目在海外华侨、华人心中有着非常高的美誉度、影响力和亲和力。由于一脉相承的文化根基、价值取向、心理需求，以及对祖国传统中医药文化的了解与认同，对他们来说，《中华医药》不仅是一档满足健康服务需求的栏目，更是维系他们与祖国关联的不可或缺的文化脐带，是持续沟通中国与西方进行双向交流的文化使者。十多年来，为了充分展现中医药在海外的发展和影响，《中华医药》全程系列报道了“中国传统医药大会”等一系列中医药国际会议，专程赴美国、马来西亚和香港、澳门地区拍摄了《中华医药美国行》《中华医药马来行》《香港中医药十年》《中华医药在澳门》等特别节目，节目播出后在海外中医界引起强烈反响。十多年来，《中华医药》一直是中央电视台收到观众来信、来电数量最多的品牌栏目之一。

（三）中国和谐社会的构建者

作为健康服务类节目/栏目，《中华医药》天然具备实用性特征。在栏目开播所确定的宗旨中就有“服务全球华人华侨”的定位，这种服务性使得《中华医药》在当前社会环境中有着极为现实的存在价值。众所周知，当今社会存在着所谓的新“三座大山”（教育、医疗、住房），其中医疗问题直接涉及老百姓的身心健康，多年来由于各种原因导致了求医问诊困难、医患关系紧张、医疗负担过重等问题，目前已经成为威胁和谐社会构建的直接因素。《中华医药》多年来提供的权威的健康资讯，极大地方便了人民群众的求医问药，在某种程度上消除了因为医疗难题而带来的社会焦虑，客观上为构建和谐社会作出了应有的贡献。

（四）大众百姓身心健康的守护者

十多年来，《中华医药》根据社会需要为人民群众提供了权威有效的健康资讯服务，如科学的健康知识、先进的治疗方法、实用的养生技巧等。可以说在《中华医药》中处处体现了对生命和健康的悉心关爱与守护。如该栏目为纪念“六一”国际儿童节制作了《共享童年的阳光》、为世界艾滋病日制作了《挑战艾滋病》、为现代上班一族制作了《关注疲劳》、关注乳腺疾病高发的《遭遇乳腺》、关注孤独症儿童的《孤独的记录》等。在“汶川大地震”特别节目中，展现医护人员舍己为人、普通市民关心灾民的场景,在阐释“地震无情,人间有爱”主题的同时,也彰显了栏目热爱生命、关爱他人的价值观。

三、品牌的重量:《中华医药》的品牌内涵

十多年来,《中华医药》一直致力于向海外华侨、华人和国内受众传播中国传统医药文化,提供权威健康的资讯服务,成为深受观众欢迎的品牌栏目。那么,《中华医药》栏目的品牌内涵到底有哪些呢?笔者认为有以下四个方面:

(一)公益性

十多年来,《中华医药》栏目孜孜不倦地传播着中华医药文化,为全球华侨、华人提供既贴心又温馨的服务,作为全球华人和大众百姓身心健康的关爱者与守护者,栏目的实用性和服务性集中体现为鲜明的公益性特征。虽然医药(包括中医药)行业本身就是一个非常庞大的商业集团,但《中华医药》显然早就意识到这种商业性如果渗透进栏目,可能会给栏目带来一时的利益,但这种利益绝对不会长久。

“心有大爱,道不远人”,由于栏目收视对象涉及海内外人士,报道内容事关千家万户的健康、国家电视台的声誉及媒体的公信力,《中华医药》一直坚持“为海内外观众提供真实、权威、科学的健康服务”,严格把关和筛选节目选题,杜绝一切虚假性的宣传。中国驻马来西亚使馆大使曾在大马华人大会上专门告诫华侨,回国求医最好通过权威的中央电视台中文国际频道《中华医药》栏目寻求帮助。马来西亚卫生部为此专门邀请《中华医药》栏目派摄制组赴马拍摄中医药发展情况的纪录片。正是栏目无私的公益性,《中华医药》才有了无穷的公信力和美誉度,这也形成了《中华医药》成为品牌栏目的重要基础。

(二)民族性

“只有扎根民族,才能走向世界”,《中华医药》栏目的品牌成长之路充分证明了这一点。《中华医药》的“民族性”体现在多个方面:首先,体现在前文提到的栏目对中华传统医药文化持之以恒的传播与发扬光大上,《中华医药》以中华传统文化精华为载体,以中华特有的健康观、生命观为内涵,搭建了一个融汇全球华人文化认同、凝聚全球华人民族情感的重要平台;其次,体现在栏目自开办以来贯穿始终的

以东方气韵与民族风范为特质的主持风格上，栏目主持人洪涛不仅是一位被海内外观众誉为温婉大气、充满东方女性魅力的主持人，更是一位有思想、有智慧的专家型主持人，已经成为《中华医药》的独有符号，乃至成为栏目民族精魂的集中体现。

尤为值得一提的是，“民族性”并不排斥也不妨碍“国际化”，《中华医药》正是凭着鲜明的民族性走向了世界，世界认可的也正是中国的“这一个”，而不是向他们模仿的“那一个”。

（三）人性化

“中华医药，牵挂您的健康”，这是《中华医药》的广告语，栏目这种“人性化”的“牵挂”首先体现在《中华医药》的节目理念和节目形式上。十多年来，栏目先后推出了如《80 个健康问题》《健康新主张》等专题，还有文艺界名人如张瑞芳、秦怡等人的祛病养生故事，更有中华传统医学大师名家和经典国药的介绍等，涵盖了涉及国医、国药几乎所有内容，从中点滴渗透着对人的生命与健康的呵护与关爱。这些都体现出《中华医药》栏目强烈的社会责任感，这正是品牌栏目必须具备的内涵。

除此之外，在日常运作上，栏目人性化的服务也非常体贴入心。常年以来栏目设立专门人员接听、收发栏目电话、邮箱、电子信箱，为全球华侨、华人解疑释惑，对于一些普遍性的问题，栏目还将《洪涛信箱》这一板块制作成节目播出。同时，应广大海内外观众的热切需求，《中华医药》栏目先后推出“中华医药”“我的健康我做主”“懂得健康，懂得生命”等三个系列共 18 种图书，推出 DVD 光碟 5 种共 12 张音像制品，在节目衍生产品开发、传播上做出了成功的探索，进一步扩大了栏目的品牌影响力和中医文化的传播力。

（四）科学性

《中华医药》始终追求真、善、美的和谐统一。真是善与美的基础，对于治病救人、健康养生来说，求“真”即“科学性”显然成为栏目的首要要求。《中华医药》的科学性通过深入的策划、严谨的选题以及贯穿节目制作全过程的科学精神得以体现，确保了每一期节目都渗透着“科学性”的光辉。为此，栏目组专门邀请北京中医药大学李峰教授常年担任医学顾问，随时培训与指导，这是栏目能够保持“科学性”的重要保证。

但是我们知道,极具科学性的专业内容并不具备天然的传播优势,那么《中华医药》是如何实现从“科学性”向“可视性”转换的呢?这里需要提到的就是其“故事化”的叙事策略。正如栏目主编兰孝兵所言:“患者、医生、疾病:天生的角色搭配和故事冲突。”作为一档健康类栏目,《中华医药》牢牢把握住了这个叙事核心,要求编导首先要使故事引人入胜,最终让大家接受非常实用的养生保健知识。在影像呈现方面,《中华医药》追求纪实风格,使用跟拍将镜头嵌入到主人公的生活中去,这样每一期节目都形成一个小纪录片,其故事中充满意想不到的波折。收视数据证明,“科学性”与“故事化”并非是矛盾的,“故事化”反而更好地传播了“科学性”,不但栏目的收视得到了很好的保证,而且收视群体也日趋多元化,从而大大提升了栏目的影响力与传播效果,这是《中华医药》走向品牌栏目的一个重要环节。

(作者张国涛系中国传媒大学研究员、博士生导师、《现代传播》编辑部主任)

《养生堂》:做中国电视最有情怀的说明文

田 天

2016 年 3 月 24 日,《养生堂》播出了世界防治结核病日特别节目。令观众惊讶的是,在观众席上,他们看到了彭丽媛的身影,作为世界卫生组织艾滋病和结核病防治亲善大使,彭丽媛女士参与了《养生堂》这期特别节目的全程录制。而这期节目的背后是一组数字:2600∶1。“2600”是《养生堂》开办至今,8 年时间的节目播出量。正是因为《养生堂》在 2600 期节目里日复一日的付出,始终如一的品质,才换来了与彭丽媛的一次美丽约定。

图 1 彭丽媛参与《养生堂》录制

一、不忘初心的中国电视健康养生第一品牌

开播 8 年来,《养生堂》,始终秉承“献给亲人的爱”的宗旨,以权威性、科学性和服务性,成为傍晚时段全国所有频道(包括中央电视台)的收视冠军。

2015 年,《养生堂》收视率再次实现高位突破,全年全国平均收视率 0.61%,多期全国收视率破 1%,堪比周末大型综艺季播节目。2015 年 8 月开通的《养生堂》微信公众号,粉丝量已达到 90 万,平均每篇文章的阅读量均超过 10 万,在全国所有健康类微信公众号中,《养生堂》综合指数排名第一。

开播 8 年来,《养生堂》节目组始终创新求变,不忘初心:

始终坚持节目的权威性:《养生堂》共邀请全国权威医学专家上千人,重磅推出的院士系列、院长系列、主委系列均备受关注。

始终坚持节目的专业性:让观众"听得懂、学得会、用得上"是《养生堂》节目制作的九字真言。在坚持内容为王的前提下,节目不断升级呈现手段,运用包括道具、大屏呈现、科学实证、观众互动等多种电视手段,使健康科普知识深入浅出、生动有趣、实用易学。

始终坚持节目的服务性:节目内容从预防"三高"、糖尿病等常见病选题,到关注抑郁症、阿尔茨海默病等特别策划,从饮食、营养到运动保健,成为全国亿万观众的健康顾问。

二、做中国电视最形象的说明文

为了做到"看得懂、学得会、用得上"这九字真言,在《养生堂》的每期节目中,都会运用道具、大屏呈现、科学实证、观众互动等多种电视手段,寻找新的角度和新的表达方式,把复杂的医学知识转化成观众能看懂的电视语言,让健康科普知识深入浅出、生动有趣、实用易学。

图 2 《会跑走的胃》截图

比如，面对食管裂孔疝这个观众极其陌生的疾病，编导改变了直奔主题的传统形式，先不告知观众疾病的名称，而是从该疾病的危害入手，从观众能够感知的熟悉事物入手："大家都听说过胃下垂，但是你知道吗，这种疾病还会让胃往上跑。"于是，这期节目的名称就叫"会跑走的胃"。

比如，2015 年年底，《养生堂》邀请到了业界非常知名的内分泌学专家母义明教授，推出了《有"个性"的糖尿病》系列节目。糖尿病是一个老生常谈的话题，但编导提炼出了专家的一个独特的观点——肥胖导致的糖尿病是可以治愈的，而说起原因，就会涉及生涩难懂的医学术语。为了让观众更容易接受，编导在节目现场设计了观众最熟悉不过的两个物件，柜子和钥匙。把柜子比喻成细胞，钥匙比喻成胰岛素，只有用钥匙打开柜子，糖才能进入细胞；如果钥匙出了问题，糖进入不了细胞，细胞就会一直处于饥饿状态，而糖只能在血液中循环，这就是老百姓熟悉的高血糖，即糖尿病。由此提出胖人只要减重，生产出合格的"钥匙"(即胰岛素)，就可以解决糖尿病问题。

图 3 《有"个性"的糖尿病》系列节目截图

另外，心理疾病一直是较难操作的选题，因为它不是中老年人的常见病，并且心理疾病看不见、摸不着，难以形象化表达。有鉴于此，编导设计了一个透明的屋子，让主持人悦悦在封闭狭小的空间里，不断受到一个又一个外来的气球的压迫，气球即代表丧偶、失独、疾病等压力，使电视机前的观众能够感受到在重压之下心理疾病给患者带来的强烈压迫感。

三、做中国电视最生动的说明文

开场十分钟是否精彩,对节目的收视率高低起着至关重要的作用。如果节目内容平铺直叙,缺少悬念,呈现方式一成不变,节奏单一,很难吸引观众的注意力,整个节目的基调就会显得暮气沉沉。实际上通过设置与当期节目内容契合的情景,使节目动起来、乐起来,健康科普类节目也可以充满趣味性与可视性。

在一期关于健康吃油的节目中,专家提供了一个令人震惊的研究数据:在中国人的饮食结构中,深海鱼的摄取量严重不足,导致欧米伽3和欧米伽6的摄入量超低,甚至还不如原始人类。如果这句话仅仅通过专家之口中讲出,就显得干涩无味,于是编导在节目开场时邀请专业演员,还原了原始人的生活状态,由主持人向"原始人"发问,再由专家分析解答,短短3分钟的创新设计,使节目新颖独特,收视率也随之上升。

图4 《健康吃油保健康》节目截图

相比西医,《养生堂》的中医节目更多地体现了中医智慧的博大精深,但道具、互动等视觉呈现手段往往不够丰富。因此,编导便赋予主持人角色扮演的特殊功能,由主持人扮演郎中,给大家诊病,再引出专家的权威讲解。如在教观众一个中医保健穴位——关元穴时,节目开场由主持人扮成的郎中,通过点按关元穴这个穴位,给演播室现场的观众判寿夭。让观众在"到底有没有这么神奇"的疑问中,由独特的开场带入,观众不但会对关元穴记忆深刻,更会对接下来专家即将讲解的内容充满期待。

四、做中国电视最有情怀的说明文

《养生堂》不仅要传递权威科学的医疗知识，更希望让观众体会到节目的温度和厚度，这种情怀在同类健康养生节目中并不多见。一双手上的老茧，是外科医生每年近千台手术的印记；一个持续 30 年的跟踪调查科研成果，是几代医生不懈努力的结果……这些都通过节目展现给观众，体现的正是我们对医生这个职业的尊重和敬意。在 2015 年 9 月，栏目组配合“世界老年痴呆日”播出了主题为“请你记住我”的特别节目，通过与主持人悦悦反复沟通，节目的开场设计由她手上的一枚金戒指讲起。这枚金戒指是悦悦姥姥留给她的遗物，悦悦带着戒指步入婚礼殿堂，就像姥姥还在身边一样。但当姥姥身患阿尔茨海默病（俗称老年痴呆）的时候，家人却无能为力，直到老人离世。看到此时，现场的很多观众不禁潸然泪下。通过这一段故事，希望能唤起电视机前观众对阿尔茨海默病这种疾病的了解，当家人出现该病症的蛛丝马迹时，能够及早防治；同时也呼唤所有的儿女，能够关爱老人、及时行孝。

图 5 《请你记住我》系列节目截图

《养生堂》曾采访过一对知名老中医，他们不仅同为国家级知名老中医，更是患难夫妻。丈夫是一位肺癌患者，节目中不但安排他们分享丈夫大病之后健康痊愈的养生经，还设计了夫妻告白的桥段，让观众感受到这对风雨 48 年夫妻的相濡以沫，认识到爱才是这世间最好的良药。

在《养生堂》的演播室里有一个独一无二的现象：很多观众都会在录制过程中，拿出手机拍照，不放过大屏幕上的每一个知识点。2015 年，《养生堂》累计收看人次 7

亿，可以说它正在并且已经影响着、引领着和改变着亿万中国人的健康观念和生活方式，甚至形成了有华人的地方就有《养生堂》的文化现象。正是由于《养生堂》对品质始终不变的坚守，观众对该栏目始终不变的信赖，让这个8年的品牌不断焕发着青春与活力。

（作者田天系北京卫视《养生堂》栏目制片人）

《健康之路》:电视健康节目传播的彼岸

田丰歌

《2015 年中国电视健康传播调研报告》显示，截至 2015 年 10 月，全国各类电视台播出的健康类栏目多达 122 档，内容无所不包，形态多种多样。时代发展造就了这种类型节目的蓬勃发展，蓬勃的背后必然呈现良莠不齐的现象，品质格局差距很大，不免呈现鱼龙混杂之态。暂且不论各节目制作者的初衷和目标，以及节目最终呈现的效果如何，他们做的都是在电视媒体上进行公众传播的东西。健康类节目究竟该传播些什么，传播的目的该是什么呢?

一、有效传播的途径

一提到健康类节目的传播内容，大家的第一反应大多是“当然是传播知识”。没错，传播知识是健康类节目最基础的功能，问题在于人们为什么要通过看电视来获取知识。当下获取信息的渠道多元化，最方便快捷的当属智能手机，若一部手机就可以解决基本的知识问题，看电视岂不是落伍且毫无必要吗? 按照这个逻辑，电视媒体难道就不必传播知识了吗? 当然不，毋庸置疑，健康知识是构成健康类节目的基本要素，但知识本身是枯燥乏味的，单纯地灌输知识，很难引起受众的关注和共鸣。就电视传播的特性而言，知识本身并非传播的目的，电视传播要做的，是怎样将知识呈现出来，让人们欣然接受。所以笔者认为健康节目首要的传播目的就是引发人们对健康知识的兴趣。

暂且以我所在的中央电视台《健康之路》为例。《健康之路》是中国电视史上最长寿的健康栏目，至今已经 20 年的历史。研究 20 年来它的语境表达的变化，可以窥见其从传播知识到引发兴趣的改变。以节目的片名为例，内容同样是关于冠心病的,以前每期节目的主题命名简单直白,如“冠心病的预防和治疗”,后来叫“冠心病重在预防”,现在则叫“你的心脏还好吗”。哪个题目会引发受众看下去的愿望,不用赘述也一目了然。再以节目的逻辑结构为例,我们做一期关于糖尿病的节目,一般的逻辑是“患病原因—有哪些症状表现—怎么治疗—如何预防”,这种思路很像教科书的灌输方式,或称作教科书思维。实际上,这种思维方式在一般健康类节目中非常普遍,符合人们的逻辑思维但并不会引起观众观看的兴趣,即使观看,也会让人昏昏欲睡。如果换一种方式,节目开场用一个体重秤称体重,有人胖有人瘦,这两种现象都和一种疾病有关——糖尿病。接下来的话题会是这样:肥胖和糖尿病有何关系?(糖尿病的病因)——胖了会得糖尿病,怎么瘦了也会得?(糖尿病的表现特点)——胖人、瘦人分别该怎么办?(糖尿病的治疗方法)。仔细观察就会发现,节目涵盖的内容几乎无异,但表达方式改变了,话题的展开从引发兴趣出发,逻辑结构契合观看者的心理需求,而不是作为教育者灌输知识。传播的目的不是填鸭式地硬塞给观众专业的知识,而是通过独特的表达来引起兴趣,引发关注。

二、健康传播的终极目标

除了引发人们对健康知识的兴趣外,健康类节目还应该有一个更高的传播目的,那就是能对他人的生活产生积极的影响。健康类节目曾经被称为医疗节目,现在我们更愿意叫其健康类节目。医疗关心的是疾病本身,而健康关心的是人。电视节目说到底并不是做疾病的节目,而是做人的节目。对于疾病而言,医生比电视节目更科学、更专业。而就人而言,电视能做的是借助媒介表达与人相关的感受,使受众能从电视节目中有所获得、有所改变。当一个节目能对他人产生积极影响时,也是从业者最有成就感的时候。当家里的老人看完节目后,逐渐开始控制炒菜的用盐量;当你看到身边那个执拗的胖子开始减肥;当你看完节目会主动安排父母去体检;当你发现身边越来越多的人能感受到医生的辛苦,在看病的时候多一分理解和耐心……这些改变就是传播的力量。能对他人的生活产生积极影响,能够传播社会正能量,是健康类节目应该追求的终极目标。

三、结语:抵达彼岸

目前健康类节目样态很多,如访谈、专题、脱口秀、纪录片、真人秀、医疗剧等,无论形式如何,都是表达人们的感受,服务于人们的需求。故而,节目无论是"居庙堂之高",还是"处江湖之远",真正尊重人的本真需求,关照人的生老病死喜怒哀乐,才是电视健康类节目要到达的彼岸。

彼岸繁花,还需用心照料。健康类节目应感受人间的烟火,温暖表达,诚意分享,做繁花中被人需要的那缕芬芳。

(作者田丰歌系中央电视台《健康之路》栏目制片人)

用心打造最长寿中国电视健康类栏目

——《养生堂》的变与不变

孟 雪

作为养生服务类节目的典型,《养生堂》创办于2009年的北京电视台科教频道,首播年平均收视率就达到了2.69%,将原时段的收视率提高了8倍。2011年《养生堂》移至北京卫视并进行改版,让更多的观众收看到了这档以“传播养生之道,传授养生之术”为宗旨的节目,经过栏目组台前幕后人员的艰苦努力,节目收视率不仅在北京电视台所有栏目中位居第一位,在省级卫视同时段健康养生类节目中也是全国收视第一。不仅如此,2012年,《养生堂》还相继获得“电视民生类年度品牌节目”“年度制片人”“优秀主持人”“全国健康品牌栏目”“全国金牌主持人”“第六届记录中国创优栏目”等多个奖项,深受观众和专家的认可。而作为一档非娱乐、无明星的养生服务类节目,是什么使它在创办7年来,还能受到观众的厚爱?在养生节目同质化、问题频出的今天,又是什么使其保持高收视率的同时还能保证高品位、高质量呢?

一、专家选择:用好资源,尊重规律

2014年国家新闻出版广电总局下发《关于做好养生类节目制作播出工作的通知》(以下简称《通知》),《通知》规定:“聘请医学、养生、营养等方面的专家作为嘉宾,该嘉宾必须具备省级以上卫生行政部门认定的副高以上专业资格。”[①]而《养生堂》早在栏目创办初期就一直坚持这么做。栏目组充分利用身处北京的地理优势,

---

① 国家新闻出版广电总局官网,ttp://www.sarft.gov.cn/art/2014/10/14/art_113_4792.html。

寻找不同医院的权威科室，从医院到医生都严格把关，保证传播信息的科学性与权威性。

好医生并不意味着好嘉宾，这是困扰很多健康养生类节目制作者的一大问题。但《养生堂》在这方面有自己的“绝招”。首先，为了保证节目传播信息的科学性和准确性，编导会在选题确立或立意后第一时间找到相关专家进行讨论和学习，在接触的过程中，选择那些能将专业知识大众化，且更加了解电视传播规律的专家。而经过 7 年共 2000 多期的节目，栏目组更是找到了适合自身气质和需求的专家。于康就是《养生堂》“御用”专家之一，他在做节目的过程中不断研究医学与电视传播特性的结合，总结出“让普通观众听懂和学会是健康科普节目成功的第一要务”的规律。即使是“简单得不能再简单的营养学名词，在非营养专业人士听来，可能还显得生涩”，因此在讲述中要“尽量通俗、通俗、再通俗，尽量生动、生动、再生动，尽量具体、具体、再具体”。学会“讲故事和换位思考”。[①] 2015 年在录制《“于悦”陪您健康过大年》节目时，“胖女孩”道具板突然倒地，这时，正在讲述养生知识的于康马上说道：“所以在肥胖的情况下啊，健康就可能会出现麻烦。”机智地缓解了现场突发情况造成的尴尬气氛（见图 1）。

图 1　养生专家于康遇突发状况临场发挥解围

---

① 于康：《专家、大众、媒体的共赢平台——从一个医生的角度看〈养生堂〉的成功模式》，《中国广播电视学刊》2012 年第 2 期。

《养生堂》副制片人华剑雄也表示，节目未来也会有意识地打造“权威明星专家”，进行医生资源的培养，进行从青年医师—主任—院长的梯队式建设，对专家进行电视传播和表达的相关培训，在保证节目科学性的同时，增强可看性。

二、主题选择：大处着眼，小处着手

作为一档日播栏目，7 年来《养生堂》共播出了 2000 多期节目。在主题的选择上重复是不可避免的，但是编导坚持选题从大处着眼，小处着手，将同一个主题进行多角度切入，选择最贴近现实、最贴近观众需求和时代需求的角度进行展现（见表 1）。

首先，在大的主题选择上，《养生堂》强调节目的实用性和贴近性，如栏目组会根据时令选择观众关心的主题，如春季会做《小心春天的风和湿》、冬季做《中药里的冬补秘方》等。而作为健康养生服务类节目，“防癌”“降糖”“食疗”等是观众关心的主要话题。同一个主题，栏目组就会选取不同角度切入，尽量做到深入和全面，如同样是食道癌，2014 年 3 月 2 日的《食道癌的秘密》是关于食道癌的成因和危害的，而 2015 年 11 月 3 日的《别让食管过度劳累》则是关于吃东西是如何“烫”出食道癌的，让观众从吃饭这件小事上开始预防疾病的发生。这样设置既实用，又具有趣味性。

其次，《养生堂》十分重视观众的需求。由于观众以老年人居多，较为关注家庭的生活起居和饮食健康，因此，栏目组也会制作像如何挑选优质水果、蔬菜这样的主题节目，或是纠正如“虾皮补钙、菠菜补铁”等广为流行的饮食误区，使节目更加贴近观众，满足受众的需求（见图 2）。

近年来随着新媒体和大数据技术的发展，《养生堂》更加注重观众意见的反馈和收视调查的收集。一方面请专业公司在全国几大城市进行调查，组织自己的观众俱乐部进行线下交流，以便对节目做出相应的调整；另一方面，开通官方微博、微信，建立微信粉丝群等，及时进行线上的年轻化的内容发布和意见收集，从而做出更新、更具有服务性的选题和节目。

图 2 《养生堂》中列出的流行的饮食误区

表 1 《养生堂》2015 年 2 月节目主题一览表

2015－02－01	“棋圣”与“癌症”的巅峰对决
2015－02－02	身边的“鲜药房”
2015－02－03	血栓堵住生命通道
2015－02－04	是谁堵住了“生命的通道”
2015－02－05	通经活络祛风寒
2015－02－06	通经活络祛湿热
2015－02－07	要人命的口中菌(1)
2015－02－08	要人命的口中菌(2)
2015－02－09	吃出来的肝之祸
2015－02－10	从血管看寿命
2015－02－11	你的血管老了吗
2015－02－12	三餐中的致命隐患(1)
2015－02－13	三餐中的致命隐患(2)
2015－02－14	健康小吃过大年(1)
2015－02－15	健康小吃过大年(2)
2015－02－16	健康小吃过大年(3)
2015－02－17	健康小吃过大年(4)
2015－02－18	“于悦”陪您健康过大年(1)
2015－02－19	黑蒜能否预防“三高”
2015－02－20	“于悦”陪您健康过大年(2)
2015－02－21	“于悦”陪您健康过大年(3)
2015－02－22	院士开年说健康(1)
2015－02－23	院士开年说健康(2)
2015－02－24	院士开年说健康(3)
2015－02－25	院士开年说健康(4)
2015－02－26	院士开年说健康(5)
2015－02－27	静脉疾病的严重性
2015－02－28	糖尿病的食疗方

三、求新求变:点滴改变,不断进步

熟悉《养生堂》的观众都知道,除了2011年由于播出平台的变化而使栏目出现大改版外,《养生堂》一直保持着独有的节奏和形式,似乎没变但似乎又变了。其实这是因为《养生堂》一直在播出过程中进行着一点一滴的修改和调整,润物细无声地成长着、进步着。

《养生堂》自2009年在北京电视台科教频道开播以来,一直是一档25分钟的一对一式演播室节目,以“养生”为主题,做纯中医的选题,板块、道具都较少。而2011年移至北京卫视之后,时任北京卫视频道主任的徐滔倡导节目不仅抓中医选题,也要抓住西药选题,来保证节目更加科学、准确、好看。不仅如此,当时的节目时长还从25分钟延长至45分钟,后来甚至达到了1小时,而在板块上,也增加了《养生厨房》等板块(见图3)。

图3 《养生堂》中新增的《养生厨房》板块

除了这些大的变动外,演播室、道具、主持人着装等也在发生着细小的变化,从过去一对一的座谈式到现在主持人和专家逐渐走向台前,不断地和观众进行互动交流。在道具的选择上,除了最基本的图片展示、模型介绍外,也逐渐出现了实体标本、观众模拟再现等更加生动的形式(见图4)。《养生堂》的营养专家于康说:“正是在《养生堂》的录制现场,作为营养医生的我,真正懂得了如何用汤匙和啤酒瓶盖去和一个从未下过厨房的白领男士沟通烹调油盐的数量，真正懂得了如何用糠心萝卜为一个没有任何医学概念的老大妈比喻什么是骨质疏松。”[①]而主持人打扮成猪八戒或带着肌肉道具上场也是常有的事，这不仅调动了现场的录制气氛，还便于专家的现场讲解，可谓用心良苦。

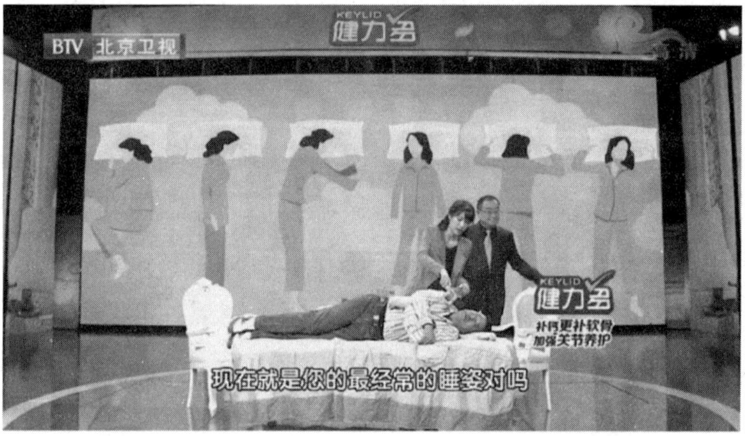

图 4 《养生堂》屏幕演示配合观众演示来讲解病理知识

《养生堂》副制片人王泓也透露，目前栏目组正在改进一些大型道具，如 3D 虚拟技术、背景屏幕的多块组合运用等，希望能够吸引更多的中年观众。

不论是专家选择的用心、主题选择的费心还是求新求变的苦心，《养生堂》都希望通过不同的细节和侧面来讲好每一次的主题，保证节目的可看性和科学性。也正是本着对观众的重视、对细节的把控，让《养生堂》能够在全国 100 多档电视健康类节目中脱颖而出，成为收视率、口碑、公信度和专业性都极高的优质节目。而北京卫视也依靠《养生堂》《生命缘》《我是大医生》等一系列节目/栏目树立起了健康传播、传播健康的良好形象，在娱乐节目、综艺节目风靡的电视荧屏中，形成了自己独特的频道品质和品牌影响力。

（作者孟雪系中国传媒大学传媒艺术与文化研究中心 2014 级硕士研究生）

---

① 于康：《专家、大众、媒体的共赢平台——从一个医生的角度看〈养生堂〉的成功模式》，《中国广播电视学刊》2012 年第 2 期。

用真实诠释爱与生命

——《急诊室故事》个案分析

李若琪

由东方卫视和恒顿传媒联合制作的中国首档大型医疗急救纪实节目《急诊室故事》第二季已于2015年10月22日在东方卫视播出。节目单集时长30分钟,共26集。第二季的拍摄地点依然选择在拥有上海最大急诊楼的上海市第六人民医院。与第一季相比,这一季节目观察更为翔实,并把第一季中未出现的儿科、血透室、EICU(急诊重症监护室)纳入了拍摄范围。

《急诊室故事》第一季的播出为节目赢得了良好的口碑,不仅在第二十一届上海电视节上斩获了白玉兰奖最佳系列纪录片奖,更在2015年全国"两会"期间经全国人大代表推荐获得了习近平总书记的关注和认同。节目凭借真实的记录、理性的思考、对现实问题的关注赢得了广大受众,被国家新闻出版广电总局领导评价为"中国一场电视革命",是"中国电视发展史上的一个里程碑"。一档季播节目为何能够受到社会各界的广泛讨论和关注?为何能够撬动中国医患关系的现实局面?为何能够触动观众的心灵?也许我们可以从节目的文化特征与内涵中找到答案。

一、真实的表现手法

(一)固定摄像头拍摄,全天候不间断记录

98个机位,24小时全面覆盖,《急诊室故事》运用国际上最先进的固定摄像头拍摄技术,在节目拍摄期间真实记录了上海市第六人民医院急诊大楼里每分每秒发生的医疗故事。

上海市第六人民医院急诊室24小时开放,平均每天1200人次的急诊量,遇到

门诊不开放的周末等时段急诊量会增至每天1300—1400人次,如此密集的急诊量完全暴露于隐蔽在大楼各个角落的摄像头面前,让公众来审视,对医院来说是需要巨大勇气的。一些医疗工作者在节目录制之初对于工作环境内无处不在的摄像头及每天上班都必须佩戴的话筒感到极为不适,因为丝毫没有工作隐私可言。随着拍摄的进行,医生们逐渐习惯了镜头的存在,甚至主动要求佩戴话筒,因为医院也希望通过节目给广大老百姓提供一个了解医院的平台。固定摄像头技术最大限度地减少了对被拍摄主体的干扰,展现了急诊室最真实的状态。

在完全暴露急诊室医疗过程的同时,节目组及医院也将患者的隐私保护提到了前所未有的高度。节目组会与出现在镜头中的每一位患者及家属进行沟通,得到他们的授权和同意后才会使用画面,无法避免的则会通过适当的手段(比如打码)来进行保护。

(二)真实医疗故事,客观呈现

"我们不生产故事,我们只是故事的搬运工",拍摄过程中导演组始终秉持这一理念,尽量避免使拍摄对象受到干扰,保持拍摄环境始终处于"原生自然"状态。

想要完整呈现医疗过程与医患故事并非易事。每天进出急诊大楼的病人成百上千,想要从中挖掘到一个好的故事犹如海底捞针。而且每天的拍摄情况都充满了不可预料性,捕捉到好故事的唯一办法就是在观察中耐心等待。节目执行导演王昕轶在节目拍摄之初对于故事的真实性其实并不看好,因为无法预估会有多少患者和家属愿意将自己的疼痛呈现于镜头之中。随着拍摄的进行,他发现当初的担心是多余的,真实的故事每天都在上演,大部分患者同意拍摄,他们相信电视这一媒介,并且也一样期待着有这样一档节目能够反映最真实的医疗现状。

在叙事方式上,节目组始终保持全面、客观的零度视角,不对节目中的故事进行主观评价或判断,保持"中允"的态度,让观众自己去感受和思考。

二、勇敢的社会担当

(一)直面医患关系,剖析社会现状

"医患关系"是当下社会的敏感词汇,并且在医患关系中,矛盾占据着主体地

位。专业知识和经验的不对等导致信息获取和理解的偏差，以及医患间的沟通不顺畅，这些都是激发医患矛盾的要点。而媒体在传统的医患纠纷报道中也时常有失公允，将话语权偏向“弱势”一方。长期背负的巨大压力使医疗机构对于媒体谨小慎微，而媒体对于社会敏感词语更是不敢轻易触碰，这种恶性循环更加导致了公众对医疗现状的不理解和对医生的偏见。也正因为如此，《急诊室故事》将医院的急诊室 24 小时全天候放在公众面前需要足够大的勇气。

例如在第二季第三集中，节目集中展现了“医患冲突”的主题。膝盖疼痛不能走路的大妈在预检台痛骂护士不给挂号、焦躁的病人家属醉酒后大闹急诊室并手掐护士，病人在连续遭到三位医生拒绝其 CT 检查腰椎的要求后进行录像投诉……节目将这些医患矛盾完全真实地呈现给观众，让观众站在医患之外，以第三种身份重新审视随时可能发生在我们身边的医患纠纷。

(二)努力搭建桥梁，化解医患沟通难题

节目中提到，2013 年夏天，一位来到上海市第六人民医院就诊的醉酒患者由于不满医生“先检查后诊断”的诊疗方式(医疗活动中统一的标准化诊疗方式)，将椅子砸向医生，不能还手的医生只能站成一排以示抵抗。之后，医院不得不在座椅上安上锁链以保证医生的安全。锁链不仅缠绕在椅子之间，也横在医患关系之间。患者由于相对缺乏医学知识，以及对医院工作流程不了解，不可避免地会与医护人员产生隔阂及不信任感；而面对种种医疗纠纷事件，医护人员也常常产生不安全感，甚至让医生和护士成了“高危”职业。这种恶性循环正在加深着医者与患者之间的矛盾，如何打通医院与公众之间的心墙，解开医者与患者间的心结成为解决医患矛盾的症结所在。《急诊室故事》认为，只有直面医患关系，呈现真实客观的医疗现状和救治过程，才能最大限度地将真相还原给社会。当人们去面对、去探讨的时候才会发现，很多时候“沟通”是化解矛盾最好的途径。

正如节目中所说的那样，“如果每个人都能多了解一点医院，每个医生和患者都多一点耐心，彼此之间再多一点沟通，医患冲突就会大大减少。医生是人，患者也是人，如果不是在急诊室里以医生和患者的身份遇见，也许可以相互微笑，用心了解对方，也许可以成为无话不谈的好友，仅仅是换了一个地点，就让误会积聚成山，《急诊室故事》愿意像愚公一样，用坚持不懈的点滴努力，搬开障碍”。

三、强大的情感内核

(一)以情感人,释放温暖力量

在第二季节目中,每一集都有一个主题,如“当你老了”“用本能去爱你”“带你回家”“亲爱的小孩”等。这些主题不仅关注医患关系问题,更为节目注入了强大的情感内核。例如在第二季第二集中,93 岁的张红宝老人重症入院,不停呼喊同样已经白发的儿子,孝子不仅在床前悉心呵护,谈及母亲过往更是哽咽落泪。在医院这个特殊的环境中,面对“生死”这样宏大的命题,母慈子孝不再仅仅是中国的传统美德,更是感动人心的温暖力量,不禁让人为之动容,启迪人们珍惜当下。节目制片人曾荣在采访中提到,“一个好的节目一定要触动到我们的心灵”,“永远不放弃,这就是人间最朴素、最真挚,也是最自然的感情。其实在整个的过程中,我们要讲述的不仅仅是别人的故事,我们每一个人在拍摄的过程中对人生、对亲人、对生活,都有了很多新的感悟和理解”。

(二)尊重生命,传递爱与责任

在医院里,生命仿佛变得很渺小,尤其是在突发事件频出的急诊室,生死往往就在一瞬间。可是在那里生命往往也更加伟大,因为只要有一丝希望,医生便会拼尽全力。节目带着对生命的尊重,将那里发生的悲欢离合真实呈现给观众,可能很多观众从未经历过类似的事情,那里有面对生命垂危的老伴儿不知所措的老人,有 23 岁却左右脑移位引发脑出血的青年,有工作时意外摔跤导致钢筋从大腿刺入腹腔引起休克的工人,有被孩子突然昏迷吓坏的母亲……我们惊诧于镜头放大的故事,重新开始审视生命,同时也反思自己,是否因为太过忙碌而忘了给予身边的人关怀,是否有应对突发事件的能力,如果这一切突然发生,我们该怎么办……

“生命有痛,有你真好”,透过节目我们看到了医生在医疗过程中那些鲜为人知的辛苦和努力,也看到了关键时刻竭尽全力倾囊相助的亲人和朋友,而这些都来自于真实的急诊室故事。第一季节目播出后,上海市第六人民医院急诊室主任王韬说:“我们觉得自己的责任更重了,自己的担子更重了,因为当我们自己在回顾这些节目,看我们自己抢救过程的时候,发现了平时我们自己并不在意的那些工作或者说很普通的工作对别人的帮助、对生命的帮助是多么的巨大,由此我们觉得生命是最值得尊重的”。

一档真人秀节目不可能完全解决当下社会的医患矛盾,但它为问题的解决带来了希望,也让我们感受到生命的重量。就如节目片头所说:“我们带着对生命的敬意与爱意,为你讲述最真实的今日中国。”

(作者李若琪系中国传媒大学传媒艺术与文化研究中心2014级硕士研究生)

传播科学育儿新理念

——《超级育儿师》个案分析

熊景青

《超级育儿师》于2013年12月13日在中央电视台财经频道首播,2015年7月1日起开始在安徽卫视每周三晚的黄金时段播出。这是中国首次正版引进席卷全球的亲子早教类真人秀节目。版权中介方IPCN国际传媒横跨中英两国,致力于将全球最成功、最成熟的影视节目版权引进中国及亚太地区媒体市场,目前已经成功运作《中国达人秀》《中国好声音》《舞林争霸》等节目。《超级育儿师》原版节目*Supernanny*在全球超过44个国家播出成片,由17个国家制作播出,是全球最成功、最具品牌价值的亲子真人秀品牌之一。

一、节目引进与模式引进:科学育儿观走进中国

英国原版节目*Supernanny*于2004年7月登陆英国公共服务电视台第四频道(Channel 4),是第四频道最卖座的节目之一,第一季就吸引了500万受众收看,并在后几季中一直保持着这样的高收视率。2013年3月译制版《超级保姆》在中央电视台财经频道《环球驿站》播出,播出期间获得了大批年轻父母的关注,为后续的模式引进奠定了良好的受众基础。2013年10月,湖南卫视从韩国MBC电视台引进的明星亲子户外真人秀《爸爸去哪儿》火爆荧屏,节目中明星亲子的相处方式引发了观众的超多评论,亲子教育问题成为当时最热的社会话题之一。

《超级育儿师》是由IPCN国际传媒与八麟制作联合出品,共同打造的中国首档大型育儿亲子真人秀节目。虽然同为真人秀节目,与《爸爸去哪儿》不同的是,中国版《超级育儿师》将目光放在了普通家庭的育儿问题上,在参与节目家庭的选择

上侧重低龄、幼龄儿童家庭，选取极具中国特色的典型案例，以轻松、有趣的方式为年轻父母、准父母提供育儿理念。

《超级育儿师》一方面继承了原版节目中的科学育儿理念，另一方面也结合中国家庭的特点进行了本土化改造。中国家庭成员与育儿师（主持人兼心理专家）兰海的关系较原版节目更为缓和，节目的戏剧冲突主要是以亲子关系为主的家庭成员间的矛盾冲突，而主持人作为一个闯入者与改变的发起者在家庭中所激起的矛盾则被弱化。

除此之外，中国人观念中的"家丑不可外扬"思想在《超级育儿师》中也有一定程度的体现。面对无处不在的摄像头，被选定家庭的家庭成员较日常状态拘谨，使得观众在观看的过程中对节目内容的真实性产生了一定程度的质疑。亲子间面对面谈心的环节设置对于含蓄且注重家长权威的中国人来说是否能够起到如原版一样的效果，与孩子平等相处、与孩子做朋友的理念能否在节目录制结束之后得到持续执行，基于欧美家庭结构的科学育儿方式能否在中国式家庭中落地，等等，都是值得思考的问题。

二、节目结构与传播功能：科学育儿观的荧屏呈现

在《超级育儿师》每一期的节目中，育儿师兰海会先通过节目组事先录制的一段短视频了解本期被选定家庭面临的育儿难题。随后兰海会以旁观者的身份观察被选定家庭日常生活的情况，尤其重点观察孩子与家长之间的相处模式。观察一天后召开家庭会议，根据每个家庭的具体情况提供相应的解决方案，并手把手地教父母如何执行。随后，育儿师会短暂地离开被选定家庭，让父母和孩子熟悉并掌握新的教育方式。最后，育儿师回到被选定家庭，分析他离开的时间里出现的新情况以及亲子双方发生的改变，并进行最后一次育儿辅导。

因为《超级育儿师》是 *Supernanny* 这一成熟节目模式的中国版，所以在节目结构上必然要遵守原版模式的议程设置。但是为了更加贴近中国观众的收视习惯，《超级育儿师》画面色彩更为鲜亮，剪辑速度较慢，更多依赖背景音乐的铺设来渲染情绪气氛；取消了原版节目中由超级育儿师承担的旁白，而改用弹幕的方式解释现场发生的状况，使画面看起来更为生动活泼。

《超级育儿师》节目设置

模块	环节	节目内容	表现形式	传播功能
情景代入	育儿师观看 VCR,了解当期家庭的困扰	家长介绍孩子的情况,家庭日常生活片段	VCR 呈现“熊孩子”的情况	信息传播为主
育儿师进入被选定家庭	育儿师近距离观察被选定家庭的日常生活状态,但不干预家庭成员的行为	家庭成员按照日常状态相处,育儿师深入观察,介绍被选定家庭的生活细节	摄影机跟拍家庭成员间的交流对话,穿插育儿师的观察感言。通过后期剪辑突出家庭矛盾	信息传播为主,情感传播为辅
沟通与交流	育儿师与父母召开家庭会议	育儿师为父母剖析家庭矛盾产生的原因,强调父母育儿方式中存在的问题,并给出解决的方案	育儿师与父母之间进行面对面的谈话	情感传播与观点传播并重
	育儿师为家庭成员制定家庭规则	育儿师根据一天的观察和与父母的家庭会议确认当期家庭面临的最急迫的问题,在家庭成员的共同参与下制定家庭法则	将家庭法则以 KT 板的形式呈现在家庭成员面前,选挂在家中最显眼的位置,成为家庭成员共同遵守的法则	信息传播与观点传播并重
辅导日	育儿师带领家庭成员做两到三个游戏	在游戏的过程中,让家庭成员间彼此了解对方的感受,协同完成一次有一定难度的游戏	以家庭成员之间的沟通、合作为主,育儿师从旁给出指导意见,帮助家庭成员完成游戏任务	情感传播为主,信息传播为辅
考核日	育儿师请家庭问题中主要的矛盾双方共同完成一个最终考核任务	经过辅导日的训练后,家庭成员完成一个需要相互协助的任务以完成考核	在没有育儿师的指导与帮助下,家庭成员接受任务考核	情感传播为主
科学母爱 1 分钟	1 分钟育儿课堂	总结当期育儿知识,给出具有普遍意义的育儿贴士	以动画的形式,将严谨的科学知识有趣地传达给受众	信息传播、观点传播

三、议程设置与社会文化:科学育儿观的本土化

节目自 2013 年首播至今已播至第三季。作为一档引进节目,模式落地成为可视可感的电视节目必然要面对模式所属国与落地国之间的文化差异,也会留下为

了解决这些差异所进行的本土化痕迹。所谓本土化，简单说来就是依据中国的特殊国情，立足中国的社会现实，按照中国电视媒体自身的运行规律，遵循中国电视观众的接受习惯与实际需要，组织、制作与传播具有中国民族特色、风格的电视节目。

节目结构在继承原版基本的议程设置之外，还对议程各环节的时间分配进行了调整。中国版《超级育儿师》较原版节目来说，介绍家庭基本情况的VCR片段剪辑节奏较慢，时间也较长；反映辅导日与考核日之间的家庭情况的环节被删减，去掉了育儿师重新返回家庭这一情节的展示；片尾增设1分钟育儿课堂，提炼当期节目关键词，给出育儿小贴士；增设与社交平台之间的话题讨论及有奖问答等，都是中国版《超级育儿师》在节目结构上本土化的创意亮点。

需要指出和说明的是，本土化观念并非一个封闭的停滞不动的观念，而是一个流动着的、跟随中国社会发展而不断发展着的概念。随着我国计划生育政策的不断放宽，到中共十八届五中全会实行全面二孩政策，育儿类节目在可预见的一段时间内必将成为收视热点。《超级育儿师》在节目嘉宾的选择上也紧贴政策变化，除了选取能够引起社会热议的凤凰男孔雀女家庭、80后辣妈潮爸、多胞胎家庭、重组家庭等外，也逐步选取由于计划生育政策造成的"中国式二胎"家庭作为关注对象。在这类家庭中，父母与二孩因年龄悬殊较大而无力陪伴、双独父母面对两个孩子的纠纷束手无策、大孩因为母亲偏爱弟妹而脾气暴躁等问题都及时地呼应了社会面对政策调整而产生的种种不适现象，通过育儿师深入家庭的细致观察，给出较为科学的解决方案。

四、小　结

作为一档亲子早教类节目，《超级育儿师》在中国电视荧屏上的存在对拓展现有节目类型有十分重要的作用。《超级育儿师》以低龄、幼龄儿童家庭作为研究对象，不仅就孩子与父母之间的冲突展开协调，还更多地从家庭成员关系入手分析矛盾的本质。低龄、幼龄儿童的许多问题都是因为父母没有做好榜样，父母之间的关系对这一年龄段的儿童教育具有决定性作用。但在经济高速发展的中国，城市家庭面对的共同挑战是父母生存压力大，与幼龄孩子相处时间少，隔代教育现象突出。父母对子女的教育更多地停留在表面，而实际工作则由其他家庭成员替代。由这样一种社会普遍压力带来的育儿难题也许不是通过简单的方法传授能够完全解决的,而是要有赖社会大环境的改善才能得到根本解决。

儿童早期教育事关孩子的健康成长,如何贴合中国的国情有效地引进制作,并在此基础上刺激本土原创节目的繁荣,亲子早教类节目相比于其他类型节目有着更为迫切的现实压力。

(作者熊景青系中国传媒大学传媒艺术与文化研究中心 2014 级硕士研究生)

走健康之路，过健康生活

——《健康之路》个案分析

张金玲

《健康之路》是中央电视台科教频道开办的一档以关注大众身心、保健意识，倡导健康生活为原旨的健康咨询服务类栏目。开办至今，该栏目凭借鲜明的节目定位、权威的专家讲解、嘉宾和观众的现场互动以及科学的现场演示，为广大人民群众传播最实用、最科学的健康知识。

一、健康咨询类节目产生的背景

随着时代的发展和社会环境的变化，在物质生活大大提高的今天，人们开始越来越多地注重生活质量以及自身的健康问题。同时，随着生活节奏的不断加快，面临的工作压力越来越大，在生理和心理的双重压力下，越来越多的人处于“亚健康”的生活状态。

虽然社会医疗改革在逐年推进，但是老百姓“看病难，看病贵”的问题依然存在，导致大多数人不同程度存在着“求医不如求己”的思想，怕生病的现实导致老百姓宁愿多关注一些健康养生类知识或信息。

种种原因催生了大量电视健康养生类节目的产生和发展。此类节目通过电视这一主流大众传媒，向受众传播健康养生信息，从而满足大众对健康养生信息的需求，引导大众树立正确的健康观念，促进我国全民素质的提高，进一步推动国家和社会的和谐发展。

二、《健康之路》的发展历程

1996 年 7 月开播的《卫生与健康》是早期《健康之路》的原型，当时采用的是典型的“专家电视坐堂”的模式。这种“专家电视坐堂”式的节目样式成为日后国内电视健康类节目最常见的模式。

2000 年《健康之路》大胆引入直播技术，加入了与观众现场即时互动的环节，既活跃了现场气氛，又带动了观众的积极性，使其在当时成为中国电视界最具影响力的健康品牌栏目之一。

2009 年 9 月《健康之路》全新改版，播出频道由原来的中央电视台财经频道调整至科教频道，播出时长由原来的 50 分钟精减至 25 分钟，播出模式也由以往的直播改为录播，节目质量大大提升。

2011 年《健康之路》又一次改版，提出了“走健康之路，过健康生活”的口号，将自身定位为“大型日播医学科普类节目”。节目除主持人与专家外，还邀请两位嘉宾共同探讨，并增加了“何嘉博士实验室”和现场问答环节。科学知识的普及、丰富多彩节目环节的设置以及节目质量的不断提升，使其收视率稳步上升。

三、《健康之路》的形态及定位

《健康之路》采取演播室谈话的节目形态，每期节目邀请一位具有权威性的医学方面的专家，就观众存在的问题、疑惑甚至是认识方面的误区进行解答或更正。通过解答问题向观众普及更多的健康保健知识。新改版的《健康之路》增加了“何嘉博士实验室”环节，用现场实验的方法教授观众健康知识，旨在指导观众如何更好地健康生活，形成健康的生活习惯。

《健康之路》拥有全国最权威的医学专家资源，每期节目都能聘请到各大名院的院长及科室主任等，使得节目的权威性大大提升。专家就每期节目的主题问题向观众进行解答并就该问题提出治疗或者预防方案，给观众提供最贴心的服务。

《健康之路》所涉及的内容相当广泛，包括疾病治疗与预防、养生、饮食保健、食品安全、心理健康等多个方面，而且各类话题的比重分布较均匀，每期节目中就现实生活中人们常见的问题提出解决方案。该栏目的目标受众是疾病患者、中老年渴望健康的群体、上班族中的亚健康人群、受心理问题困扰的各阶层人群、关注儿童和自身健康的父母与准父母，以及健康诉求强烈的一般人群等。整体来看，《健康之路》的内容通俗易懂，贴近老百姓的生活。

四、《健康之路》的栏目特性

2011年的改版，被认为是《健康之路》自身的一次品牌升级行动，“贴近性”“服务性”和“实用性”作为该栏目的三个主要特性得到了进一步强化。

（一）贴近性

《健康之路》所涉及的内容十分贴近百姓的生活。通常主持人以讲故事的方式，讲述发生在百姓身边的案例，进而提出相关性的健康问题。先与现场嘉宾以及观众通过现场问答环节进行问题的简单探讨，其间穿插权威专家通俗易懂的科学讲解。然后，再配合现代科技手段或者现场的简易试验，将抽象的医学概念或原理通过小动画或模拟操作的形式演示给观众，接着权威专家进行总结性的建议或意见，引领观众找出解决问题的办法。

值得一提的是《健康之路》的现场问答环节。主持人就广大观众比较关注或者在现实生活中存在误区的问题进行现场提问，现场观众通过手中的按键来选择答案，最终由现场专家对该问题逐一进行解答。这一环节不仅能提供给观众正确的答案，还能对现实中人们经常存在的健康误区进行纠正。通过这一互动环节，使观众能够融入到节目当中，并且获得正确的健康知识。

（二）服务性

《健康之路》着眼于观众实际的医疗需求，锁定“医疗健康”这一明确主题，从而使服务性成为它的一大特性。

在《嗓子里的老毛病》中，主持人通过对现场观众进行小调查来引入此期节目的主题——嗓子在人体的众多器官中是最累的。通过权威专家的讲解，帮助观众解决嗓子中的小毛病以及如何对嗓子进行保护。专家通过解答现场嘉宾和观众的疑惑，介绍了嗓子受到伤害后的具体症状、如何应对各种症状，以及如何更好地保护自己的嗓子等问题，使广大观众了解了关于嗓子的常识，意识到日常生活中要避免那些无意识伤害嗓子的不良习惯。此外,栏目邀请的除专家之外的两位嘉宾往往作为众多观众的代表,代替现场观众对很多健康问题进行提问,这些问题由专家逐一进行详细解答,为广大观众解疑释惑。

(三)实用性

有益于健康的知识和方法成千上万,但并不是每一种都适合广大观众,《健康之路》旨在找寻一种适用于绝大多数观众的健康之路,从而提升人们的健康指数以及生活幸福指数。《健康之路》将生活中关于健康的知识和医学方面的知识加工整合,以视听兼备、通俗易懂的方式展示给观众,走的是实用性路线,力求每一期节目都能让观众有所收获,并且能够真正地运用到现实生活中去,进而改变不健康或者亚健康的状态。

《健康之路》一直秉承着实用性的原则。从观众角度出发,每期节目力求选取实用性强的知识和方法作为播出内容,使得每期节目都能够让观众有所收益。例如在一期关于颈椎病的节目中,专家详细介绍了上班族如何通过简单的小运动,达到缓解颈椎压力的目的。这些简单的小运动简便易操作,适合各行各业,实用性得到了充分的体现。

《健康之路》发展至今,经历了几次重要的改版,依然活跃在电视荧屏上,依然是人们最为关注的健康咨询类栏目之一。这与该栏目自身独有的特性以及不断创新、与时俱进的理念是分不开的。《健康之路》凭借浓郁的医疗特色、创新的节目形态、丰富的知识含量、贴近实际的表达方式、鲜明的栏目形象以及独具匠心的演播室环境设计等优势成为健康咨询类品牌栏目之一,相信未来会有更好的发展前景。

(作者张金玲系中国传媒大学传媒艺术与文化研究中心 2014 级硕士研究生)

让健康伴随日常

——以《饮食养生汇》为例分析传统健康养生类节目的品牌打造

魏尚智

随着生活水平的提高,“健康”成为人们普遍关注的话题。从中央到地方各级电视台也都纷纷发力,着手健康类电视节目的打造。

《饮食养生汇》自 2011 年 9 月开播以来,在不断地调整创新中迎来第六个年头。节目延续了“演播室+嘉宾+主持”的传统健康养生节目模式,以“科学饮食”“健康养生”为宗旨,设计了“养生这点事”和“开饭了”两个环节,成为湖北卫视生活类节目的品牌之一。

一、明确频道定位,紧扣观众视角

湖北卫视自 2012 年改版后,排名从原来的第十六位进军到现在的全国前十,与其明确的频道定位是分不开的。湖北卫视作为省级电视台,既要关心国家,又要立足省市人民。结合其所处的地理位置,改版后的湖北卫视以“中国心·世界观”为宗旨,从受众立场出发,把每一个普通中国人对爱的责任、梦想的坚持和家国的担当以国际电视水准加以包装、呈现,深度黏合了以家庭为单位的各层级观众,以关注百姓日常生活为准则,着力打造具有生命力的品牌节目。

其中,《饮食养生汇》作为湖北卫视生活类节目的代表之一,从受众层面来讲,它的成功恰恰是因为抓住了受众所需。在《饮食养生汇》开播之初,主持人刘仪伟基本上采用了《天天饮食》的主持经验,以“做一道菜”为节目重头,虽有专家讲解生活中食物该如何搭配、不同季节如何“吃”出健康、怎样搭配食物可预防身体疾病等内容,却缺少感染力,不能牢牢抓住观众的心。随着湖北卫视的全面改版,《饮食养生汇》结合节目特色也在不断摸索，无论是演播室的设计，还是嘉宾定位以及主持人构成都发生了改变，特别是从观众角度出发进行播出时间的固定。首先，演播室将“养生这点事”与“开饭了”两个环节放在不同的演播厅，不会让观众产生混乱感。其次，主持人队伍由央视资深主持人宋英杰担任，并组建爱问团（扮演观众角色）共同与主持人及嘉宾完成互动。再次，在嘉宾邀请上具有针对性和专业性，节目组会根据每期话题的不同分别邀请著名医院的权威专家来讲解观众关心的身体疾病及如何预防等问题，提高了节目的可信度。比如，在 2015 年的节目中，主题是探索肺癌发病原因及诊断，邀请的是首都医科大学肺癌诊疗中心主任医师；在儿童流感问题上邀请的是北京同仁医院儿科主任医师等。最后，在播出时间上，节目固定在每天的 17 点 55 分播出，与观众晚饭时间收看电视节目的习惯相契合，有利于培养稳定的受众群。

二、让健康伴随日常，从生活点滴切入

相较于制播分离的短期季播节目，此类常态性的生活类节目取胜的法宝在于它的伴随性。《饮食养生汇》每期的主题都会让人意识到，原来生活中的不良习惯、不在意的行为、易波动的情绪、不注意的饮食习惯都可能带来疾病的隐患。如“饮食养生汇之直面高血压”“抑郁情绪与疾病关系”“隐匿的心律失常”“不同人群的健康饮水”“如何有效减脂”“走出哮喘的烦恼”“情绪不好会引发乳腺癌吗”等，观照了人们普遍关心的健康问题，并且这些健康问题不仅关乎自己，也关乎家人、朋友。

《饮食养生汇》的“日常性”还表现在饮食——“开饭了”环节。吃什么？如何吃？不仅是每个家庭每天思考的问题，更是关乎健康的主要构成因素。随着节目的不断创新升级，“开饭了”这一环节的内容和亮点也更加丰富起来。从一开始“开饭了”环节仅作为节目流程的结尾，由主持人教观众做一道菜结束，到现在的极具专业性，由中国药膳理事会理事副主任医师李智和高级营养配餐师于仁文组成饮食拍档，已成为这档节目不断提高收视率和巩固观众群的重要因素。这一节目的成功取决于节目品质的提升和对节目伴随性、日常化特点的准确定位。

三、打造品牌特色，建立互动平台

湖北卫视作为传统电视媒体，依然采用“内容＋广告”的营利模式，要想获取较好的收入，必然与其内容的影响力息息相关。开播之初的《饮食养生汇》定位及制作方向尚不明确，在主持人刘仪伟的影响下，更像是一档饮食节目，所以早期的广告冠名为“鲁花花生油”。随着节目的不断探索和创新，以及对疾病、药理的专业解析，节目方向更加明确，已吸引了“慢严舒宁”“养生堂”的冠名，再到后来的“可口可乐”“御芝林”的加入，反映出节目的逐渐成熟和内容影响力的日渐增强。同时，这表明了节目自身对观众的意义也在发生着变化，以点点滴滴的渗透性表达和不断创新、改进来保证收视率的平稳上升。

将“养生这点事”与“开饭了”两个环节交相呼应，贯通饮食与养生的密切联系是节目独有的特性，每一个环节都不可被忽视、被弱化。每期的讨论主题与开饭菜谱相呼应，特别是有利于改善该疾病或助于预防该疾病的菜谱显得特别重要。这也是节目之所以独特、区别于他者的标志性所在。

由于节目的播出时间不在黄金档，所吸引的观众群有限，所以在稳定这一时段观众群的同时，通过台网联合，实现多平台、多渠道互动播出也是节目获得品牌影响力的重要筹码。从 2015 年至今我们可以看到除了湖北卫视外，有多家网络平台（央视网、爱奇艺、PPTV、乐视网、风行网、凤凰网）都在播出，并且运用微博话题互动、养生笔记、微信公众号等形式，多途径对观众进行渗透性表达。

当然，节目本身在很多方面还没有达到“精致”的水准，仍然存在着不足，但同时也有着较大的提升空间，比如在加大宣传力度、调动观众参与感、突破演播室录制节目的局限等方面还可以进一步努力。

四、承担社会责任，传播健康文化

电视终端作为客厅文化的重要组成部分，电视健康养生类节目作为健康中国、幸福中国的参与者，承担着重要的社会责任，决不能有半点水分。关系国计民生、百姓安康，湖北卫视《饮食养生汇》邀请专业性、权威性的专家学者给电视机前的观众答疑解惑正是电视节目担当社会责任的表现。

随着新媒体影响力的日益强大，在电视节目制作模式上肯定会有新的突破和变化，健康话题不少，节目类型就会多样。在今后的健康类节目中，电视作为传播主体，要以百姓健康为己任，充实健康传播内容，向观众传播健康理念、健康文化，提高人们的人口意识和生活质量。尊重科学、尊重生命，实现健康文化的良性传播，是电视健康类节目对人们的意义所在。

（作者魏尚志系中国传媒大学传媒艺术与文化研究中心 2014 级硕士研究生）

以人为本的传统栏目生存之道

——《人口》栏目个案分析

王　茹

《人口》由国家人口和计划生育委员会与中央电视台合办、中国人口宣传教育中心承办，是中央电视台目前唯一一档揭示生命奥秘，传递生命科学，探寻中国人口与经济、人口与社会协调发展的专题栏目。它于 1988 年创办，至今已播出了 28 年，见证了中国电视行业的发展变迁，同时自身也历经了几次改革和调整。今天的《人口》栏目，以改善人民生活质量、提高人口素质、促进人口与社会和谐健康发展为主题，秉承着传播人口知识、弘扬人口文化、倡导人文关怀的核心理念，无论是从内容、形态上还是功能上都紧扣时代特点，不断地创新发展，以保持自身的生命力和社会影响力。

一、内容上，追求科学知识、传统文化与人生哲学的统一

《人口》在内容选题上涵盖各个阶层各个行业，在讲述百姓故事的过程中，潜移默化地传播人口理念及相关的健康科学知识，以引人入胜的故事情节和感人至深的人物命运带动观众对人口问题进行深层思考。节目选题涵盖了个体生命从起源到终点——婴幼儿期、青春期、新婚期、孕产期、中年期和老年期——各个阶段的科学知识。栏目在内容和选题上紧紧围绕生命、梦想、关爱这几个关键词，深入基层，扎根生活，观照普通大众，关注边缘地区，着重挖掘一些表面现象背后的故事。下表为 2015 年《人口》栏目节目单(截至 2015 年 12 月 31 日)。

2015 年《人口》栏目节目单

播出时间	分集名称	播出时间	分集名称
20150106	《解不开的乡情》	20150714	《急诊室的 80 后》
20150113	《刻刀上的梦想》	20150721	《美味有毒》
20150120	《改变命运的琴弦》	20150728	《足尖撑起的梦想》
20150127	《追梦的男孩》	20150804	《大山里的 90 后》
20150203	《儿童流感就诊调查》	20150811	《生死细菌战》
20150210	《乎尔卡加村的女儿》	20150818	《拒绝烟草 从我做起》
20150217	《草原的天使》	20150825	《社区里的守门人》
20150224	《黄土地的眷恋》	20150901	《游走在生与死之间的人》
20150303	《大山里的守望者》	20150908	《急诊室里的急诊人》
20150310	《血袋上的生命》	20150915	《为了“熊猫血”》
20150317	《家庭保卫战》	20150922	《爱的托付》
20150324	《爱的守护》	20150929	《托起新生命》
20150331	《希望在前方》	20151006	《离奇的腹痛》
20150407	《最好的未来》	20151013	《急诊科的 80 后:南丁格尔的誓言》
20150414	《车轮上的真情》	20151020	《山海之间的健康保卫战》
20150428	《爱与他同行》	20151027	《母亲该如何抉择》
20150512	《无法割舍的爱》	20151103	《“北漂”中医叶财德》
20150514	《一生的朋友》	20151110	《爱心“补”手》
20150519	《永不停歇的脚步》	20151117	《熊猫大侠》
20150526	《离不开的故乡深情》	20151124	《背奶妈妈》
20150601	《口罩天使》	20151201	《虎子的“艾”情日记》
20150609	《宝贝,你听到了吗》	20151208	《再见,植物人》
20150616	《保护我们的孩子》	20151215	《海岛健康守卫者》
20150623	《戒烟风暴》	20151222	《离奇的幻觉》
20150630	《谁在控制我》	20151229	《不老的传说》
20150707	《打开孩子的心灵之窗》		

纵观 2015 年《人口》栏目每一期的内容选题可以看出,首先,它关注的是生活中具有代表性的普通群体,通过他们真实的故事和专家的介绍传递科学知识,普及健康理念。比如《背奶妈妈》一期着重关注了那些利用工作间隙存储母乳,晚上背回家给宝宝当第二天口粮的职业女性;《急诊科里急诊人》以一名医生在商场抢救一名晕倒的老人为切入点,讲述在意外情况下怎样有效地挽救生命,向大众传播健

康理念，旨在提高人口的生存质量；《儿童流感就诊调查》深入医院急诊，反映儿童流感急诊室就诊的一系列问题，展现急诊医生那些不为人知的辛酸与责任。其次，讲述了一些投身自己喜爱的行业、默默奉献的人物，展现他们不畏困难、自强不息、追求梦想的精神，透过他们的故事弘扬优秀的人口文化，传递出一种人生态度。比如《刻刀上的梦想》讲述了一位女性克服传统思想，传承家族雕刻工艺，并把她积极善良的人生态度传递给自己的子孙的故事；《解不开的乡情》中，一名女大学生毕业后几经辗转、排除万难，最终决定留在小山村里奉献自己帮助别人。现实生活中那些看似平凡实则伟大的人物，在《人口》栏目中受到了深度的关注，栏目始终围绕"人"这个核心，阐述和爱或梦想有关的故事。从内容层面看，《人口》栏目注重以情感人，以情感为线带动观众。选题的代表性和现实性也决定了栏目深刻的人文关怀和科学的节目起点，《人口》栏目的独特价值就在于它无论从哪个视角切入，都力求科学知识、传统文化与人生哲学的统一。

二、形态上，采用"谜"和"解谜"的方式进行有效传播

《人口》栏目在形态上有一个清晰的变化过程，从开始的政策宣传到科普知识专题片，再到故事讲述，即早期的《人口》栏目强调政策的普及，主要介绍计划生育的相关政策、全国计生系统的重要信息、基层先进典型，以及计划生育、生殖健康科普知识，后来发展为科普展示、以解说为主的专题讲述，最终选择了以故事化讲述作为主要形态。

美国著名记者富兰克林对新闻"故事化"的解释是："采用对话、描写、场景设置等，细致入微地展现事件中的情节和细节，凸现事件中隐含的能够让人产生兴奋感，富有戏剧性的故事。"在电视传播中，将事实"故事化"、将故事"情节化"、将情节"戏剧化"、将结构"悬念化"等手法已被广泛采用，以此激发人们的收视兴趣，使观众在接收信息的同时产生情感共鸣。这种故事化的具体实现方式就是"谜"与"解谜"的结构模式。每一期节目都根据内容设置一个或几个悬念，故事编排跌宕起伏、扣人心弦，讲求情节曲折多变、前后呼应，既出人意料，又在情理之中；故事的推进张弛有度，层层剖析，揭示真相。这种讲故事的模式会使观众被曲折的情节紧紧吸引，关注人物的命运和结果，使栏目的观赏性和趣味性大大提高。除此之外，《人口》栏目还通过使用同期声和内心独白的方式，穿插介绍知

识点;注重故事的节奏和音乐的配合,用细腻的手法充分调动起观众的情感。

《人口》栏目的内涵本质意义即为"人的本体"和"人的聚集体",而其外延意义则包含了人的生命全周期、人和家庭社会、人和环境资源以及人群的分布、流动、比例、结构等的总和。栏目还有个功能性很强的符号,即在每集节目的片尾处,以黑底字幕的方式,将本期节目的政策背景或医学知识展示出来,以区区数十字起到帮助观众对有效信息加深印象的作用,同时达到为不同风格的节目进行统一片尾包装的功效。《人口》栏目的形态顺应了时代发展和电视传播规律,这种科普类的栏目进行故事化的包装后,极其有利于栏目信息点的有效传播,使受众更容易接受这个栏目所传达的知识、精神和内涵。

三、功能上,肩负着传达国家使命和公共服务的双重任务

《人口》栏目担负着宣传国家的人口政策,普及与生命、健康相关的科学知识的责任。协调政策宣传、知识普及与信息传播三种功能,实现国家使命与公共服务功能的统一,是《人口》栏目的重要任务。一方面,《人口》栏目承担着国家使命,这使得栏目自身必须紧跟政策变化,传达最新的人口知识和理念,致力于提高人口素质。另一方面,这个栏目具有公共服务功能,从它的选题内容上便能发现它关注的是不同层次人群的需求,特别是一些相对弱势的群体。它为社会各种声音提供了一个表达和交流的平台,通过一些老少咸宜的节目内容引起群体的共鸣。这种双重功能使《人口》栏目在定位上不同于其他以追求商业利益为目的的栏目/节目,它不以追求经济利益为目标,而是在一个宏大的背景下肩负着更加重要的社会使命,更加注重以传播知识为主,所以《人口》栏目在内容上更加保守稳重,更加具有教育意义和净化功能。

综上所述,《人口》栏目发展到今天,无论是从内容本身的人文性,还是形态传播的技巧上,都有许多值得肯定和借鉴的地方,但同时它也面临着新的挑战。首先,网络等新兴媒体对传统媒体的冲击日益严重,电视栏目本身也随之受到威胁,栏目自身需要新的平台来实现更好的传播;为了更好地满足受众,栏目也应该加入一些新的元素,适当进行内容的调整。其次,电视自诞生以来就被赋予了娱乐性。在娱乐化节目、真人秀的冲击下,《人口》栏目保守的形态受到了一定的限制,这类节目的生存环境今后将更加艰难。最后,《人口》栏目由于受到频道、时段、时长等

因素的影响，很难形成较高的节目影响力和收视率。所以，《人口》栏目需要在当前的大环境下，适应社会和市场的需求，在传播理念和机制上不断创新，才能得以生存和发展，保持长久的生命力。

（作者王茹系中国传媒大学传媒艺术与文化研究中心2014级硕士研究生）

学界观点

风险社会与风险议题的沟通智慧

刘 涛

德国社会学家乌尔里希·贝克(Ulrich Beck)在《风险社会》中拣取了一个惊心动魄的意象——“生活在文明的火山上”,以此开始了他对风险社会的反思与批判。“风险”并不是现代性的发明,但“风险社会”却是一个十足的现代性概念。在贝克那里,风险被界定为“系统地处理现代化自身引致的危险和不安全感的方式”。① 安东尼·吉登斯(Anthony Giddens)给出了类似的解释,“风险指的是在与将来可能性关系中被评价的危险程度”。② 风险的诞生具有明确的现代性起因,即“与文明进程和不断发展的现代化密切相连”。③ 在前现代社会,人们在自然面前保持了极大的敬畏和服从,自然灾害被认为是众神愤怒的结果,人们把它当作是合理的存在物。进入工业社会,人们尝试借助技术的途径来支配自然和改变传统,核战争、流行病、环境污染、气候变化、生物变异等风险形态被源源不断地生产出来。风险构成了风险社会的基本认知范畴,而风险的“在场”暗示了我们已经进入一个与过去断然决裂的新的社会形态。④ 因此,“风险概念是个指明自然终结和传统终结的概念。或者换句话说,在自然和传统失去它们的无限效力并依赖于人的决定的地方,才谈得上风险”。⑤ 现代工业社会制造了难以计量的风险形态,我们已经不可阻挡地进入一个需要不断对风险进行甄别、反思与交往的物质实践中。概括来说,贝克所强调的风险社会,意为一种全球性的、结构性的、系统性的危机四伏的现代

① 〔德〕乌尔里希·贝克:《风险社会》,何博闻译,译林出版社 2004 年版,第 19 页。

② 〔英〕安东尼·吉登斯:《失控的世界:风险社会的肇始》,载薛晓源、周战超主编:《全球化与风险社会》,社会科学文献出版社 2005 年版,第 47—48 页。

③ 〔德〕乌尔里希·贝克、威尔姆斯:《自由与资本主义》,路国林译,浙江人民出版社 2001 年版,第 3 页。

④ 刘涛:《环境传播:话语、修辞与政治》,北京大学出版社 2012 年版,第 3 页。

⑤ 〔德〕乌尔里希·贝克、威尔姆斯:《自由与资本主义》,路国林译,浙江人民出版社 2001 年版,第 119 页。

社会形态。

风险的核心基质是不确定性(uncertainty),不确定性是一种典型的风险话语。今天,不确定性已经构成了风险文化的主要特征,"它们引致系统的、常常是不可逆的伤害,而且这些伤害一般是不可见的"。[1] 谁掌握了对风险界定、描述和解释的权力,谁便拥有了风险社会独一无二的社会地位与政治权力。在环境传播、科学传播、健康传播、风险传播等研究领域,不确定性是一个居于中心位置的研究话题。不确定性已经铺设了一个绝对的"问题语境",甚至构成了现实本身。人们尝试运用技术来改造世界、驾驭世界,最后却绝望地发现,技术正以其独立的"物的语法"制造着许多不确定性,并在不确定性维度上改写日常生活的秩序与逻辑。雾霾因何而起?转基因是否安全?股市是否稳定?PX工程是否会发生泄露?究竟是医疗事故还是耦合事件?政府的承诺是否会如约而至?公共空间的安全问题是否有所保障?公共危机面前应该相信媒体、官方还是专家?等等,所有这些不确定的问题,将我们带入了约翰·加尔布雷思(John K. Galbraith)直接命名的"不确定的时代"(the age of uncertainty)。在以不确定性为特征的风险面前,加尔布雷思认为人们不得不在"生命与死亡间生存",[2]以此强调不确定性对日常生活的结构性影响和重构。

面对由不确定性主导的风险文化与风险社会,一系列风险议题进入我们时代的公共视野,并且深刻地影响着公众的日常生活和交往实践。如何回应风险语境下的风险议题,这无疑涉及风险传播领域中非常重要的风险沟通命题。所谓风险沟通,主要指基于风险议题与风险话语的信息传播与交往实践,其目的主要是通过对风险本身的科学表述促进各方的积极对话与理解,从而促进社会的健康与安全。风险沟通不是狭义上逐渐被污名化的"公关",而是立足于问题本身,建立一套可以对话的话语体系和沟通体系,进而实现风险话语的有效传播。对话并不是生硬地劝服与劝说,而是寻找到一套可以普遍共享的话语框架。由于风险话语的最大特点是不确定性,因此人们面对风险议题的普遍心理是怀疑和恐慌。如何消除人们的忧虑和不安,这不仅需要专业的知识形态,而且也对沟通智慧提出了更大的挑战。而在长期的风险沟通实践中,一系列相对比较成熟的沟通模式也逐渐形成,具体包括社会参与式沟通、滴灌服务式沟通、同伴传达式沟通、家庭反哺式沟通、社区

---

① 〔德〕乌尔里希·贝克:《风险社会》,何博闻译,译林出版社2004年版,第20页。
② 〔美〕约翰·肯尼斯·加尔布雷思:《不确定的时代》,刘颖、胡莹译,江苏人民出版社2009年版,第280页。

戏剧式沟通、明星示范式沟通、第三方介入式沟通。接下来我们对这七种风险沟通模式分别予以介绍。

一、社会参与式沟通

所谓社会参与式沟通，强调普通个体和社会成员对于公共决策的参与和介入，也就是将风险议题置于一个多方对话的平台上进行讨论，以确保各方的知情权、参与权和话语权。面对各地的 PX 项目、核电项目、化工厂项目、变电站项目、垃圾焚烧项目，以及围绕环保问题、征地纠纷等引发的社会抗争，最后之所以演化为一系列群体性事件，究其根本是因为在决策推进过程中缺少必要的社会参与和公共对话，最终酿成了巨大的社会暴力。

进一步审视风险抗争的社会心理，许多风险危机的根源是信任危机。PX 究竟是什么？其化学毒性如何？对人体会产生什么影响？所有这些问题已经远远超越了公众的经验认知范畴。在公众的社会抗争观念中，表面上是对化学物质安全性的不信任，实际上是对政府监管能力的不信任。不信任产生的根源在于整个决策过程并没有体现出足够的开放性，公众本能地认为其中可能暗含着官商之间的某种内幕，这其实是当前社会转型时期底层公众的一种普遍心理。换言之，决策过程越是不透明，就越会引发社会的质疑，公众越会想象并放大其中的风险与危害，进而采取较为激烈的抗争行为。因此，在公共危机事件面前，政府需要创设一个"对话场"，促使社会成员和利益相关群体积极介入，以增进彼此之间的理解和信任。

一般情况下，就某些项目实施而言，尽管科学上无法证明其有害，但并不意味着公众必然会拥护和支持。"兵马未动，粮草先行"，这是新项目推进过程中的基本风险沟通思路。许多可能引发社会争议的项目在实施之前，都需要提前在舆论上进行预热，以引发公众的关注和讨论，从而为项目的顺利推进建立信任基础。比如，碳捕集与封存技术（CCS 项目）正在作为一个新的符号概念进入公众的视野。所谓碳捕集与存技术，是指将大型发电厂所产生的二氧化碳收集起来，并用各种方法储存以避免其排放到大气中的一种技术。这种技术被认为是未来大规模减少温室气体排放、减缓全球变暖最经济、可行的方法。最常见的封存方法包括两种，分别是地质封存（geological storage）和海洋封存（ocean storage）两类，也就是将二氧化碳压缩成超临界状态（气态及液态的混合体），将其注入地质结构中，或者将其输到深海海底进行封存。对于这一崭新的话题，尽管科学论证项目比较安全，但在具体的实施过程中，是否会遭到公众的反抗，是一个需要认真审视的命题。作为项目推进和实施的主体——华润集团，在项目开展和实施之初，就对广东汕尾当地民众的环境认知状况进行了调查，[①]并在此基础上开展了有针对性的沟通。先后组织多场开放式的专家论证会，围绕项目的安全性进行论证。所有过程对外开放，保证公众充分的参与度，这对于消除公众的疑虑无疑具有积极的意义。项目启动两年多来，没有遭遇群体性的社会抗争。可以说，畅通的参与渠道、科学的知识呈现和完整的沟通诚意是社会参与式沟通的重要内涵。

二、滴灌服务式沟通

在许多风险议题面前，除了媒介、专家、第三方声音的在场外，还有一个非常重要的沟通主体——领导干部。如果领导干部能够放下架子，走进田野，走进基层，与普通百姓面对面沟通，无疑是一种非常有效的沟通方式。所谓滴灌服务式沟通，强调领导干部能够身先士卒，走在风险沟通的最前线，与当地群众一对一、面对面地沟通，这样做既有助于了解基层的真实情况，也是一种赢得民心的政治举动。在一些国家项目的推进过程中，不可避免地面临若干“顽固分子”的抗争和拒绝，很多时候需要领导干部尤其是政府“一把手”放下姿态，亲自“出面”，一对一做思想工作，这样才能获得普通公众的理解和支持，因此多能达到较好的对话效果。

之所以提到滴灌服务式沟通，与中国社会根深蒂固的文化心理息息相关。在中国人的认知观念中，政府并不是铁板一块的，而是存在明显的分层结构，政府的公信力也呈现出明显的层级化特征。一般而言，政府行政级别越高，老百姓的信任度越高，即基层政府、市级政府、省级政府、中央政府的公信力逐级上升。因此，所谓的信任危机，往往体现为对基层政府的不信任，而对上一级政府的信任度往往保持在一个较高的水平。可以说，这是中国人普遍的一种文化心理。遇到难以应对的维权问题，老百姓之所以会上访，本质上也是因为对上一级政府的信任度高于对下一级政府的信任度。滴灌服务式沟通将领导干部推向了一个比较重要的沟通主体位置，强调领导干部要以身作则，主动深入一线，深入基层，跟群众一一沟通，一

---

① 广东 CCS 项目网络调查问卷，见 http://news.southcn.com/zhuanti/ccus/node_299431.htm。

一动员，在一个较高的信任度水平上开展风险沟通。

中央电视台《面对面》曾专访海南省乐东县县委书记林北川如何采用滴灌服务式沟通方式促进官民之间的对话和理解。2012 年 6 月，55 岁的林北川被调任海南省乐东县县委书记。此时的乐东县已经深陷发展泥潭：群体性事件持续不断、基层党组织软弱涣散、干群关系疏远紧张、多项工作停滞不前、经济指标全面下滑。当年 4 月，准备落户乐东的国电西南部电厂"会危害当地居民生存环境"的谣言还没有彻底平息，当地群众的不满情绪还没有消退。林北川上任后的第一项任务不是到县委办公室报到，而是直接赶到离县城 50 公里的电厂群体性事件的现场，自己乘坐当地三轮车到村里转了几天，在掌握了第一手基本情况后，连续开了几个座谈会，说服大家统一思想，促成了问题的解决。"县委书记能放下架子等老百姓，我就知道他是真心为农民办事。"虽已记不清林北川和镇里干部去过几次他家，但冯铭清楚地记得自己让他们在家等了三次。"千难万难，赢得民心就不难"。风险沟通的关键在于达到沟通双方同时满意的目标，达不到这个目标的大部分原因是由于群众对上级的不信任、不配合，所以"赢得民心"才是最重要的一环。干部用行动示范群众，以表率润泽人心，用党风政风引领民风，干群合力创造了乐东速度、乐东奇迹，营造了风清气正的政治生态和发展环境。① 可见，在工作推进过程中，必然会面临许多棘手的阻力，在这种情况下领导干部的滴灌服务式沟通无疑扮演着非常重要的角色。

三、同伴传达式沟通

传统的沟通方式一般是说教式的沟通，即自上而下的沟通。这难免使沟通双方中处于"下级"的一方产生抵触心理，无法达到较好的沟通效果。所谓同伴传达式沟通则是一种平行的传播方式，强调沟通双方具有相似或相同生活、学习或工作背景。它利用同伴之间特有的影响力，通过互相交流来分享知识和观念，在双方之间传递健康向上的思想。在同伴传达式沟通中，信息的传达人与被传达人是相同的伙伴而非上下级关系，也正因为这种了解和信赖，他们的意见和观点更有说服力，更容易被彼此接受。

---

① 操戈、邓卫哲：《林北川的执政心经：赢得民心万事不难》，《农民日报》2015 年 10 月 9 日。

行为科学认为，如果两个人拥有共同或者相似的经历，面临共同或者相似的问题，在这种情况下，往往更容易互相影响、互相接受甚至改变彼此。“同伴教育”就是典型的同伴传达式沟通。根据德国学者瓦格纳(Wagner)的考证，关于“同伴教育”研究的源头可以追溯到古希腊教育家亚里士多德。18 世纪初由伦敦兰卡斯特(Lancaster)创立的“班长制度”可以说是“同伴教育”应用的一种典型范式：先是由教师教授班长，再由班长教授其他同学。同样的逻辑，如果教师要向学生传达某件事情，直接面对面传达往往会产生许多尴尬或抵触，此时则首先向班长进行传达，再由班长向其他学生传达，这样很容易让学生产生信任，从而产生较好的沟通效果。之后，“同伴教育”开始流行于英美国家，在艾滋病教育、生殖健康教育、酗酒、自杀、吸毒等方面得到广泛运用，其中多数成果集中于艾滋病宣传教育和青少年生殖健康教育等领域。进入 21 世纪后，非正规教育理念兴起，许多国家的非政府组织开始将这种教育沟通方式，广泛应用于艾滋病预防、药物滥用预防、性教育及其他健康教育领域。

2016 年，中央电视台的《新闻调查》播出《同伴教育》节目，对同伴教育这一特殊的风险沟通方式进行了系统的探讨，将其在艾滋病干预领域的现状和经验推向了全国。在我国的艾滋病同伴沟通教育实践中，同伴教育已经成为一种比较普遍的风险沟通方式。山西省各高校成立了专门的社团，一起组建了“关注艾滋病，共筑关艾长城”社团联盟，并得到了两次山西省卫生厅全球基金艾滋病项目、一次中国疾控中心全球基金项目等经费支持，为山西省大学生预防艾滋病同伴教育创造了最重要的条件和基础。山西省各高校邀请山西省疾病预防控制中心等相关单位的专家，为大学生艾滋病教育培养了数名同伴教育志愿者，之后对大学生同伴进行的辐射式自主教育工作，就主要由这些经过培训的同伴教育志愿者骨干负责。他们用契合大学生特点、大学生容易接受的方式普及预防艾滋病的专业知识，然后同学之间又一传十、十传百，辐射式的沟通由此展开。这种方式得到了很多大学生的参与和好评，达到了预期效果。同时，辐射式的沟通机制更有助于群体传播的效果。目前各校大学生艾滋病同伴教育志愿者已达数百人，受影响的在校大学生达十余万人。

四、家庭反哺式沟通

家庭反哺式沟通是一种典型的自下而上的沟通方式，强调年轻一代把自己所获的信息、所持的观念以及价值规范传递给年老的一代，这是一种反转的教育关系，是自下而上的教化。这种沟通模式也被称为"后喻文化"，国内有学者将该现象称为"文化反哺"现象。之所以提出家庭反哺式沟通，主要基于文化和伦理两个维度的考虑：第一，就文化维度而言，在社会变迁过程中，年轻一代的观念更加开放，知识获取能力更强，因而在观念和知识获取上明显优于年老一代，这使他们向父辈或祖辈传递知识成为可能；第二，就伦理维度而言，如今家庭的伦理结构和权力关系已经发生了明显的变化，新成长起来的一代在家庭结构中的地位日益凸显，而且在伦理意义上父辈或祖辈更容易相信并听取子女的想法和观点，这为家庭反哺式沟通提供了极大的情感支持。

早在20世纪60年代，美国人类学家玛格丽特·米德(Margaret Mead)就指出，在巨大的社会变迁推动下，新的代际传承模式必然出现，原先处于被教化者地位的晚辈能够"反客为主"，充当教化者的角色。"反哺"一词最早来自《初学记·鸟赋》"雏既壮而能飞兮，乃衔食而反哺"一句中。中国古代儿童启蒙书目《增广贤文》中也有"鸦有反哺之义，羊有跪乳之恩"的说法。现在，逐渐有人把"反哺"这个词应用到人际当中，如文化反哺、教育反哺。在一个家庭结构内部，这种反哺实践更容易推进，不仅源于子女在新知识背景下有更高的接受能力，同时也源于父母对子女不可替代的爱与信任。甚至可以说，在一些重要的社会议题面前，许多家庭不能不考虑子女的意愿和选择。因此，在政府的公共决策体系中，如果一些项目在科学上是安全的，是值得推广的，但又遭到父母的反抗与阻挠，那就可以在子女那里做文章，借助科学的、理性的途径对子女进行教育，然后再促使子女对父母开展劝服和教育，这样往往能达到较好的传播效果。

如今，家庭反哺式沟通已经成为一种普遍的风险沟通智慧。在PX项目、变电站项目、核电站项目、生态保护项目的推进过程中，政府的沟通主体已经从家长延伸到学校，将学生作为一个有效的传播对象，希望以子女为中介，最终达到劝说其父母的沟通目的。20世纪90年代末，环保公益组织"野性中国"发起人奚志龙为了保护滇金丝猴及其赖以栖息的原始森林，多年来奔走各地，与政府、村民进行沟通，强调保护滇金丝猴的重要性。然而，当地村民出于经济利益的考虑，在森林保护上总是显得非常消极，甚至在利益的驱动下有意破坏原始森林。为此，奚志龙拍摄了许多有关滇金丝猴的美丽照片和视频，每年开学都会走进校园，向中小学生展示这些照片和视频，同时配合这些视觉材料讲解环境保护的重要意义。孩子们被这些照片深深地被打动了，他们回家主动跟父母沟通，劝说父母在环保问题上多一些担当，最终起到了很好的传播效果。

家庭反哺式沟通在环保与健康议题上扮演着极为重要的传播角色，而且成为环境传播、风险传播、健康传播中广泛应用的一种沟通策略，尤其有助于公共价值的生成与传播。2016 年 3 月，广东省茂名市为积极配合开展小东江流域水环境整治工作，提高市民环境保护意识，组织该市环保志愿者协会多名环保志愿者，到小东江流域附近的茂南区新坡镇汝嘉小学开展环保知识宣传和专题讲座活动。志愿者们设计了一些环保小试验、环保专题小视频、互动提问等生动有趣的环节，让学生更直接、更通俗易懂地学习环保知识。当学生对环保有了深刻的体悟和理解后，他们回到家中会将这些知识带给自己的家长，从而实现全民环保意识的提升。在孩子的启发和监督下，家长会以身作则保护环境，配合相关的环境整治工作，从而极大地推动了政府一系列环保工程的推进和实施。据了解，今后该市环保志愿者还将继续到各中小学校开展相关的环保知识宣传活动，加强青少年对环保知识的学习和了解，通过学生对家长进行家庭反哺式沟通，引导全社会自觉把环保变成自身的行为习惯。

五、社区戏剧式沟通

社区是当代城市生活中最基本的构成单元和物质场所，也是一个极具认同感和归属感的城市共同体。同时，在城市治理中，社区同样是一个比较稳定的交往空间，许多治理实践往往是以社区为单位或中心推进的。在风险沟通实践中，社区也是一个极为重要的空间单元。基于社区这一地缘空间和公共生活的特殊性，如何有针对性地开展风险沟通，是风险传播需要迫切回应和思考的命题。

在城市传播和风险沟通实践中，社区戏剧式沟通逐渐成为一种备受关注的沟通智慧，且这一沟通实践在国外相对比较普遍。所谓社区戏剧式沟通，就是在特定的活动议题下，在社区中通过戏剧、小品等文艺形式与社区居民进行互动和沟通，以此将特定的价值观念融到具体的艺术实践中，从而达到较好的价值渗透与社会动员效果。在环保、新技术推广等风险认知和价值传递的实践中，社区戏剧式沟通具有非常独特的传播优势。就具体的传播观念而言，社区戏剧式沟通延续了认知心理学的建构主义观念，强调在一定的情境中进行学习，也就是通过编排一定的环保故事、新技术故事、风险认知故事的方式，将居民置于一个特定的故事情景和问题语境中，使其身临其境地感受并理解其中的价值观念。按照建构主义观念，知识传递的前提是创设特定的接受情境，在这一特定的接受情境影响、塑造或改变人们的社会认知。社区戏剧式沟通的基本原理就是强调“在情境中学”的认知理念和传播理念。在具体的活动策划与动员方式上，社区戏剧式沟通一般将社区居民视为戏剧演出的构成主体，与社区居民打磨剧本，积极对话，从而共同呈现出一幕精彩的戏剧表演。正是在戏剧表演中，社区居民潜移默化地理解并认同戏剧中暗含的特定的价值观念。类似于角色扮演教学法，社区戏剧式沟通强调寓教于乐，通过设置一定的问题语境，身临其境地感受并理解其中的价值观念。

在社区群体中，社区戏剧式的方法可操作性强。越来越多的社区服务中心的设立，为社区戏剧式教育提供了有利条件，包括场地、设施等。社区戏剧式沟通是一项参与性的活动，可以充分调动社区居民参与的积极性。在社区戏剧式沟通实践中，最常见的沟通过程就是制作情景剧、心理剧等戏剧，在制作过程中不仅强调游戏环节的设计要能带动更大的参与度，同时也强调社区居民对表演的直接参与，让他们成为戏剧表达中的一个主体元素。社区戏剧式沟通具有高度的灵活性，形式和内容也丰富多样。针对不同人群和不同议题，可以使用不同的戏剧方式，如心理剧、小品、情景剧、独白法、角色转换等，从而最大限度地强化社区居民的主体意识和参与意识，在具体的情境中达到寓教于乐、潜移默化的信息接收与认知功能。

江南大学 2005 级护理本科生组成的志愿者团队曾在某社区开展以老年高血压健康教育为主题的系列活动。他们设计了情景剧《祁大妈家的一天》，通过这样一种社区戏剧的形式，将疾病的预防、不良生活习惯的危害、锻炼身体的方法等知识贯穿其中，达到在社区老年人中普及健康教育的效果。例如剧中“大妈做菜”的情节，就是针对高血压病人不良的饮食习惯而设计的。志愿者希望通过此，让高血压病人明白控制钠盐摄入量和选择高膳食纤维食物的重要性。而剧中所使用的食物图片和道具，有助于居民对健康知识的理解和记忆。除此之外，活动中所设置的互动环节，不仅活跃了活动氛围，而且形成了一套良好的反馈机制，有助于志愿者了解居民对知识的掌握程度。总体而言，组织情景剧这一活动方式采用了寓教于乐的方法，达到了良好的活动效果。可见，社区戏剧式沟通为社区居民提供了一个有效沟通学习的环境。它不仅贴近群众真实的日常生活场景，而且创造了良好的沟通氛围，避免了被动、单调的沟通方式带来的反感情绪，使沟通双方能够直接、具体地接受和反馈信息。在整个过程中,社区居民既收获了知识,又享受到了活动的乐趣,可见社区戏剧式沟通不失为一种"享受快乐"的教育。

六、明星示范式沟通

在一个社会的信任构成系统中,粉丝文化是一种强大而牢固的认同机制。粉丝文化是一种典型的文化消费现象,指个体对自己崇拜或追捧的对象进行的一系列情感投入或资本投入的消费行为与现象。在粉丝文化中,居于中心地位的是明星。在粉丝文化观念中,粉丝往往容易信任明星的言论,模仿明星的行为。他们吸引了众多目光的关注和拥护,流淌在其中的是一种基于情感认同的信任。在一些风险议题面前,诸如塑造环保的生活方式,推行先进的工业技术,传递正面的价值观念,如果能够很好地利用明星资源,由明星现身说法或身体力行,往往能够潜移默化地影响其粉丝群体,进而达到良好的风险沟通目的。所谓明星示范式沟通,强调在风险议题面前利用明星来影响粉丝群体的价值观念和行为方式,从而达到较好的社会动员与风险传播目的。

其实,广义上来说一切公众人物都是明星,其中也包括那些有影响力的意见领袖和网络大 V。基于对公众人物的关注和形象认可,人们能更自然地接收公众人物所传递的信息,并更容易接受其观点。这种沟通模式如同宣传策略中的光辉泛化法、转移法、证词法与平民百姓法,或将某一事物和褒义性的字眼联系在一起,或将某种令人敬畏的情感、权威、声望等转移于该事物之上,使其更容易被人们赞同、接受甚至无意识认同。

在明星示范沟通中,领袖代言人的沟通效果取决于代言人本身的可信度,而可信度又源于其专业性、可靠性、关联性和吸引力。专业性是由知识水平、训练程度、经验体系的高低与多寡决定的;可靠性是指信息接受者所认为的某一信源的客观与公正程度;关联性主要强调明星的代言信息与公众个体趣味之间的相似程度;吸引力主要是明星的个人魅力以及在粉丝那里获得信任的能力。上述四个因素并不需要同时作用在同一领袖代言人身上。一般而言,专家型代言人的说服力来自于其"专业性"和"可靠性";影视、体育明星代言人的可信度则主要源于其外表上的"吸引力";典型消费者代言人则因与沟通对象之间的"相似性"而具有了较强的可信度。例如,在某些突发事件后,面对可能的社会恐慌与焦虑,微博大 V 总能在一定程度上引导人们的认知，从而保证网络舆论的理性与安全。

如今，在一些公益主题的宣传活动中，政府和企业多倾向于让明星担任代言人，利用明星的社会公信力与美誉度来影响并引导一个时代的价值观念。比如，成龙担任联合国规划署国际亲民大使，姚明担任联合国环保署环保大使，濮存昕担任国家预防艾滋病宣传员，王宝强担任预防农民工艾滋病项目形象大使，章子怡担任援藏大使，梁咏琪担任联合国儿童健康大使等。面对弥散在我们时代周围的一切风险与危机，正是因为明星的在场与介入，他们最终利用自己的社会影响力促进了社会的健康与安全。

七、第三方介入式沟通

第三方介入式沟通，是目前调查处理风险问题时的一种特殊的沟通模式。类似于第三方调查，①当单方面发布的调查结果无法获得社会公众信服时，独立于利益相关者之外的第三方组织或个人往往成为公正与权威的化身。一般来说，第三方调查成员包括非利益相关的政府部门、专家、网民代表和媒体等。

风险社会的最大特征就是存在许多不确定性，如何对风险进行科学的量级和表述，尤其是能够抛开复杂的利益关系而理出风险与健康之间的因果推论，这无疑对信息发布主体的公共角色和中立身份提出了苛刻的要求。在一些特别的公共危机面前，由于政府公信力普遍较低，处于情绪高潮状态的公众往往难以接受政府发布的信息，即便是权威部门的权威发布，有时候也会遭遇公众的质疑和拒绝。在此情况下，一些独立的、中立的组织（如 NGO 组织、科研机构）发布的数据或调查往往具有较高的公信力。因此，食品是否健康、土壤是否被污染、项目是否安全，这些问题的“话语权”应该同时交由第三方组织，由其独立的调查和研究来说话，从而避免单边声音的“信息污染”，保证信息本身的公信力。

在一些公共危机事件面前，政府的声音往往遭遇到巨大的抗争，而这种抗争大多来自于网民。网络提供了一个相对透明的对话空间，各种声音在这里碰撞，一切都处于公共目光的关注之中。利用网络这一空间的特殊性，允许第三方非利益相关者参与调查，实时在线上直播调查过程和调查数据，这无疑是一种非常有效的沟

---

① 陈璟彦：《第三方调查：网络时代舆论的政治监督》，人民网，2010 年 12 月 14 日。

通方式。2009 年 1 月 30 日，云南省玉溪市红塔区北城镇 24 岁的男子李荞明因盗伐林木被云南省晋宁县公安局拘留。2 月 8 日下午李荞明受伤住院并于 4 天后在医院死亡，诊断书上的死因是“重度颅脑损伤”。12 日，晋宁县警方宣称：李荞明受伤是由于其与同监室狱友在看守所天井里玩“躲猫猫”游戏时遭到狱友踢打并不小心撞到墙壁所致。此事一经网络媒体曝光，立刻引发网友的热议，“躲猫猫”迅速成为网络流行语。18 日，“躲猫猫”事件经过网友的疯狂转载，成为舆论焦点，民意如山洪般倾斜而来，大众也纷纷质疑晋宁县警方对李荞明死亡的解释。在“躲猫猫”事件成为网络舆情的热点后，云南省省委宣传部成立了事件真相调查委员会，并公开邀请社会人士和网友参与事件真相调查。在 15 人的事件调查委员会中，有 8 人是网民和社会人士，且调查组主任和副主任均由网民担任。云南省在重大敏感事件中邀请网民参与调查开创了官方引入第三方调查者的先河，体现了政府对网络舆情的尊重和关注，有效地回应了网民的质疑，消弭了高涨的网络舆情。可见，第三方介入式的风险沟通模式在处理敏感网络问题时具有良好的效果。

总之，社会参与式沟通、滴灌服务式沟通、同伴传达式沟通、家庭反哺式沟通、社区戏剧式沟通、明星示范式沟通、第三方介入式沟通是七种极具代表性的风险沟通智慧和技巧。每一种沟通方式都有其特定的文化语境和传播优势，可以根据具体的风险议题和社会状况进行选择和实施。需要特别强调的是，在具体的沟通实践中，不同沟通方式之间往往存在积极的对话关系，因此有必要选择并整合两种或多种风险沟通方式，借助其“合力作用”达到较好的风险沟通目的。

（作者刘涛系暨南大学新闻与传播学院教授、博士生导师）

天津和重庆居民健康信息素养与媒介接触之调研结果和比较分析

秦美婷　秦一平

一、引言

健康信息素养(Health Information Literacy,以下简称 HIL)测评的结果是检验健康传播效果的指标之一。然而,如何针对居民进行健康信息行为的干预,首先应先了解居民"健康素养"的内涵,即健康知识和健康技能,因这两大内涵是 HIL 的核心组成部分。此外,依据国外学者(Gary L. K)的研究观点,认为健康信息至关重要的资源是来自有效的健康传播,而有效的传播能使消费者和卫生保健提供者搜集相关的健康信息,教育他们有关来自健康的重大威胁,并帮助他们找出避免和应对这些威胁的战略,[①]这说明健康信息的有效获取与健康传播的结果具有明显的因果关系。

健康知识和健康技能既是 HIL 的核心组成部分,因此,HIL 也应是健康素养的核心组成。在健康行为实践过程中,健康知识和健康技能更是奠定了健康信息搜寻行为(HISB)能力的基础。基于健康素养是信息(知识与技能)和行为(执行或贯彻能力)的综合体现,在论述 HIL 前应先正本清源,理解健康素养的内涵与发展。国际健康素养的研究始于 20 世纪 80 年代和 90 年代,企图通过多学科来解决健康和素养之间所面临的重大挑战。[②] 作为与卫生产出的相关变量,近年来在卫

---

① Gary L. K. ,"The Impact of Communication on Cancer Risk,Incidence,Morbidity,Mortality,and Quality of Life",*Health Communication*,Vol. 15,No. 2,2003,pp. 163—171.

② Pleasant A. ,Kuruvilla S. ,"A Tale of Two Health Literacies:Public Health And Clinical Approaches to Health Literacy",*Health Promotion International*,Vol. 23,No. 2,2008,pp. 152—159.

生保健系统和公共健康领域中对健康素养的研究日益受到重视，许多基金会和医学研究机构相继聚焦在健康素养的研究议题上，如 2002 年美国医学研究机构(IOM)召开健康素养委员会议，该会是由美国家庭医生基金会、加州卫生保健基金会、共同财富基金、国家癌症研究所、辉瑞公司等赞助的一项计划。[①] 2003 年，美国医学图书馆协会(MLA)从健康与信息的角度提出 HIL 观念后，遂成为国际研究者关注的焦点。国家卫生计生委发布的《2013 年中国居民健康素养监测报告》显示，[②]我国居民健康素养水平为 9.48%，相较 2012 年的 8.8%提高了 0.68%；HIL 为 18.46%，相较 2012 年的 18.16%仅提高了 0.3%。这对拥有 13 亿人口的中国来说，如何提升居民 HIL 水平，不单是官方或医疗卫生研究机构应致力的共识，更是健康传播者应承担信息传播和教育服务的重责大任。

二、HIL 与健康传播的运用

2003 年，美国 MLA 成立 HIL 工作组，目的在于协助该协会解决 HIL 问题。HIL 的定义源自美国健康和人力服务部(DHHS)"健康素养"的定义，以及美国图书馆协会(ALA)"信息素养"的定义。在两者基础上 MLA 对 HIL 作出界定：能意识到健康信息需求应具备的能力，确认可能的信息来源并应用其检索相关的信息、评估信息的质量及其适用的特殊情况，分析、理解和使用这些信息做出健康的决定。[③]

此外，从健康传播的角度切入，学者钮特宾(Nutbeam)对健康素养提出的三个层级中的第二个层级是"沟通/互动性素养"，意在沟通和社交的技能，可以用来提取信息，并从中获得不同形式的传播意涵和新信息的应用到改变。[④] 其中的关键在"信息的获取"，特别是求医者经常面对复杂难懂的医药与治疗信息或是卫生保健方面的信息，决定采信哪一种治疗方法，求医者除了具有沟通与社交能力外，对信息来源的可信度判断、信息利用的风险与利弊分析、信息获取须具备的技能等，

---

① Nielsen－Bohlman L., Panzer A. M., *Health Literacy: a Prescription to End Confusion*, Washington DC: The National A Cademies press, 2004, pp. 19－30.

② 国家卫生和计划生育委员会宣传司、中国健康教育中心:《2013 年中国居民健康素养监测报告》，2014 年。

③ Shipman J. P., Kurtz－Rossi S., Funk C. J., "The Health Information Literacy Research Project", *Journal of the Medical Library Association*, Vol. 97, No. 4, 2009, pp. 293－301.

④ Chinn D., McCarthy C., "All Aspects of Health Literacy Scale(AAHLS): Developing a Tool to Measure Functional, Communicative and Critical Health Literacy in Primary Healthcare Settings", *Patient Education and Counseling*, Vol. 90, 2013, pp. 247－253.

均与人际互动和健康信息搜寻能力有密切的关系。因此，个人为达成这些任务，则需具备识读能力（指理解图表或其他视觉信息）、基本数字概念或计算能力（或会使用电脑）、信息素养能力（指能获得、评估与应用相关信息）。

依据 Breakthrough(2001)量表将媒体分成：叙述性媒体形态、信息性媒体形态以及互动性媒体形态三大方向。[①] 基于本文 HIL 的测评是着重于“信息媒介素养”，因此问卷设计仅针对“互动性媒体形态”中信息“来源”展开调研，目的在于深入理解居民（受众）媒介接触倾向与健康信息认知能力的测评。此外，来源指标的设计是运用健康传播原理之媒介接触来源中从传递的对象[分为四个层面，分别是：群体/自我健康传播、人际健康传播、组织健康传播和大众健康传播]建立指标的分层，同时在题测中增添“图文信息”的测评，除了异于过往的研究之外，亦为加强互动性媒体形态中媒介接触来源内容的不足。

三、HIL 的层级与国际测评工具

基于健康素养的内涵有二：一是健康知识，二是健康技能。前者指个体需具有临床医疗、药物和卫生的相关知识，还需具备身体和心理相关的知识；后者指个体除了需有识数与计算的技能外，还需对健康信息的获取、利用与判断具备辨识的能力。在认知和技能层面上，2000 年 Nutbeam 对健康素养提出三个层级：(1)基本/功能性素养；(2)沟通/互动性素养；(3)批判性素养。[②] 本文将此三个层级“引用”于 HIL 的领域之中，以说明个体健康信息的认知发展和对信息理解程度的运用，分述如下：

功能性 HIL：指有足够的读、写等基本素养，能有效地运用在日常生活之中。这些基本技能隶属传统健康教育的素养，能反映对健康风险真实信息的传达，并知道如何运用健康信息系统，以及对医嘱信息的理解与服从的程度。

互动性 HIL：指更高层次的认知素养和社会技能，可以用来积极参与日常活动，并能从不同的传播形式下所产生的意义中获取信息，以及能将新的信息运用到不断变化的情况之中。目标是可以在支持的环境下发展，是为了改善个人的行为

① 钟燕宜：《国民健康知能的发展与衡量》，《医药产业管理与教育论丛》2007 年第 1 期。

② Nutbeam D.，“Health Literacy as a Public Health Goal: A Challenge for Contemporary Health Education and Communication Strategies into the 21st Century”，*Health Promotion International*，Vol. 15，No. 3，2000，pp. 259－267.

能力、实践知识的独立性，特别是提高动机和自信，并接受对行为的建议。

批判性 HIL：指更高层次的认知和社会技能，可以应用到对信息作出精确的分析之中，并利用这些信息来掌控更大的生活事件和社会情势。其成果主要是反映认知和技能的发展，实现有效的个人行为，乃至能引领社会和支持政治活动。

因此，若要将检测国人健康素养水平作为健康信息行为干预介入的评价，目前在国外学术界主要的测评工具基本有五类，分别是：NVS 最新关键信息测评工具①、REALM 快速预测成人医学素养测评工具②、TOFHLA 成人功能性健康素养测评工具③、STOFHLA 成人快速甄别健康素养测评工具④、HALS 健康活动素养量表测评工具⑤。这五类国外健康素养测评工具主要将焦点放在医学用药信息的阅读与信息理解能力的高低上，以此作为甄别健康（信息）素养水平的指标。

四、HIL 调研

本文问卷内容设计系从健康信息的视角切入，在问卷设计中增加健康传播中“媒介接触”倾向的分析。从 HIL 的定义中理解，个人 HIL 的认知水平来自能对信息进行分析、理解并使用这些信息作出健康的决定。因此调研两直辖市居民健康信息“来源”中媒介接触倾向的研究就显得格外重要，同时亦凸显本次调研与其他健康（信息）素养测评的差异所在。

1. 调研依据与指标建立

上述五种国际测评工具基本倾向于“功能性 HIL”的检测。本次调研为避免在移植国外测评工具的过程中因文化隔阂和引用差异而对信度与效度造成不利的影响，因此在问卷设计中基本上参酌《全国居民健康素养监测调查问卷》、台湾健康素

① Weiss B. D., Mays M. Z., Martz W., et al., “Quick Assessment of Literacy in Primary Care: The Newest Vital Sign”, *Annals of Family Medicine*, Vol. 3, No. 6, 2005, pp. 514－522.

② Davis T. C., Holcombe R. F., Berkel H. J., et al., “Informed Consent for Clinical Trials: a Comparative Study of Standard Versus Simplified Forms”, *Journal of the National Cancer Institute*, Vol. 90, No. 9, 1998, pp. 667－674.

③ Baker D. W., Williams M. V., Parker R. M., et al., 5 *Patient Education and Counseling*, Vol. 38, 1999, pp. 33－42.

④ Chew L. D., Bradley K. A., Boyko E. J., “Brief Questions to Identify Patients with Inadequate Health Literacy”, *Family Medicine*, Vol. 36, No. 8, 2004, pp. 588－594.

⑤ Nutbeam D., “Defining and Measuring Health Literacy: What can We Learn From Literacy Studies?” *International Journal of Public Health*, Vol. 54, 2009, pp. 303－305.

养评量(THLS)、中文健康素养评量(MHLS)等测评工具,加以引用、修改和创新,但整体仍围绕 HIL 的两大核心,即健康知识和健康技能。

本次问卷设计分为五个部分,A 人口统计特征;B 和 D 健康知识类题;C 健康信息来源类题;E 健康技能类题。调研内容主要依据五项 HIL 指标进行施测,分别是:生活与保健素养、安全与心理素养、医疗与药物素养、健康基本技能素养和信息媒介素养。前四项素养均涵盖与信息相关的题测设计(如:食品包装信息、药盒/袋信息),最后一项信息媒介素养则主测健康传播中媒介接触倾向与健康信息认知,五项 HIL 指标共计 25 题,说明如表 1。

2. 调研对象与统计方法

调研对象以户籍在天津和重庆的 15 岁以上中国居民为目标群体,采用滚雪球抽样(Snowball Sampling)调查法获取样本,通过户籍在天津和重庆 28 名志愿者担任种子调查员,再通过志愿者的社群网络关系进行滚雪球抽样调查;正式调研之前已进行 4 次预试调,并经反复修改与校订。此外,基于时间效度,于 2015 年 3 月针对两直辖市居民进行“同步”施测;数据录入与校对日期于 2015 年 5 月 15 日前完成。调研问卷共计发放 735 份,回收后经反复核查,剔除无效或答题不全的问卷,获有效问卷 670 份,回收有效率为 91.16%。

表 1 天津和重庆之 HIL 指标

一级指标	类别	二级指标/编号	题型	三级指标图文信息/(题数)
1. 生活与保健素养	健康知识	传染病预防知识(B01、B02) 慢性病预防知识(B03、B04、B05) 饮食安全知识(B06、B07、D01)	测验题	食品包装信息(1)
2. 安全与心理素养		安全预警知识(B08、B09、B10) 身心健康知识(D02、D03)	测验题	医药安全图文(警示)信息(3)
3. 医疗与药物素养		医药与保健知识(B11、D04、D05)	测验题	药盒/袋 图文信息(1)
4. 健康基本技能素养	健康技能	健康技能(E01－05)	测验题	药盒/袋 图文信息(3)
5. 信息媒介素养	健康信息来源	媒介接触(C01－04)	非测验题	
合计		25 题		8 题

本次问卷调查设计分为“非测验题”4 题和“测验题”21 题两部分，合计 25 题。21 题测验题有标准答案，回答正确得 1 分，答错得 0 分，采用 SPSS Statistics 21.0 软件统计；人口统计方法，两直辖市的总分均值±标准差（x±SD）采用比较均值分析，针对年龄、教育程度、月收入对总分（HIL 得分）的影响，采用 Pearson 相关性分析，交叉分析则采用“多元线性回归”模型分析，“信息媒介素养”中媒介接触倾向方面，采用李科特量表五分法测量；此外，依照得分占比人数和换算常规满分为 100 分，60 分为及格标准，制定 HIL 的高、中、低三个水平。

3. HIL 的分级界定

基于 21 题“测验题”之总分为 21 分，换算以 100 分为满分，受测者答对 12 题者得 57 分，答对 13 题者得 62 分。因此，本文将两直辖市居民 HIL 水平的界定标准分为四个级别：得分在 0—12.99（含）为“低 HIL”；“中 HIL”分为两个级别，一是得分在 13—14.99（含）区间为“中下 HIL”，二是得分在 15—16.99（含）区间为“中上 HIL”；得分在 17（含）以上为“高 HIL”。

五、调研结果与比较分析

问卷调查之有效样本 670 份。人口统计特征分析，天津 327 份（男性占 48%，女性占 52%），重庆 343 份（男性占 56%，女性占 44%）。年龄层方面，天津 25—44 岁占 43.70%，重庆 25—54 岁的三个年龄层分布较为平均，占比介于 17.80%—19.50%之间；教育程度方面，两直辖市均以“大学本科/专科以上”占多数；月收入方面，天津 2001—5000 元占 51.4%，重庆则占 44.90%；职业方面，“公务员/教师”和“专业技术人员”天津占 31.5%，重庆占 21.00%，“其他事业/企业人员”两直辖市旗鼓相当，均在两成左右。

结果显示，总分均值（HIL 平均得分）为 14.13±3.09。两性 HIL 方面，天津男性总分均值为 14.68±2.46，女性为 14.57±2.72，显示男性 HIL 高于女性；重庆男性 HIL 总分均值为 13.76±3.35，女性为 13.54±3.56，亦是男性 HIL 高于女性。此部分的调研结果与《2013 年中国居民健康素养监测报告》中女性 HIL 高于男性，以及本文另一项针对北京和上海居民的调研结果略有不同，比较特殊。

网络媒介接触倾向调研，主要了解两直辖市居民网络使用情况，此部分采用李科特量表五分法测量，设计五个维度作为“频次”调研的标准。本文将“会”使用网络检索健康信息的频次从“每天经常”“一周一次以上”到“一个月至少一次以上”三个维度进行频次合计；其他两个维度的频次为“不太会”和“完全不会”则视为“不会”使用网络检索健康信息。结果显示，天津有 75.23％的居民会通过“搜索引擎”检索与健康或疾病相关的信息，45.26％会通过“微信”检索，32.72％会通过“微博”检索；重庆有 73.18％居民会通过“搜索引擎”检索，46.06％会通过“微信”检索，37.03％会通过“微博”检索。

1.HIL 得分情况与比较分析

结果显示，天津居民的 HIL 相对较高，为 14.62，重庆 13.66 次之，且低于总分均值（平均得分）14.13，依照本文前述界定之 HIL 分级标准，目前天津和重庆居民均为“中下 HIL”水平。其中，答对 2 题者（得分最低者）有 1 人，答对 21 题者（得满分者）有 1 人，得分情况绝大多数集中在答对 14—17 题区间，占 52.54％。这说明，超过五成以上居民的 HIL 水平介于此区间。总体而言，得分≥17 分者，占23.43％的居民处于“高 HIL”水平；得分≤12 分者，占 28.06％的居民处于“低 HIL”水平。其中天津有 23.24％，重庆有 32.65％居民处于“低 HIL”水平。

2.人口统计特征交叉分析

比较人口统计变量中年龄、教育程度与月收入三个自变量模型对总分（HIL 得分）的影响，采用“多元线性回归”分析，结果显示，因两直辖市居民的回归模型中 F 值的显著性检验 P 值＝0.000＜0.05（具统计学意义），表示回归模型中整体解释的变异量达到显著水平。因此，天津方面，三个自变量中以“教育程度”的 P 值最低（0.000＜0.05），而其他两个变量均＞0.05，说明教育程度在三个自变量中对天津居民 HIL 的测评结果影响较为显著；重庆亦是“教育程度”P 值＝0.000＜0.05，在三个自变量中的相应概率值亦是最低。此外，重庆居民之“年龄”P 值＝0.001＜0.05，同样具有显著性差异，值得关注。

进一步分析，首先，通过 Pearson 相关性分析教育程度对 HIL 的得分情况，天津和重庆居民之教育程度与总分（HIL 得分）的相关性分析，基本上呈“显著相关”，说明教育程度越高者，得分越高；反之则得分越低。本文将教育程度分为五个层级，结果显示，天津居民总分均值（HIL 平均得分）最高为 15.31，主要教育程度在“硕士研究生及以上”；最低为 13.15，教育程度在“初中及以下”。重庆居民总分均值最高为 14.71，主要教育程度为“大学专科/本科”；其中值得关注的是，总分均值最低为 7.50 的有 2 人，教育程度在“不识字或识字很少”层级，比较特殊。

3.四项 HIL 得分情况与比较分析

四项 HIL 得分情况系通过居民选择“不知道”和“答错”进行统计和分析，此乃基于两种选择是表达不同的认知概念，日后拟定健康传播策略时可针对居民不同的认知程度进行健康行为的干预。结果显示，天津居民在生活与保健素养、医疗与药物素养和健康基本技能素养三项指标方面均领先于重庆；而重庆居民仅有一项“安全与心理素养”指标略高于天津居民。各项指标之均值（平均得分）与满分的对比分析，发现两直辖市“答对率”比较低的是安全与心理素养，皆在五成左右。进一步分析，五题安全与心理素养指标中，以 B08 高危险药品、B09 医疗废物、B10 火灾勿搭乘电梯三题“医药安全图文（警示）信息”标志的辨识，答对率介于 10%—30%之间。其中答对人数最少的为 B08 高危险药品一题，天津有 10.40%答对，有 51.68%选择“不知道”；重庆有 9.91%答对，有 56.27%选择“不知道”。这说明两直辖市居民在“医药安全图文（警示）信息”方面关注度不够，或因政府有关单位的宣传力度不够所致。因此，应加强居民医药安全图文（警示）信息的认知传播。

4.信息媒介素养中媒介接触情况与比较分析

为能更深入地理解两直辖市居民在信息媒介素养中有关受测者媒介接触倾向及健康信息认知情况，本文从“最常获得（接触）的媒介来源”“因信息需求而主动接触的媒介”“媒介接触的易得性和问题”“媒介信息解决的行为”四个方面展开。题目内容采取环环相扣的设计，并穿插于题测之中，以单选题方式作答。

(1)最常获得（接触）的媒介来源。表 2 结果显示，题测“您平日最常从哪一种渠道获得（接触）有关健康的信息”，天津居民排名前三项的依序是：电视 31.19%、手机 22.63%、电脑 16.82%；而重庆居民排名前三项则与天津不同，依序是：电脑 24.49%、手机 24.20%、电视 23.03%。总体而言，大众传播中“电视”排名第一，占 27.01%(181/670)，其次是“手机”和“电脑”，表明两直辖市居民均以电视为平日最常获得（接触）的媒介来源。

表 2　最常获得(接触)的媒介来源

C01	选项	天津		重庆	
		人数	百分比	人数	百分比
您平日最常从哪一种渠道获得(接触)有关健康的信息	1.亲朋好友	36	11.01%	61	17.78%
	2.电视	102	31.19%	79	23.03%
	3.报纸	14	4.28%	4	1.17%
	4.杂志	6	1.83%	6	1.75%
	5.图书	4	1.22%	3	0.87%
	6.广播	1	0.31%	0	0.00%
	7.电脑	55	16.82%	84	24.49%
	8.手机	74	22.63%	83	24.20%
	9.学校	5	1.53%	5	1.46%
	10.医院	26	7.95%	15	4.37%
	11.办公室	4	1.22%	3	0.87%
合计		327	100%	343	100%

(2)因信息需求而主动接触的媒介。表 3 结果显示,题测"当发现自己有健康问题时,您第一个念头"是如何解决问题时,天津和重庆居民的前三项排序相同,依序是:天津居民选择上网查询 38.84%、问医师 37.31%、问亲朋好友 17.43%;重庆居民是上网查询 48.40%、问医师 37.61%、问亲朋好友 11.66%。其中值得关注的是,"上网查询"的天津居民接近四成,重庆居民接近五成,说明"上网查询"是两直辖市居民在主动搜寻健康信息方面比较普遍认同的行为和途径。在人际传播中,"问亲朋好友"和"问医师"两者合计,天津有 54.74%,重庆 49.27%,凸显因健康信息需求而主动接触的媒介中人际传播渠道是不容小觑的一股力量。

表 3　因信息需求而主动接触的媒介

C02	选项	天津		重庆	
		人数	百分比	人数	百分比
当发现自己有健康问题时,您第一个念头	1.问亲朋好友	57	17.43%	40	11.66%
	2.问医师	122	37.31%	129	37.61%
	3.上网查询	127	38.84%	166	48.40%
	4.关注有关电视健康类节目	12	3.67%	6	1.75%
	5.查阅图书或杂志	9	2.75%	2	0.58%
合计		327	100%	343	100%

(3)媒介接触的易得性问题。依据本文网络媒介接触倾向调研发现,天津和重庆居民在网络媒介接触的频次(从“每天经常”“一周一次以上”到“一个月至少一次以上”三个维度合计)中有七成以上会通过“搜索引擎”检索与健康或疾病相关的信息,为能进一步理解两直辖市居民会通过网络检索与健康或疾病相关信息的媒介接触原因,以及所面临的问题,本文设计 C03 问题。

表 4 结果显示,题测“上网查询有关健康信息,您认为”,天津和重庆居民均以“很方便,且能查到自己所需”为首选,分别占 34.56%和 34.40%,说明天津和重庆居民超过 1/3 的人认为网上查询有关健康信息是:选择很方便,表示容易获取;选择能查到自己所需,表示信息需求被满足。天津和重庆居民认为“专业质疑,难以判断正确与否”,分别占 27.22%和 24.49%。总体而言,两直辖市居民对网上查询健康信息的易得性和专业质疑问题均占多数。此外,另有 17.46%(117/670)选择“信息海量,不好选读”和 14.63%(98/670)选择“信息有限,不见得都能查到所需”,两者合计接近三成,是值得探究的。

表 4　媒介接触的易得性和问题

C03	选项	天津		重庆	
		人数	百分比	人数	百分比
上网查询有关健康信息,您认为	1. 很方便,且能查到自己所需	113	34.56%	118	34.40%
	2. 信息有限,不见得都能查到所需	45	13.76%	53	15.45%
	3. 信息海量,不好选读	56	17.13%	61	17.78%
	4. 专业质疑,难以判断正确与否	89	27.22%	84	24.49%
	5. 不清楚	24	7.34%	27	7.87%
合计		327	100%	343	100%

(4)媒介信息解决的行为。表 5 结果显示,题测“当发现看不懂药盒或药袋上的服药说明时,您会如何解决问题”,排序前两项,天津居民有 55.96%选择问医师,其次上网查询 19.27%;重庆居民的排序与天津相同,问医师 61.52%,其次上网查询 15.45%。值得关注的是排序第三名,天津为“问亲朋好友”15.60%,而重庆则为“放着,弄明白再吃药”有 13.41%,说明两直辖市中有超过一成的居民在此方面的信息认知略有不同。

表 5 媒介信息解决的行为

C04	选项	天津		重庆	
		人数	百分比	人数	百分比
当发现看不懂药盒或药袋上的服药说明时，您会如何解决问题	1. 问亲朋好友	51	15.60%	21	6.12%
	2. 不吃药	3	0.92%	12	3.50%
	3. 问医师	183	55.96%	211	61.52%
	4. 放着，弄明白再吃药	27	8.26%	46	13.41%
	5. 上网查询	63	19.27%	53	15.45%
合计		327	100%	343	100%

六、结论

本次 HIL 测评结果，天津和重庆居民均为“中下 HIL”水平，天津居民之 HIL 总体水平高于重庆居民。性别方面，两直辖市居民之 HIL 水平皆是男性高于女性，异于其他调研结果。交叉比较年龄、教育程度、月收入对 HIL 得分的影响性分析，天津和重庆居民均以“教育程度”对得分的影响最大。进一步分析，“不识字或识字很少”者，天津有 0 人，重庆有 2 人，而这两位均是农民，月收入均在 2000 元以下，年龄层在 45 岁以上，HIL 得分为 7 和 8，说明因“知识鸿沟”所衍生的“信息鸿沟”正朝向两极化延伸；此外，从 HIL 之第一个层级“功能性 HIL”的角度切入，个体基本的阅读、写作和识字能力的不足是构成“低 HIL”的原因之一，更加体现本次测评所指出的教育程度对 HIL 水平具有关键性的影响是不言而喻的。

在健康“信息媒介素养”测评方面，以媒介接触倾向四个题测作为调研内容，此设计异于过往的问卷。为深入了解居民最常获得(接触)的媒介来源和因健康信息需求而主动接触的媒介，从两题调研结果显示，题测“您平日最常从哪一种渠道获得(接触)有关健康的信息”，天津居民有三成以上选择“电视”为主要的健康信息来源，其次是“手机”和“电脑”，后二者合计占 39.45%；重庆居民排名前两项则是“电脑”和“手机”，二者合计占 48.69%。与题测“发现自己有健康问题时”对比，天津和重庆居民均是“上网查询”居多，分别是 38.84%、48.40%，两题前后占比类同。此外，两直辖市之“上网查询”合计占 43.73%(293/670)，进一步分析 293 位受测者，发现其中 94.54%的居民倾向通过“微博”和“微信”搜寻健康信息，这显示：(1)

受测者在这两题的答题信度前后具有一致性;(2)说明通过“手机”或“电脑”上网查询有关健康信息已日渐成为当前主流的传播媒介,与“电视”传统媒体不遑多让。

在媒介接触的易得性和问题方面,题测“上网查询有关健康信息”时,首先发现天津和重庆居民均呈现两极化的认知困惑,34.48%(231/670)选择“很方便,且能查到自己所需”。“专业质疑,难以判断正确与否”“信息海量,不好选读”和“信息有限,不见得都能查到所需”等后三者合计,占 57.91%(388/670),说明接近六成的两直辖市居民认为上网查询有关健康信息时最大的困扰是“信任”和“选择”问题,这与个人的互动性和批判性 HIL 能力有关,是值得探讨的问题。媒介信息解决的行为方面,题测“不懂药盒或药袋上的服药说明时会如何解决问题”,天津和重庆居民均首选“问医师”,特别是重庆有超过六成居民认为解决医药专业的问题“医师”是首选。

通过本次抽样调查和研究结果,对天津和重庆居民 HIL 的总体水平有了科学依据和新的发现,对健康信息决策者或健康传播者将有所帮助。尽管在互联网上寻求健康信息已日渐成为许多人的首选,但寻找优质健康信息资源和搜索策略则显得格外薄弱和无奈。除了基于个人 HIL 水平外,面对随手可得的信息,其专业性、有用性和详尽性之间一直潜藏着矛盾。特别在微博和微信等自媒体环境下人际传播迅猛发展的同时,有关机构应建全在线健康信息的服务平台,积极推动医药图文可视化的传播工作,以避免居民在面对良莠不齐、林林总总的健康信息时产生“专业质疑”或“信息有限”的困惑。此或许可以缓解当前健康信息海量所产生的压力,以及满足居民对健康信息知晓需求的渴望。

(作者秦美婷系中国科学技术大学科技传播与科技政策系副教授;秦一平系台北医学大学讲师)

风险表征与放大路径:论社交媒体语境中健康风险的社会放大

汤景泰　巫慧娟

近十多年来,风险已经成了一个相当热门的议题,这与当今社会由自然灾害、环境污染、食品安全事件等频发所引起的社会风险日益增加有关。德国社会学家乌尔里希·贝克将当下社会经典性地诠释为"风险社会",他指出,人们正置身于一个危机和风险的社会之中,核能、多种类型的化学与生物技术产品等技术挑战,以及全球气候变暖、臭氧层空洞、生物多样性的消灭等持续的威胁性的生态破坏现象愈演愈烈,成为举世瞩目的问题,人类的生存和发展正遭受着严重的生态安全威胁,风险已经成为人类面临的普遍问题,而这种风险是现代化的必然后果,是技术理性的伴生物。[①] 正如贝克所言,我们已经迈入一个"高风险社会"。2004 年,国家发改委发布的报告曾指出,当代中国社会正在进入"高风险社会"。社会转型时期多元主体之间的剧烈矛盾冲突使我国在社会、政治、经济、技术、生态、文化等领域存在着诸多风险性因素,而近年来我国各种风险灾害事件,如非典、地震、禽流感,以及各类环境污染、食品安全事件频繁发生,也加大了我国的社会风险系数,其涉及的环境风险、科技风险、健康风险、公共安全以及气候变化风险等,都使我国面临的社会风险快速升级。这其中,健康风险因为涉及每个人的生命安全,相关风险事件经由媒体报道后,经常引起公众的不安与恐慌,甚至对社会秩序造成不良影响。不论是 2008 年的"三鹿奶粉事件"、2010 年的"圣元奶粉疑致婴儿性早熟"事件,还是 2010 年的"强化免疫事件"、2013 年年底的"乙肝疫苗事件",都凸显出了我国的健康风险问题。

---

① 参见〔德〕乌尔里希·贝克:《风险社会》,何博闻译,译林出版社 2004 年版。

在对风险社会的观察与思考中，贝克还指出了媒体在风险社会中的作用，既充分肯定了它积极的传播功能，同时也客观理性地指出媒体对事实的揭示往往带有欺骗性，由此更加剧了人们的不安全感。[①] 实际上，在风险社会中，人们对风险信息的获取、对风险事件的认知，往往都依赖于媒体这一信息传播中介，因而媒体在风险沟通中起着关键性作用。健康风险的传播，同样也与媒体息息相关。

在某一健康风险事件中，媒体既可以通过全面、真实、具体地呈现健康风险信息，引导正确的舆论导向，从而消除健康风险的“不确定性”，化解公众的焦虑，又有可能因为夸大或错误的报道，放大健康风险，成为健康风险的“助推器”，引起公众进一步的恐慌。进入新世纪以来，随着信息处理技术、信息传输技术和网络技术的飞速发展，相对于报纸、广播、电视等传统媒体而言的各种新媒体不断出现，信息生产传播方式也由此发生了深刻的变革。与以往相比，其本质区别在于社会公共信息的生产方式由专业的新闻媒体工作者转向了一般的普通公众——任何人都可以在任何时间、任何地点对任何事件进行即时信息播报，参与到信息的生产、加工、传播中去，这就模糊了传者与受者的界限，打破了公共服务机构、专家和主流媒体的信息控制和意见垄断。可以说，新媒体正以一股不同于传统媒体的力量，影响着人们对于健康风险的信息获取和心理感知。此外，在新媒体语境下，信息源的不确定性、传播主体的多元化、传播内容的碎片化、传播渠道的多样化、传播效果的即时化，也使得健康风险放大的可能性大大增加。

一、研究现状

1988 年 6 月，克拉克大学决策研究院的卡斯帕森(Kasperson)等人在《风险的社会放大：一个概念框架》一文中提出了“风险的社会放大框架(SARF)”，该框架将风险的评估、风险的感知、社会文化环境、社会制度等多个方面系统地联系起来，从社会学、心理学、文化视角等多个角度切入，认为风险事件与心理的、社会的、制度的和文化的过程之间的相互作用会增强或减弱公众的风险感知度并影响其风险行为。他们提出，风险信息从信息源、信息渠道、社会站、个人站和机构及社会行为五个方面反馈与巡回，在接收、处理和传递的过程中，媒体是风险事件的初级定义

① 参见〔德〕乌尔里希·贝克：《风险社会》，何博闻译，译林出版社 2004 年版。

者,而不同的信息渠道和放大站,例如专家、政府机构和社会团体等,则对风险信息进行处理和反应,改变了风险事件的初始效应,在这一过程中,强化或弱化公众对风险的认知,从而形成从个体到社会的涟漪效应,带来各式各样的社会影响。

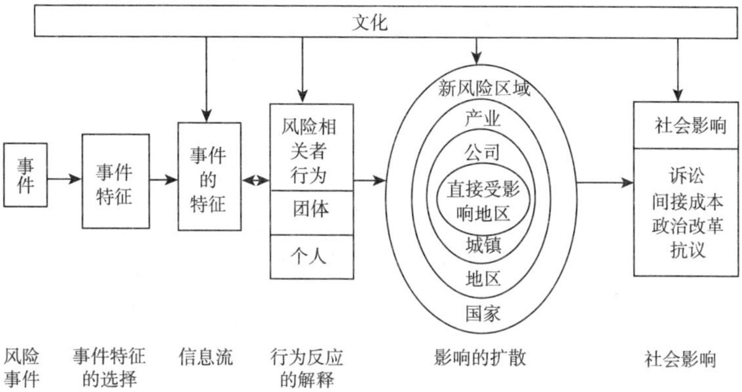

风险的社会放大框架图①

尽管风险的社会放大框架中的"放大"一词源自电子信号学的类比,但风险的社会放大框架(SARF)的设计者们认为,对风险的"放大",既包括对社会发出的有关风险的严重性和可控性的信号,也包括风险最终通过制造或限制涟漪效应产生的后果。② 实际上,风险的社会放大过程是一种人们的风险感知与实际存在的风险水平发生偏离的过程,是一种客观风险(风险事件造成实际性损害)形成与主观风险(公众自认为的损害)建构的过程,而主观建构的风险态度与价值观等反过来又可能影响实际存在的风险水平。

之后,很多学者都用风险的社会放大框架(见图 1)对媒体在风险的传播和处理过程中所起的作用进行过研究,其中有少数研究者以新媒体为对象,例如 Leschine 利用风险的社会放大框架对石油泄漏的风险放大和衰减进行了详细的分析,并突出了新媒体在其中的作用。③ 韩国学者盛益才(Ik Jae Chung) 也通过对韩国高铁建设工程引发公众对环境风险的关注这一案例的研究,认为网络新媒体

---

① Ortwin Renn, William J. Burns, et al, "The Social Amplification of Risk: Theoretical Foundations and Empirical Applications", *Journal of Social Issues*, Vol. 48, No. 4, 1992, p. 141.

② 〔英〕尼克·皮金、〔美〕罗杰·E.卡斯帕森、〔美〕保罗·斯洛维奇编著:《风险的社会放大》,谭宏凯译,中国劳动社会保障出版社 2010 年版,第 26 页。

③ Leschine T. M., "Oil Spills and the Social Amplification and Attenuation of Risk", *Spill Science & Technology Bulletin*, Vol. 1, No. 7, 2002, pp. 63-73.

的社会放大作用比传统媒体更为显著。[①] 在国内，近年来也出现了一些基于风险的社会放大框架下的新媒体研究(如表 1)，但目前关于新媒体语境下健康风险的社会放大的研究还比较少。

国内基于风险的社会放大框架下的新媒体研究

作者	文章名称	类型
刘丹凌	《论新媒体的风险放大机制与应对策略》	期刊
马原	《新媒体舆论监督的社会风险放大效应研究》	期刊
李春雷、凌国卿	《风险再造:新媒体对突发性事件的报道框架分析》	期刊
崔茵、董立娟	《新媒体在突发性事件报道中的风险再造分析以及对策研究》	期刊
蒋晓丽、邹霞	《新媒体:社会风险放大的新型场域——基于技术与文化的视角》	期刊
刘丽群、盘石军	《网络舆论形成中的社会放大——一个概念框架》	期刊
邓滢、汪明	《网络新媒体时代的舆情风险特征——以雾霾天气的社会涟漪效应为例》	期刊
黄颖	《"风险的社会放大"框架下的微博研究——基于对"陈永洲事件"的分析》	期刊

二、新媒体语境下健康风险的社会表征

本文所探讨的新媒体语境下健康风险的社会放大中的"放大"包含了两个维度，即健康风险信号的被强化或弱化，以及由此带来的相应的社会效应。为了方便分析，本文对健康风险被强化或弱化时所产生的正面社会效应不予讨论，而主要集中讨论健康风险放大所导致的负面社会效应。在健康风险事件的传播过程中，无论是健康风险信号被"强化"时公众和组织采取的"过度行为"，还是健康风险信号被"弱化"时出现的一系列"行为错位"，都会带来负面的社会效应，而这些负面社会效应正是本文所讨论的健康风险放大的表现形式。在新媒体语境下，信息生产、加工、传播的方式已经发生了翻天覆地的变化，开放、自由、互动、多元、个性化的传播环境，很有可能使得有些健康风险被一再"标示"，有些健康风险却被"隐匿"，进而影响人们的风险感知，导致健康风险事件的直接效应不断向波及效应转变。下面具体从健康风险事件中的传播主体、传播内容、传播渠道、传播效果等角度出发，对新语境下健康风险放大的社会表征加以分析。

---

① Ik Jae Chung,"Social Amplification of Risk in the Internet Environment",*Risk Analysis*,Vol. 31,No. 12, 2011,pp. 1883－1896.

(一)健康风险传播主体泛化,核心议题模糊

有人说,19 世纪是新闻的世纪,20 世纪是评论的世纪,21 世纪是参与和互动的世纪。[①] 在大众传播时代,传播主体是传统媒体,其作为党和国家的喉舌,掌握着绝对的发言权,能够对信息的内容、数量和流向进行控制和把关。随后,以雅虎、新浪、网易等为代表的民营新闻门户网站,扩大了信息传播主体的范畴。而今,随着微博、微信、视频分享网站等新媒体的蓬勃发展,信息传播主体已经彻底泛化,任何公民、组织都可以借助身边的新媒体自主、自由地发布信息,参与新闻的生产与传播,传者和受者之间的界限已经被模糊化。

一方面,传播主体的泛化意味着风险信息传播的"去中心化",一旦发生健康风险事件,由于传播"中心"失却,难以形成健康风险的主流信息和强势意见,难以对广大的公众施以正确的舆论影响,这就干扰、妨碍了公众形成正确的风险认知,为健康风险的扩张和蔓延提供了机会;另一方面,传播主体的泛化,也意味着信息来源的多元化,而信息来源多元化的背后,实际上是利益团体的多元化。在健康风险传播过程中,政府机构、企业公司、新闻媒体、文化群体、志愿组织、境外势力、网络水军、社会公众都可以根据自己的社会角色收集、筛选与自己利益相关的健康风险信息,在新媒体上进行发布、传播,从而形成各自的健康风险议题,进行激烈博弈。当多方声音、多种健康风险议题汇集于同一个平台时,关于健康风险的核心议题就容易被模糊,从而不利于健康风险事件的解决。而且,各方利益团体在新媒体上的互动往往更加频繁,话语的交锋、意见的冲突也更加激烈,这大大加剧了健康风险核心议题的模糊性和事态发展的不确定性。此外,传播主体的泛化,还会产生海量信息。在新媒体语境下,每个人随时随地都可以生产、传播信息,信息的增长和更新已经可以用分秒计算,这就可能导致信息泛滥,使得个人信息接收严重"超载"。在健康风险事件中,信息的海量,一方面使具有价值的健康风险信息、核心议题容易在信息海洋里被模糊直至淹没,此时公众极有可能因为健康风险信号的"隐匿"而减弱风险感知,减少保护措施;而另一方面,公众也可能因为铺天盖地、反复累加的健康风险信号加强风险感知,加重对健康风险的不确定感,引起恐慌和不安。

---

① 高波:《政府传播论》,中国传媒大学出版社 2008 年版,第 255 页。

(二)健康风险传播内容碎片化,风险谣言滋生

由于新媒体的信息生产与传播的准入门槛低,使个体能够轻易拥有与媒介的接近权和话语权,因此备受广大公众的青睐,使用人数越来越多,用户生产内容(UGC)也大为流行。但是,由于社会公众的非专业性、权威信息的缺失以及新媒体的即时性和交互性,呈现在新媒体上的传播内容,一般都是零散的、碎片化的,而零碎信息包含了众多的"不确定"和"意义空白",根据格式塔理论,公众有意构建完整信息,这就难免在"确定"和"补白"中夹杂个人情感、猜想、情绪和偏见,核心信息就会因为个人主观因素开始变形、失真,从而滋生谣言。

相对于媒体专业人员来说,社会公众的信息把关能力和整合能力都不强,在新媒体上传播的内容一般都是由简单的文字或者加上图片组成的。在健康风险事件发生之后,人们急于表达或者搜索相关信息,而新媒体恰好提供了一个方便快捷的平台。健康风险事件自其最早被人发现之后直至所有过程节点、细节,都有可能被随机的传播者通过新媒体以简单的图文形式进行即时传播。但由于每个人关注到并进入健康风险事件的时间点不同,其对健康风险信息的传播可能是片面的。再加上每个人的自身价值取向不同,对于正在发生的事件的过程细节也有着千差万别的把握和理解,新媒体又允许传播者修改、加工传播内容,所以其在新媒体上传播的有关健康风险的信息可能是主观选择的、具有偏颇定性的产物。而新媒体的即时和交互传播会在短时间内使碎片化内容大量涌现,此时如果权威信息无法及时公布,或者无法完全解释现象,就将会使碎片化信息扩散得更快、更广,于是新媒体就会陷入权威信息短缺和碎片化信息井喷的双重困境。公众在大量不完整的、带有个人主观色彩的信息面前,因无法把握相对完整的事件过程资料,难以对健康风险进行理性判断,很容易陷入迷惑、不确定、无助的情绪中,最后在集群性社会焦虑中,既有可能自己建构健康风险信息,把不完整的碎片化的内容"加工"成健康风险谣言,成为谣言信息的发布者,也有可能盲目跟随大众,成为谣言信息的传播者。无论怎样,健康风险谣言都会不断在传播中肆虐,进而引发极端行为。

2011 年的"谣盐事件",就是因新媒体的碎片化信息而起的。日本的核泄漏事件引发了社会公众对"如何防核辐射"的热议,"要不要买碘盐""大家要多吃加碘盐""盐可以应对核辐射"等大量碎片化信息甚嚣尘上,影响着公众的风险感知。当公众得知"日本政府已经确认严重核泄漏"后,最初的碎片化信息被瞬间完整构建

成风险谣言——“盐将被污染,碘盐可对抗辐射”,并肆虐传播,于是民众纷纷走出家门抢盐,造成了不小的社会混乱。

(三)健康风险传播渠道多样化,风险体验加强

在新媒体语境下,信息的传播实现了多媒体、立体式报道,极大地拓宽了风险感知渠道,带来了逼真的风险体验。

媒介是人类感官的延伸。媒介发展史上,每一次的媒介技术变革都通过新型媒介延伸了人类感官。一方面,新媒体时代,媒介形式极大丰富,信息可以由文字、图片、音频、视频、动画等多种媒介分别呈现,极大地延伸了人们的视觉、听觉,也丰富了公众风险感知的渠道及形式,使得社会整体的风险感知普遍加强。在这样的传播环境下,一旦发生健康风险事件,关于该事件的信息通过多种媒介、多种渠道铺天盖地而来,反复累加的健康风险信息极易使公众陷入恐慌之中。而且,在健康风险事件中一旦出现虚假信息,并通过新媒体形式多样、反复地呈现,人们就会因为逼真、生动的效果而产生误判,加入到诸如传播健康风险谣言、对组织进行污名化等放大健康风险的行列中去。例如,2008 年 10 月,“广元橘子生蛆”的信息再加上图片在网络和手机等新媒体上广为流传,不少网民在相关图片的一再刺激下“谈橘色变”,纷纷加入到该信息的传播当中去,但最后该事件被证实纯属谣言。另一方面,新媒体时代,文字、声音、影像等多种媒介综合运用,再加上其即时、互动的特性,拓宽了人们对遥远地区事物的感知渠道。健康风险事件一旦发生,与健康风险相关的文字、图片、音视频信息就有可能立即传遍各地,使风险源之外的公众也具有身临其境的风险迫近感,特别是那些具有刺激性的图片、画面信息,更能使公众产生“风险想象”,使其处于“高风险情景”中。例如,2016 年 3 月的“山东非法疫苗事件”中,一篇名为《疫苗之殇》的旧闻被挖出,在微信朋友圈实现刷屏。这篇文章有大量关于注射“假疫苗”后致死致残孩子的令人触目惊心的照片,大大刺激了公众的“风险想象”,即使是远离该事件的无关者,也处于高风险感知水平,一度陷入对疫苗的恐慌之中。在社会情绪整体失控的情况下,大部分公众都混淆了“假疫苗”及“失效疫苗”的概念,在图像的刺激下再次对疫苗进行污名化。

(四)健康风险传播效果即时化,涟漪效应加剧

涟漪效应描述的是这样一种现象:向平静的湖水里扔一块石头,泛起的波纹会

逐渐向外扩散。风险的社会放大框架中所描述的“涟漪效应”是指次级效应扩散的模式，也即斯洛维奇(Slovic)所说的“涟漪效应”：“一个不幸事件可类比为将一块石头扔进一个池塘。波纹向外扩散，首先波及直接受害者，然后是责任公司或部门，并到达其他的公司、部门和产业。”[①]

新媒体语境下，信息的传播方式打破了原有的时空界限，即时传播变为现实，公众可以随时随地通过微博、微信、博客、播客等新媒体即时传播信息，这一过程既涉及大众传播又涉及人际传播，具有极强的扩散性和极快的扩散速度，“从理论上来说，任何地方发生的任何事情都能在瞬间传递到我们所在的此时此处”，[②]可以说在新媒体语境下，信息延迟的时间差越来越趋近于零。具体到健康风险事件中，一旦健康风险崭露头角，或者转化为现实危机，相关风险信息或危机信息便可以通过新媒体一传十、十传百、百传千万，以一种几何级的传播速度扩散开去。这种即时性、跨时空传播，使得局部、个点的风险信息或危机信息可能由于过度快速、广泛的传播而被无限放大、扩张，迅速蔓延到世界各个角落，波及其他更为遥远的地区及其他相关领域之中，产生一系列的经济危机、心理危机和社会危机，并加重生态、社会文化环境的负荷，而已经处于健康风险中心的相关信息传播则更易形成信息旋涡，混淆人们的正常感知和理性判断，从而引起整个社会的恐慌和混乱。不论是海南香蕉的“蕉癌”事件让整个海南香蕉遭遇“灭顶之灾”，还是四川橘子的“生蛆”事件使全国橘农都深陷“一损俱损”的困境，抑或是烟台苹果的“药袋”事件让170余万果农“深受伤害”，都与新媒体传播效果的即时化摆脱不了干系。由此看来，由于新媒体即时化、跨时空的传播效果，现代社会中的任何一个健康风险事件，都有可能形成风险源之外的多个扩散中心，波及其他地区和行业，形成放大效果，加剧涟漪效应。

三、新媒体语境下健康风险的社会放大路径

风险的社会放大框架借用了经典通讯关于放大的比喻，构造了各种社会中介发出、接收、解读和传递风险信号的风险放大路径。在这一过程中，信息某些方面

---

① P. Slovic, “Perception of risk”, *Science*, No. 236, 1987, pp. 280－285.

② 〔英〕芭芭拉·亚当、〔德〕乌尔里希·贝克、〔英〕约斯特·房·龙：《风险社会及其超越：社会学理论的关键议题》，赵延东、马缨译，北京出版社2005年版，第255页。

的特征会被突出,现有的符号和形象会被重新解读和阐释,引起社会公众作出特定的再解读与反应,导致风险信息被放大或者缩小,带来一系列的社会后果。在新媒体语境下,健康风险议题更易模糊,健康风险谣言更加频发,健康风险体验更为逼真,健康风险扩散也更加快速。可以说,由于新媒体的参与,健康风险被放大的可能性大大增加了。那么,在新媒体语境下,健康风险是如何被放大的呢?本文将从曝光爆料、议题设置、话语修辞、污名化等角度出发,对新媒体时代健康风险的社会放大路径进行探讨。

(一)曝光爆料——唤醒事件潜在的健康风险

在新媒体语境下,个人不再缺乏信息发布的媒介手段,信息生产的模式得以改变,人人都可以是信息的发布者和传播者,随时可参与到"新闻生产"当中。而且,新媒体凭借互联网超快的传播速度以及广泛的使用人群,能够在极短时间内实现信息的大范围扩散。新媒体这种"赋予每个人创造并传播内容的能力"的特性以及即时化的传播方式,是传统媒体无法企及的,因而在新闻事件的首次曝光上新媒体往往占据优势。不管是2010年9月的"麻疹疫苗强化免疫活动事件",还是2012年4月的"明胶门事件",都是首先在新媒体上被曝光后才引发人们的关注的,这些健康风险事件本身潜在的健康风险经过新媒体曝光后被呈现在公众的视野中并被跨时空传播,健康风险由此开始发酵并膨胀。其后,传统媒体也参与到健康风险事件的传播中来。但很多情况下,当传统媒体介入传播时,社会上已经弥漫着恐慌情绪,健康风险已经被放大了。

还有一种情况是,健康风险问题经传统媒体曝光后并未引起舆论的较多关注,而经新媒体的爆料、"发难"后,人们才渐渐意识到其隐藏的风险。随着新媒体不断地质疑、批判、争议,人们对健康风险问题的风险感知水平逐渐提升,并采取一系列的行为以期降低风险、维护自身的利益。但在这一过程中,由于绝大多数公众缺乏对健康风险的理性认知,其对健康风险的偏好、情绪及刻板印象等非理性判断往往放大了自身的风险感知,并且带来了社会整体对健康风险的放大。在2008年10月的四川广元橘子生蛆事件中,最早介入报道的是《华西都市报》,但并没有引起大范围的社会关注,让该事件成为舆论发酵源头的是10月20日网易论坛上的帖子《柑蛆(大实蝇)疫区看来只是四川广元》,该帖出现之后迅速引发各大论坛社区转载,并促使"告诉家人和同学朋友暂时别吃橘子,今年广元的橘子在剥了皮后的白须上发现小蛆状的病虫。四川埋了一大批，还撒了石灰！请转发给每个你关心的人”这条短信的疯狂转发，最终导致全国性柑橘滞销、价格下跌，果农损失惨重。

（二）议题设置——影响健康风险的议题走向

“议题设置理论”是由美国传播学者马尔卡姆·麦克姆斯和唐纳德·肖于1972年提出的，他们通过对总统大选的调查，发现大众传播虽然不能决定人们对某一事件的具体看法，但可以通过安排相关议题来左右人们关注哪些事实及他们谈论的先后顺序。作为议题设置者和把关者，媒体每天从各种纷繁复杂的新闻事件中找出自己认为重要的事，并且把事情写成新闻报道传递给大众，以此影响人们对公共话题的判断和思维方式。风险研究者们仔细研究了大众传媒在风险事件中的议题设置角色，他们相信媒体对风险事件投入的关注度与公众对这些事件的关注度之间是有一定联系的。因为在媒介化的社会中，人们主要将大众传媒作为获取风险信息的渠道，媒体设置的风险议题影响了公众对风险事件重要性和显著度的判断。

在新媒体语境下，议题设置不再单向地由传统媒体主导，个体和社群也不再被动地接受传统媒体的议题设置，而是开始自我设置议题，影响媒体议题和公众议题的发展。“新媒体信息传播背后的利益主体是多元的，国家、组织、个人的意见和利益都可能在这个相对自由、开放的新型空间内得到表达和体现”，[①]健康风险事件发生后，为了达到一定的利益目的，各个利益团体都会积极利用影响广泛的新媒体来影响健康风险议题的走向。他们或对某一健康风险议题不断进行重复，使得暗含的风险信号被反复累加，调动公众对特定风险的潜在恐惧；或用有噱头的标题以及夸张、戏剧、极端的新媒体表达方式对某一健康风险进行包装后再传播，以突出某一风险议题，隐匿其他议题；或利用“掺沙子”行为，增添一些健康风险议题，让普通民众雾里看花、疑虑丛生，从而加剧对健康风险的不确定感和恐惧感；或用某种手段将健康风险议题转移到其他易引起公众恐慌的议题上；或用调侃戏谑的方式对相关健康风险议题进行消解，阻断人们对健康风险危害的感知，导致个人和社会对风险估计不足、反应不够，从而减少了保护性行为。总而言之，在新媒体语境下，议题的重复、突出、增添、转移和消解，都影响着健康风险议题的走向，进而影响着

① 刘丹凌：《论新媒体的风险放大机制与应对策略》，《中州学刊》2010年第2期。

人们对健康风险的感知水平。

新媒体对健康风险的议题走向产生重要影响的典型案例是2016年3月的山东非法疫苗事件。该事件被曝光后,人们关注的主要议题是"疫苗的去向以及监管"问题,且随着周末的到来,相关讨论逐渐淡去,并未引起大范围的社会恐慌。而随着3月22日微信朋友圈对《疫苗之殇》的刷屏,该事件再次引起人们的关注,舆情快速升温,人们开始忽视"疫苗的去向以及监管"这一更为重要的议题,而是转移到对"疫苗的危害性"的讨论,并引起了大范围的社会恐慌。新媒体上某些利益团体巧妙的议题设置,影响了该事件的风险议题走向,造成了对健康风险的放大。

(三)话语修辞——大肆渲染、夸大健康风险

话语修辞,是指人类为达到交流、传播目的,在进行话语表达时所采用的一种技巧和规律。新媒体语境下的话语修辞,多表现为公共话语修辞,即基于公共事务、公共议题、公共利益的话语修辞,它是公共话语的生产方式,是公众进行话语博弈、话语对抗的武器。[①] 在新媒体上,人们主要通过生动活泼的议题建构,言简意赅的遣词造句,戏谑辛辣的表达风格,以及反讽、隐喻、反问、夸张、象征等传统修辞技巧,来实现强大的话语修辞功能,产生强大的信息传播能力、强大的社会动员和舆论生产能力以及强大的消解颠覆能力。但不可否认的是,新媒体上各种修辞手段的运用,也容易演变成一场话语狂欢,致使非理性和情结化的话语常常占据上风,放大各个利益主体之间的矛盾和对抗,最终造成公共话语的危机。

综观近几年的健康风险事件,我们可以发现,新媒体上常常采用比较极端的话语修辞手段,对健康风险进行大肆渲染。例如,2015年10月,一条来历不明的苹果打蜡视频在微信朋友圈疯传,《广东人注意!千万别再买这种苹果了!毒了孩子,害了家人!》的标题耸人听闻,让人们对苹果产生怀疑,带来恐慌。再如,2016年3月的山东非法疫苗事件中,微信朋友圈随处可见"专家称或致人死亡""专家:这是在杀人""或影响人命""杀人疫苗""疫苗之殇!震惊!""疫苗之殇——泯灭人性"等字眼,这显然是某些利益团体为了迎合新媒体语境下受众碎片化、浅阅读的习惯,先刻意拣选新闻事实的部分信息,再通过夸张的话语修辞手法包装,以博取

① 惠东坡:《新媒体时代的公共话语修辞》,《与世界的沟通/战争与和平——第16届韩中教育文化论坛暨第4届世界汉语修辞学会年会论文集》,2014年10月18日,第149页。

新媒体用户的注意力，这种做法强化了非法疫苗的危害程度而弱化了致死概率和前提，造成了公众对疫苗风险的认知偏差，放大了公众对疫苗风险的感知，从而引发了公众一系列诸如拒绝接种疫苗等情绪化的非理性举动。

(四)污名化——提升健康风险的感知水平

风险视野中的“污名化”，是指“置于人、地域、技术或产品上的，与等同于异常、有瑕疵、有缺陷或不受欢迎的某种特定属性相关的标记”。[①] 一旦个人、组织或者事物被标示为“异类的、不受欢迎的、危险的”，那么他们就会遭到排斥，甚至成为人们唯恐避之不及的对象，更为严重的话，会导致风险额外经济成本尤其是社会成本的增加，如公众的认可度降低、公众信任的坍塌等。

在新媒体时代，“污名化”更加容易实现。一方面，新媒体自由开放的传播环境，让任何人都可以对任何人、任何事物进行“污名化”，不论是普通民众，还是权力机构、精英阶层，只要有失范行为，就有可能成为众矢之的，被丑化成污名携带者；另一方面，新媒体作为“社会喉舌”，让民众对其具有极大的信任感，其接近下层公众的话语和修辞更容易引发更大规模的受众共鸣，一旦某一人或事物被“污名化”，大部分民众都会产生认同，进而参与其中，引起“污名化”的大范围传播，实现社会整体对其“污名化”。此外，新媒体的碎片化、裂变式、非理性传播，容易造成语义歧义，引发误读和误解，造成一种似是而非的“污名化”。

那么，健康风险的放大是如何通过新媒体的“污名化”实现的呢？首先，健康风险事件中涉及的人、地域、技术、产品等，在戏剧性的文字表达或者极端化的措辞方法的“作用”下，被冠以恶名或被贴上标签，进而实现“污名化”，然后再通过新媒体的裂变式传播，扩大“污名化”的传播范围，影响大范围受众的风险认知，导致其采取一系列的风险行为。在“污名化”的扩散过程中，极易造成高风险的认知，给社会不同的人和群体带去心理上的情绪焦虑和恐慌，进而排斥、抵制政治、经济等方面的制度和政策。

在“污名化”对象的选择上，人们尤其热衷于对食品、药品的“污名化”，毒奶粉、毒香蕉、毒苹果、毒疫苗……很多食品、药品在新媒体语境下都被打上了“毒”的烙

---

① 〔美〕珍妮·X.卡斯帕森等：《风险的社会视野(上)》，童蕴芝译，中国劳动社会保障出版社 2010 年版，第 152 页。

印。2012 年 4 月的“明胶门事件”中,《经济观察报》调查新闻部记者朱文在微博上爆料,说自己 4 月 8 日晚与央视一朋友闲聊,对方劝说以后别吃酸奶和果冻,并打了一个比喻:“哪天你们扔了一双破皮鞋,转眼就进你们的肚子了”。这条微博将酸奶和果冻“污名化”成“破皮鞋”,很快在新媒体上引起大量转发,虽然很快被删,但转发量迅速超过 3 万,[①]引起了社会上的大规模恐慌。此外,在食品、药品安全事故频发、健康风险问题严峻的今天,新媒体用户也尤其喜欢对既得利益群体进行“污名化”,例如当地政府部门、企业厂商等,一旦出现健康风险事件,就对他们不断地猜测、质疑、指责、批判,并给他们贴上“狗官”“奸商”“官商勾结”等标签。那些掌握健康知识和风险话语解释权的专家也不能幸免,往往把他们的解释看作是帮助某些机构和组织推卸责任的托词,非但不认同其观点,还对其大力抨击,并戏称其为“叫兽”“砖家”。这种种“污名化”,既造成了政府公信力的流失,也消解了专家的权威观点,极大阻碍了解决健康风险事件的进程。

结　语

当今社会,新媒体正在以一股不同于传统媒体的力量,影响着信息生产传播方式,影响着人们的日常生活。具体到健康风险事件中,则影响着健康风险信息的呈现,影响着人们对健康风险的感知,进而影响着健康风险的社会放大。本文主要采用文献分析法和案例分析法,对新媒体语境下健康风险的社会放大进行了研究,并得出了相关结论。实际上,新媒体语境下,健康风险之所以能被放大,有来自技术、文化、制度、社会、个人等方面的深层原因。在数字技术、网络技术、移动通信技术等信息技术支撑下新媒体形成了特有的信息传播特点,新媒体上形成的回归本我、崇尚自由、尊重个性、追求平等、标榜“草根”、抗拒“权威”的精神理念以及全民围观、人肉搜索、语言暴力、网络动员等文化现象,都提高了新媒体放大健康风险的潜能;缺乏有力的新媒体监督管理机制和通畅的公众对利益的表达机制,使得新媒体上的健康风险传播活动“无序化”“极端化”;转型时期的中国,各利益团体之间剧烈的矛盾冲突,政府部门、传统媒体、企业公司、网络大 V、网络水军、境外势力等多元

① 徐妍斐、许南欣、张岂凡:《老酸奶行业内幕可怕? 央视主持人 一条微博引发轩然大波》,《新闻晨报》2012 年 4 月 10 日。

主体的复杂博弈，使得中国的健康风险问题更加复杂；对新媒体的使用依赖，使得个人的认知模式、心理状态和行为态度等发生了改变，影响着个人对健康风险的感知和行为态度。

在对新媒体语境下健康风险的社会放大做了相关研究后，笔者也意识到，在健康风险的社会放大过程中，尽管大多数时候新媒体扮演着“负面”的角色，但如果新媒体被利用得当，也能为健康风险治理带来机遇和积极的社会效应，例如丰富健康风险管理的信息支持，增加健康风险信息披露的渠道，提供社会信心；普及与健康风险相关的知识，扩大公众的参与，重建社会信任等。因此，风险管理者应该加强对新媒体的监管力度和舆情监控，在健康风险传播中积极应用新媒体进行信息披露、民意沟通等，以增进公民对公共机构的信任，更好地管理和治理现代健康风险。

（作者汤景泰系暨南大学新闻与传播学院院长助理、副教授、“舆情与社会治理”重点研究基地副主任；巫慧娟系暨南大学 2014 级硕士研究生）

微屏时代谁在传播健康？

——对微信平台健康养生信息兴起的传播学分析

李东晓

截至2015年年底，微信的注册和月活跃用户已超6亿，①微信的迅速崛起使其不仅成为国人最常使用的移动社交工具，更是人们获取信息和传播信息的新兴平台。根据2014年9月腾讯公司的调查，健康养生类文章成为微信公众号文章阅读量排名前三的信息类型之一，②在对微信公众号订阅状况的调查中，健康养生类公众号以近四成的比例进入了公众号关注量的前三位。③ 无论是从传播量还是从转发量来看，健康养生信息已成为微信平台的一道靓丽景观。虽然人们对于健康信息的传播活动一直都有，但传播介质的变迁直接改变着健康传播活动的内容、方式、范围和影响。因此，基于微信这一新兴的移动社交平台的健康传播有哪些特点，与传统媒介的健康传播有哪些不同，都是值得探究的新问题。基于如此的思考，本文从传播学的视角出发，通过对微信平台健康信息的传播者（推送者）及信息来源（生产者）进行分析，试图勾勒出微屏时代我国健康信息传播的细致图景，以及探究健康信息传播在微信平台兴起的背后逻辑。

一、健康传播及在媒介时代的变迁

1971年斯坦福大学发起了一项由医学专家和传播学者联合开展的以社区为

① 《腾讯公司第三季度业绩报告》，http://www.tencent.com/zh－cn/content/ir/news/2015/attachments/20151110.pdf。

② 《腾讯内部报告：微信用户一天到晚都在干啥》，中国经济新闻网，http://www.cet.com.cn/itpd/szsh/1429482.shtml，访问时间：2015年4月10日。

③ 《最新微信公众号用户行为习惯研究报告》，http://testwap.hexun.com/2.0/newscontent_0_173263710_100094896_18818859.wml。

基础的健康促进干涉计划——“斯坦福心脏病预防计划”。这一计划的开展被认为是以社区健康促进为目标的现代健康传播活动的开端，[①]也为早期的健康传播活动树立了典范，即早期的健康传播与医学界合作，且有着鲜明的官方(或社会组织)主导色彩。1972 年，国际传播学会(ICA)成立了“治疗传播兴趣小组”，1975 年正式更名为“健康传播学会”，这也是学术界第一次使用“健康传播”这一术语，[②]此后这一滥觞于美国，且基于大众传播媒介的健康传播活动及相关研究日渐丰富起来。

对于我国学者来说，“健康传播”这一术语是个舶来品，但在这一概念还未进入我国之前，我国就已经存在不少健康促进的活动了。比如新中国成立初期的“血吸虫病防治运动”、20 世纪 70 年代开始的“计划生育运动”、80 年代的“预防脊髓灰质炎”运动、90 年代的“正确看待艾滋病运动”等。[③] 为了实现这些健康促进的目标，健康信息的传播在整个健康运动中起着十分关键的作用，比如在“计划生育运动”中，以政府为主导的通过宣传册、标语、媒体宣传等方式进行的全社会范围内的计划生育信息传播。但总体上来说，这些健康信息的传播活动基本上是由政府部门牵头，由国家公共卫生部门推动落实的，带有明显的官方色彩。

大众传播媒介兴起及传媒体制改革后，各类大众媒体日渐成为健康传播的发起者和推动者，“媒体频繁地充当着医学研究的公共语言解读者——报纸和大众杂志经常刊登健康新闻和特写”。[④] 2003 年“非典”的爆发成为我国健康传播历史上的一个重要节点，这一公共卫生领域的危机事件使得人们更加重视利用大众传播媒介进行健康教育以及疫情信息公开的重要性。[⑤] 这一阶段许多专业的健康报纸、杂志以及广播、电视的健康频道纷纷创办，大众传播媒介成为健康信息传播以及人们获取健康知识的重要渠道，而且这些渠道被认为是健康信息传播的权威平台。

网络媒体兴起后，互联网的可检索性和互动性在健康传播活动中被强调。“新媒体提供给受众巨大的自主权，受众按需选择、按需定制的方式更大大地提高了健

① E. M. Rogers,“The Field of Health Communication Today”, *The American Behavioral Seientist*, Vol. 38, No. 2, 1994, p. 208.

② 吴丽娜:《当代美国健康传播的研究与发现》,兰州大学硕士学位论文,2014 年。

③ 张自力:《“健康的传播学”与“健康中的传播学”——试论健康传播学研究的两大分支领域》,《现代传播》2003 年第 1 期。

④ 〔美〕帕特丽夏·盖斯特一马丁等:《健康传播:个人、文化与政治的综合视角》,龚文庠、李利群译,北京大学出版社 2006 年版,第 272 页。

⑤ 徐晖明、严三九:《广州非典型性肺炎事件中的流言传播》,《新闻大学》2003 年第 4 期。

康信息的实用性和有效性”。[①] 学者刘瑛认为，互联网这一新兴媒介由于兼具了人际传播与大众传播的优势，十分适合进行劝服传播来改变个体的健康行为和进行健康干预，[②]具有不可比拟的健康传播的良好效果。在这一时期兴起了许多健康信息传播的网站、健康互动的社区、综合网站的健康频道等，成为人们健康信息获取的重要途径，但同时，海量的网络信息以及简单的内容整合方式使得基于互联网的健康传播备受诟病。[③]

社交网络的出现成为新时期深受人们欢迎的健康信息的传播平台。一方面，“许多社交平台或论坛已经有固定专业的健康类小组(Group)，吸引受众聚集到一起，相互进行健康讨论交流”；另一方面，“以微博为代表的社交工具，也被有效利用起来为健康传播服务，利用微博进行健康传播也是当下传播成本低、传播效果好的典范”[④]。“然而，这方面的研究更多地是对传统的网络社区及微博平台健康信息传播的研究，对微信这一新兴的人际社交平台中的健康信息传播少有关注。而微信平台的信息传播模式发生了很大的变化，微信圈中的人际转发成为微信信息传播的主要方式，这种‘人际转发’模式在微信健康信息传播中是如何发生的，它所导致的微信健康养生信息兴起的背后逻辑，也还未有研究涉及。”

二、企业传播者主导推动“微信平台”健康营销兴起

由于微信平台绝大多数的健康信息均来自于微信公众号的推送，因此，考察推送健康信息的微信公众号便基本可以勾勒出微信平台健康信息的传播者样态。为此，笔者首先以“健康”和“养生”为关键词，在微信公众号中进行搜索(检索日期为2014年12月8日)，剔除与本研究无关的公众号(比如“健康理财”等)，共得到本文所界定的“健康养生类”微信公众号328个。其中有1个未认证公众号，因无法确

---

① 高凡：《新媒体环境下的健康传播研究》，武汉理工大学硕士学位论文，2014年。

② 刘瑛：《互联网改变健康行为的作用探讨》，《华中科技大学学报》(社会科学版)2008年第5期。

③ 既有的研究对互联网健康传播的失范现象已有了较多论述，比如：虚假信息、医疗广告泛滥、信息来源不明、作者不详等。这方面的研究包括：高凡：《新媒体环境下的健康传播研究》，武汉理工大学硕士论文，2014年；邓勇、郭胜习、马韶青：《健康传播公共信赖机制构建探析》，《中国健康教育》2015年第4期；郭秀芝等：《新媒体与健康传播背景下信任度调查》，《第八届中国健康传播大会优秀论文集》，2013年；陈虹、梁俊民：《新媒体环境下健康传播发展机遇与挑战》，《新闻记者》2013年第5期；郑满宁：《缺位与重构：新媒体在健康传播中的作用机制研究——以北京、合肥两地的居民健康素养调查为例》，《新闻记者》2014年第9期等。

④ 高凡：《新媒体环境下的健康传播研究》，武汉理工大学硕士学位论文，2014年。

定其认证机构类型，故将其剔除，最终得到有效分析样本 327 个。

根据已有的研究及经验观察，通常认为发布和传播健康养生类信息的主要传播者包括：健康养生类媒体（专门的健康养生类媒体及普通媒体的健康养生版面或栏目）、官方的公共医疗和卫生部门以及健康养生类企业（生产或提供与健康养生产品或服务相关的企业）。考察公众号所提供的认证机构类型，可将 327 个健康养生类公众号的传播者进行分类，结果见表 1。

表 1　已认证的“健康养生类”微信公众号机构类型分析

分类	数量	占比
其他企业、组织机构及个人微信公众号①	194	59.3%
健康养生类企业微信公众号	102	31.2%
媒体公众号	21	6.4%
官方医疗及卫生部门的公众号	10	3.0%
总计	327	100%

根据表 1 的统计，在以“健康”和“养生”冠名的健康养生类微信公众号中，只有 6.4%的公众号来自于媒体，另外，被认为具有健康养生类信息传播权威资质的医疗及公共卫生部门的公众号也只占 2.4%，而九成以上的健康养生类公众账号的持有机构是各类企业。

为了弥补关键词搜索的局限性，②笔者又根据微信公众账号“自媒体动态”评选的“2014 年最有价值健康养生微信公众号”（共 10 个）为分析样本，再次对传播者身份进行分析，结果显示除了 1 个未认证的公众号外，其他 9 个公众号中的 1 个属于健康养生类媒体，剩下 8 个均属于各类企业公众号，这一结果与笔者自行搜索的以“健康”“养生”为关键词的公众号的机构属性分析结果基本一致。可见，在微信平台上各类企业公众号成为健康信息的主要传播者。

那么，当企业传播者成为微信平台健康信息的主要传播者时，其信息传播状况如何呢？笔者选取了“自媒体动态”评选的“2014 年最有价值健康养生微信公众

① 这个类目比较复杂，包括许多并不完全从事健康养生类产品经营的企业公众号，比如“健康生活”，实际上是从事食品销售的企业，以及一些无法定位的个人和组织公众号，不做细分，均归为此类。

② 关键词搜索会漏掉那些公众号名称中不包含“健康”或“养生”关键词，但也传播健康养生类信息的公众号。

号”中的 8 个企业微信公众号，利用“新媒体指数”网页分析工具[①]对上述 8 个微信公众号的公众号类型、信息推送数量、频率、信息来源及广告情况进行统计（样本选取时间段为 2014 年 12 月 1 日至 7 日）。结果发现，这些企业类微信公众号的信息推送数量和频率都比较高，但推送信息的类型并不专一。8 个认证的企业账号都能保证信息的每日更新，即每日至少推送一次。日均推送信息量从 2 条到 8 条不等。虽然为健康养生类账号，但并非只推送健康养生类信息。在检测期内，8 个账号中只有 1 个账号推送的信息均为健康养生类信息，也只有 1 个账号一周内推送的信息都不是健康养生类信息，其他账号推送的健康养生类信息的比例从 13%—87%不等。通过简单梳理可发现，在推送的非健康养生类信息中以企业产品服务介绍、心灵鸡汤及休闲娱乐信息为主。

在信息来源方面，各类企业公众号推送的健康信息的来源标注极不规范，也不统一。只有 2 个公众号基本能做到对每一条信息的标注，包括原创或转载来源；有 2 个公众号推送的信息未标注作者及任何来源信息；其余的 6 个微信公众号有的标注有的不标注，有的仅在文末有一个简要的免责声明。

企业类公众号推送的另一个显著特点是附载广告。在样本抽取的时段内，除了 1 个公众号推送的健康养生类信息中没有附加广告外，其余公众号推送的健康养生类信息均有广告或夹带隐性广告。广告形式包括：文章最下方的广告推广、产品软文以及通过“阅读原文”的方式链接到其产品广告。

总结来看，企业类微信公众号推送的健康类信息更像是企业产品或微信公众号的内容营销方式，这与一些新闻报道披露的情况相符。“养生帖是工作人员自己采写的，目的很简单——推销产品的同时吸引粉丝。比如说网友看到这些文章写得非常好就会分享，这样一来，微信平台就得到推广，粉丝一多，客户后续活动的参与者就多，那就会带来更多的潜质客户。”[②]也有“某些微信公众号背后推手是销售保健品商家，用充满噱头的帖子吸引关注后狂推产品”。[③] 由此来看，微信平台企业类公众号主导下的健康传播活动并不能推动健康知识社会化的进程，其推动的

① “新媒体指数”是清华大学沈阳和朱旭琪联合出品的中国第一个开放的新媒体大数据共享平台，本文使用的是其网页版（http://www.gsdata.cn）对公众号进行的在线统计。

② 《微信养生帖多为营销手段 需看来源是否权威》，《重庆晨报》网站，http://news.eastday.com/gd2008/finance/index.html。

③ 黎蘅：《微信养生只能“微”信》，《广州日报》2014 年 8 月 24 日。

只是包装为健康内容的营销方式的兴起。

三、专业传播者缺位使得微信平台专业健康信息匮乏

根据既有的研究，大众传播媒介与医疗卫生机构被认为是健康信息传播的权威部门和专业主体，为了检视微屏时代这两类权威主体在健康传播方面的作用，笔者又对这两类公众号进行了分析。

（一）健康类媒体微信公众号

笔者在以“健康”和“养生”为关键词检索出来的 22 个媒体微信公共号[①]中随机选取了其中的 10 个，对它们从 2014 年 12 月 1 日至 7 日发布的信息进行了统计。总体上看，健康类媒体微信公众号的数量不仅远远少于推送健康信息的企业公众号，而且信息推送的频率和总量也远低于后者。就信息推送频率来看，只有 4 个公众号能做到每日推送。每周推送的信息总条数从 6 条到 42 条不等。在推送的信息中，健康养生信息占比从 41％到 83％不等，没有一个公众号推送的信息全部为健康养生类信息。可见，尽管是健康类媒体公众号，其推送的内容也并不专一，推送的健康类内容的数量也大大低于企业类微信公众号。

不过健康类媒体公众号的内容推送也有些明显的特点，比如：只有 3 个公众号的推文中附带广告，其余 7 个均没有广告；10 个健康养生类媒体的微信公众号中仅有 1 个未标注内容来源，有 3 个公众号部分内容未标注来源，6 个公众号发布的内容均有信息来源、作者或者是否原创的标注；有 5 个公众号发布的内容均为原创（此处原创包括转载其传统媒体或与其传统媒体同时发布的内容），原创信息的比例要高于企业类微信公众号。其中“北京晚报·健康专列”“人民网健康”和“健康一身轻”3 个公众号对信息作者及来源的标注比较完整和规范，而恰巧这 3 个微信公众号均是隶属于传统媒体的健康板块（频道）的，这说明传统的健康类媒体在健康信息传播的规范性和专业性方面优势明显，有较强的版权意识，它们将一些专业的做法直接带到了微信平台的内容生产当中。在与其所属的传统媒体的关系方面，大部分公众号发布的信息内容都有转载于其传统媒体或者与其传统媒体共同发布的状况。

---

① 此处使用的是“新媒体指数”分析工具，取样时间为 2014 年 12 月 8 日。

当然仅凭信息发布的数量并不能得出微信公众号影响力强弱的结论，信息的转发量和阅读量也是判断信息及公众号影响力大小的重要指标。因此，为了检视健康类媒体公众号在微信平台健康传播中的影响力，笔者又使用了搜狗的微信搜索功能[①]对在检索时段内 10 家媒体微信公众号发布的原创信息的转发情况进行了分析[②]（非原创信息很难检视出微信公众号的影响力，故放弃统计）。结果发现，10 家媒体微信公众号在一周内共发布 209 条信息，其中 141 条原创，原创信息比例为 67.4%。所有原创信息的转发量区间为 0—89，最高转发量的一条信息来自“人民网健康”微信公众号，也只有 89 次转发。在所有原创信息中“0”次转发的有 55 条，仅有 1 次转发的有 24 条，10 次及以下转发的一共有 122 条。在 10 家媒体微信公众号发布的信息中，有 86.5%的信息仅有个位数的转发量。从单个媒体来看，其中“江苏健康广播”推送的 4 条信息转发量均为“0”。平均转发量最高的公众号为“人民网健康”，但其原创信息的平均转发量也只有约 18.8 次。可见，如果从转发量来看公众号信息内容的影响力的话，健康类媒体公众号的影响力十分有限。

（二）医疗卫生机构微信公众号

虽然，在以促进健康为目标的健康传播活动开始之初，医疗卫生机构或者专业的医学界人士都是参与其中的，但由于传播渠道被传统的媒介组织所控制，医疗机构和医学界人士并不是健康信息的主要传播者。自从有了网络媒体及自媒体平台后，这些机构无须借助传统的大众传媒，还可依赖各类新媒体平台自行参与健康信息的生产和传播。当渠道不再是一个门槛的时候，这些医学健康领域的权威专家和组织有没有成为健康信息的主要传播者呢？

笔者仍然使用“健康”和“养生”两个关键词对微信公众号进行搜索，结果只搜到了 8 个微信公众号隶属于公共医疗卫生机构，[③]其中有 5 个隶属于国家或省市地方卫生局（或卫生与计划生育局），另外 3 个分别隶属于疾控中心或健康教育学会

---

① 用搜狗微信分析工具对每条信息转载状况进行统计的检索时间为 2015 年 6 月 18 日至 23 日，因为微信的转载状况是动态的，随着时间的推移转载量会增加，但根据微信传播的一般规律，转载量增长最大的是信息发布的一周内，由于本文选取的是 6 月 8 日至 14 日每个公众号推送的信息，那么就选择了在信息推送后大致一周的时间区间进行检索。

② 分析的时间为 2015 年 6 月 18 日，由于信息的转发状况是不断变化的，因此分析结果仅是检索当日的转发状况。

③ 需要说明的是，由于私营的医疗卫生机构数量庞大，其属性更接近于企业，因此，在本文中笔者主要考察的是官方的医疗卫生机构（主要是各公立医院）以及政府的医疗卫生管理部门。

等。这 8 个医疗卫生机构的微信公众号均为认证账号。

总体来看，所有公众号不仅推送的信息数量非常少，而且推送频率也极低，大部分微信公众号一周推送 1—2 次，每次推送 2—3 条信息不等，还有 2 个微信公众号长期没有更新。在有信息推送的公众号中，有 3 个公众号推送的信息均为健康养生类信息，有 2 个公众号有一半左右的推送信息为健康养生类信息，另有 1 个公众号除了偶尔推送消息通知外，没有健康养生类的信息推送。在有信息推送的账号中，仅有 2 个公众号推送的信息标注了信息来源。当然，所有公众号推送的信息均无附加广告，这说明商业逻辑并不是推动这些机构公众号推送信息的动力。值得注意的是，虽然总体上来说，医疗卫生机构的微信公众号推送健康养生信息的频率和数量最低，但所有 8 个公众号都有自定义菜单，为用户提供看病挂号或医疗咨询等服务，但具体这些服务的利用率及效果如何未经考察。

由于关键词检索的局限性，检索结果中没有一家医疗机构，因此笔者又以“省人民医院”[①]为关键词进行检索，以补充医疗机构的样本。笔者随机选取了检索结果中的 5 个医院样本，对其公众号的信息推送状况进行分析。这 5 个微信公众号均是已经认证的其医院的官微。选取的样本中，除了浙江省人民医院外，其他医院官微的信息推送频率没有明显规律，推送信息的数量也极少。在推送内容上，只有浙江省人民医院微信公众号定期推送部分健康养生信息，其他医院官微推送的信息大多是医院的新闻、科室介绍、门诊通知等内容，没有专门的健康信息。

就信息原创及来源状况看，几家医院官微少有的原创信息均为医院的通知或机构外宣稿件，而少有的几条健康养生信息也都转载自其他媒体。由此可见，虽然微信产生后，医院可以通过自己的微信公众号自主进行健康信息的生产和传播，但实际上，少有医院进行过这方面的尝试。对于官方医疗机构来说，微信公众号更像是医院对外传播的平台，而不是健康信息的传播平台。因此，尽管医疗机构更具有健康知识生产和传播的权威主体资格，但实际上医疗机构并未将健康知识的社会普及作为其服务工作的一部分，也没有成为我国健康信息的主要传播者。实际上这一状况在传统媒体时代就已经存在，李天天的研究发现，作为医疗行为的直接实践者，医疗机构“本应该是最佳的健康传播条件，医生本人也应该是最佳的健康传

---

① 由于按照“医院”一词进行检索的结果过于庞杂，而且按照我国的医院建制，基本上每个省都会设立省立人民医院，这样既可以保证检索结果相对集中，也可以照顾到地域性。

播者”,但在我国的健康传播实践中,缺乏的是“具有高度科学素质的专业医生的积极参与”。[①]

四、生产者不详造成微信平台健康谣言泛滥

由于健康传播对健康信息知识性和专业性的强调,使得生产者身份对于健康信息的权威性有着重要的影响。因此,对生产者身份的考察是检视我国微信平台健康信息权威性的重要指标。

虽然在一则健康信息内容当中各类消息源都应该构成信息的生产者,但信息的作者和转载来源是最为直接和简明的判断生产者身份的变量。因此,为了简化分析过程,笔者只对搜集到的健康类信息样本的作者身份和转载来源进行分析。本文以“自媒体动态”公众号每日发布的微信排名榜单中,“健康养生”类阅读量最高的信息为抽样框,[②]自 2014 年 8 月 28 日(周四)至 2015 年 4 月 23 日(周四),使用等距抽样方法,随机选取每隔一周周四发布的 20 条信息的前 10 条作为分析样本,[③]其中除了 2 月 26 日“自媒体动态”没有发布榜单外,一共有 17 个被选择的周四发布有“健康养生类”微信的榜单,共得到 170 条数据。在这 170 条数据中,符合本文“健康养生类”信息界定的有 121 条。[④]

通过分析发现,在 121 条信息中,明确标明原创(包括标明“原创”二字或标明原创“作者”)的仅有 19 条,在这 19 条中标明确切作者身份的仅有 13 条,其中作者为健康领域专家和医务人员的有 6 条,作者身份为记者或编辑的有 7 条。在 121 条中明确标明转载及来源的仅有 14 条,在 14 条当中,有 13 条标明来源于网络,并未明确标明源于什么网络及文章作者,仅有 1 条标明来源于报纸媒体及确切作者。另有 88 条,即七成多的信息未标明信息来源,无法确定作者身份,具体统计见表 2。

---

① 李天天:《新角色、新途径——从丁香园医学论坛看健康传播工作实践》,《第一届中国健康传播大会论文集》,2006 年。

② “自媒体动态”是从 2014 年 8 月 19 日开始发布“微榜”中有命名为“健康类”阅读量排名前十的微信信息,8 月 22 日发布的榜单开始改为“健康养生类”信息,8 月 28 日发布的“健康养生类”榜单排名扩大到阅读量前二十名,因此本文的样本选取从 2014 年的 8 月 28 日开始。

③ 每周四的榜单实际上是对前一天,即周三发布的微信信息的排名,周三作为每周(工作日)的中间一天,具有为了避免临近周末或者周末信息发布的特殊性。

④ 由于“自媒体动态”是按照公众号类型(即从其归类的“健康养生类”公众号)进行信息筛选的,所以有可能将其认定的“健康养生类”公众号发布的阅读量高的非健康养生类信息也筛选出来。

表 2　对健康养生类信息生产者身份的统计

<table>
<tr><th>信息来源状况</th><th>数量及占比</th><th>生产者身份</th><th>数量</th></tr>
<tr><td rowspan="3">原创</td><td rowspan="3">19
(15.7%)</td><td>健康专家及医务人员作者身份</td><td>6</td></tr>
<tr><td>记者编辑</td><td>7</td></tr>
<tr><td>不详</td><td>6</td></tr>
<tr><td rowspan="3">转载</td><td rowspan="3">14
(11.6%)</td><td>网络</td><td>11</td></tr>
<tr><td>传统媒体(记者采写)</td><td>1</td></tr>
<tr><td>不详</td><td>2</td></tr>
<tr><td>未标明来源</td><td colspan="3">88(72.7%)</td></tr>
</table>

可见,在微信平台上被大量传播的健康信息中,绝大多数的信息都是无法确定作者和信息来源的“无主”信息。如此便增加了受众鉴别信息专业性和权威性的难度和成本。

为了对比,笔者又对健康养生类媒体公众号和医疗卫生机构微信公众号中健康类信息的生产者身份进行了简单梳理。以对信息来源标注比较完整的“人民网健康”公众号为例,笔者对其进行了分析。“人民网健康”在取样时段内(2015 年 6 月 8 日至 14 日)一共推送了 42 条信息,其中 11 条为原创信息(但不能确定作者身份),另外 31 条非原创信息的来源统计见表 3。

表 3　媒体类微信公众号健康养生信息的来源分析——以“人民网健康”为例

<table>
<tr><th colspan="2">信息来源</th><th>转载数量</th><th colspan="2">信息来源</th><th>转载数量</th></tr>
<tr><td rowspan="8">健康养生类网络媒体(15)</td><td>凤凰中医</td><td>1</td><td rowspan="3">健康养生类传统媒体(9)</td><td>《生命时报》</td><td>6</td></tr>
<tr><td>三九养生堂</td><td>1</td><td rowspan="2">《健康时报》</td><td rowspan="2">3</td></tr>
<tr><td>寻医问药网</td><td>1</td></tr>
<tr><td>家庭医生在线</td><td>8</td><td>健康养生类微信公众号(2)</td><td>养生堂微信公众号</td><td>2</td></tr>
<tr><td>三九养生堂</td><td>1</td><td rowspan="4">综合类网络媒体(5)</td><td>搜狐网</td><td>1</td></tr>
<tr><td>红粉女性网</td><td>1</td><td>杭州网</td><td>1</td></tr>
<tr><td>健康在线 1</td><td></td><td>人民网</td><td>1</td></tr>
<tr><td>《健康时报》网</td><td>1</td><td>新浪网</td><td>2</td></tr>
</table>

根据表3的统计可见，尽管是媒体类微信公众号，其健康类信息转载自网络的比例高达71%，说明传统网站仍然是微信平台健康类内容的主要来源，微信改变的只是健康信息的搜集、整理、加工和推送，对原创健康信息的生产并没有太大的改变。另外，仅有5条信息转自综合类（非健康养生类）媒体，说明专业的健康类媒体是健康类媒体公众号所倚重的健康信息来源。

医疗卫生机构微信平台健康信息的生产也有类似的情况。通过对少量不定期推送非原创健康信息的医疗卫生机构公众号的信息来源的分析发现：医疗卫生机构微信公众号的健康类内容大多转载自网络媒体，以健康养生类网站或频道为主，大多数转载的健康类内容生产者身份不详。

由于信息来源及生产者身份不详，使得在微信平台上被大量传播的健康类信息的真实性和权威性无从考证，由此极易造成微信平台健康养生谣言的泛滥。中国社科院发布的《新媒体蓝皮书》(2015)显示：在微信当中，有七大类主题的谣言数量最多，其中包括食品安全、人身安全、与疾病相关以及健康养生类的信息。①

结　语

虽然从表象上看，微信平台已然成为健康养生信息传播的重要渠道之一，“养生党”也成为微信平台的一道风景，但企业传播者的主导、专业传播者的缺位以及生产者身份不详使得在微信平台上泛滥的只是无法辨识真伪的健康养生谣言或良莠不齐的各类养生信息，理性、专业的健康信息仍十分匮乏。因此，至少从当前的情况看，微信平台中健康养生信息的泛滥与健康知识的推广和人们健康素养的提高之间并没有必然的联系，与其说是微信平台健康信息的兴起，毋宁说是包装为健康信息的内容营销方式的兴起，而这一现象背后是强大的市场逻辑及风险社会人们不断积聚的健康焦虑。

（作者李东晓系浙江大学传媒与国际文化学院副教授、博士生导师）

① 唐绪军编：《新媒体蓝皮书》，中国社科文献出版社2015年版，第55页。

研究动态

2015 中国电视健康传播论坛综述

张国涛　王　滋　罗　菁

由中国传媒大学与中国人口宣传教育中心联合主办、中国传媒大学传媒艺术与文化研究中心承办的“2015 年中国电视健康传播论坛”于 2015 年 12 月 19—20 日在中国传媒大学国际交流中心举行。国家卫生和计划生育委员会宣传司司长毛群安，中国人口宣传教育中心主任姚宏文，中国传媒大学副校长廖祥忠，中国传媒大学“长江学者”、传媒艺术与文化研究中心主任、《现代传播》主编、“中国电视健康传播”课题组组长胡智锋教授等领导莅临论坛并致辞，来自全国人口宣传教育系统的上百名业务骨干出席了会议。

“2015 中国电视健康传播论坛”是在中国“老龄化社会”加速、“二孩新政”出台、“健康中国”战略不断推进的背景下，由中国人口宣传教育中心和中国传媒大学传媒艺术与文化研究中心联合创办，其定位是政府管理部门、医疗机构、传媒业界（电视）、传播学界及社会民众就健康传播热点议题展开对话和交流意见的高端平台。其宗旨是为政府管理提供决策咨询服务，为医疗健康机构提供传播平台，为中国传媒事业与产业发展提供鲜活内容，全面提升健康教育和健康促进水平，更好地满足人民群众的健康需求。

一、迎接大健康传播时代

本次论坛主要分为开幕式、主题论坛、学界观点、业界声音、圆桌论坛五个板块。中国传媒大学廖祥忠副校长在开幕式致辞中指出，严重的环境问题与健康息息相关，大学应该承担起减少环境污染的相应责任，这是健康传播的重要范畴，中国传媒大学愿意与国家卫生和计划生育委员会携手，在更广泛的领域展开合作。

国家卫生和计划生育委员会宣传司司长毛群安在讲话中提出，十八届五中全会明确提出要“推进健康中国建设”，充分体现了党中央对全国人民群众健康的高度重视，而健康教育和健康促进的工作则需要卫生计生宣教系统、大众媒体乃至全社会的共同努力。

以《关于做好养生类节目制作播出工作的通知》的下发和新《广告法》的正式实施为背景，以践行社会主义核心价值观，弘扬行业良好风尚，推进中国电视健康类节目的繁荣发展，提高中国电视健康传播的水平为出发点，中国人口宣传教育中心主任姚宏文在论坛上向中国电视媒体的同行发布了《中国电视健康传播“倡议书”》。

“长江学者”特聘教授、中国传媒大学传媒艺术与文化研究中心主任胡智锋教授以“迎接大健康时代——关于中国电视健康传播的若干思考”为题发言，认为在全面建成小康社会、“健康中国”战略背景下，大健康产业即将启动，大健康传播应运而生，电视健康传播更是面临“天时”“地利”与“人和”的大好形势，电视媒体要拿出既“常销”又“畅销”的精品作品推进健康传播进程。

二、中国电视健康传播的现状与问题

在主题论坛板块上，与会嘉宾围绕“‘互联网＋时代’的中国电视健康传播”这一主题展开研讨。

中国人口宣传教育中心副主任黄长群发表以“人口广播电视栏目及新媒体传播”为题的主题发言，细致地介绍了中国人口宣教中心的具体职能分工和包括电视栏目、影视制作、新媒体传播、图文设计制作、社会公益活动在内的五大核心业务。

中国传媒大学研究员张国涛发布了由传媒艺术与文化研究中心课题组历经半年时间完成的《2015 中国电视健康传播调研报告》，报告将电视频道、电视栏目、电视节目及电视剧作为研究对象，针对当前中国电视健康传播的发展现状，在搜集并分析大量数据的基础上，进行了深入的透视和分析。报告包括：节目研究报告、节目类型分析报告、收视分析报告、电视剧研究报告等子报告。

央视—索福瑞媒介研究有限公司（CSM）研究经理周欣欣以“全国上星频道健康类栏目的播出收视分析”为题发言，运用数据分析了健康类栏目的播出收视概况、内容及形态差异、受众特征，总结了健康类栏目的发展特点：传播理念趋向平民化视角、制播者将健康类节目视为文化认同和民族认同的文化实践、节目制作巧用娱乐化元素等。

上海市第六人民医院急诊部主任王韬以“真实的力量:来自医院的声音”为题发言,介绍了《急诊室故事》获得的成功经验,指出当下电视健康类节目科学性、商业化、娱乐化的三大特点,强调了病例真实性、流程客观性、知识认同性、嘉宾的专业性对健康类栏目创作的重要性。

三、“互联网+”时代健康传播的理论及实践

在“学界观点”板块,暨南大学新闻与传播学院刘涛教授以“健康信息与风险议题的沟通智慧”为题发言,认为当前健康信息的表达与传播面临着来自风险语境、社会语境、文化语境以及信任语境四个方面的复杂背景,提出健康传播必须遵循科学表达、知识生产、受众意识、认知心理、框架策略、文化心理、修辞表达、视觉呈现八大基本观念。针对风险议题传播的沟通模式,刘涛教授提出了社会参与式、双向对称式、家庭反哺式、同伴传达式、社区戏剧式等十种应对模式策略。

清华大学新闻与传播学院曾繁旭副教授以“风险社会语境下的健康报道”为题发言,指出当前风险社会语境下的健康报道理念更多偏向时政报道的内涵,并针对健康报道专业化的问题提出两点设想:一是提升健康报道记者的学科专业性;二是健康报道要平衡官方和民间两方的信息源,实现信息平衡,同时强调媒体健康报道中应以更专业的语态和科学证据成为公众和政府之间的风险沟通者。

中国传媒大学互联网医疗中国会副秘书长王晶以“中国互联网医疗发展报告”为题发言,指出互联网给传统医疗行业带来了关系、渠道、生态、距离、思维五大改变;强调要抓住时代机遇,坚持发展互联网医疗。

浙江大学传媒与国际文化学院李东晓副教授以“微屏时代的新媒体健康传播”为题发言,指出在“互联网+时代”的背景下,从健康传播的活动主导者、生产者以及用户,到用户健康信息的获取方式、议题以及话语呈现方式都已发生改变,强调内容的专业性始终是健康传播的首要要求;指出应该用“大传播、大媒体、大健康”的概念认识健康传播。

暨南大学新闻与传播学院汤景泰副教授以“把脉社会舆情,创新社会治理——以‘二孩新政’为例”为题发言,对比了国内外主流媒体、社交媒体面对“二

孩新政”不同的舆论反响，指出新媒体与传统媒体在舆论建构上存在差别，提出要从明确核心价值理念、革新叙事传播模式以及加强关系传播三方面做好公共政策传播。

四、中国电视健康传播的理念与经验

在“业界声音”板块，中央电视台《中华医药》制片人董鑫以“新媒体下健康养生节目的实践与思考”为题发言，指出在新媒体环境下，电视较互联网更具放大细节的功能，使健康信息能得以更为全面、权威地传播，认为当前电视健康类节目存在形式较为单一的现状，强调健康类节目制作要强调娱乐化导入和服务型导出的观念，以此提升节目的可看性与实用性。

北京卫视《养生堂》制片人田天以“《养生堂》——做中国最有情怀的说明文”为题发言，归纳了《养生堂》作为“最有情怀”的说明文的三个维度：以具像的方式解读复杂的医学知识，增强节目的实用性；丰富健康科普类节目的表现形式，增强节目的娱乐性；强化节目的人文关怀与情感力量，体现节目应有的温度。

电视剧《产科医生》制片人敦淇以“《产科医生》：医疗剧创作经验谈”为题发言，指出医疗剧是强情节、快节奏的剧情剧，其拍摄难度非常大，需要端正的态度和严谨的工作作风，强调医疗剧的拍摄要强化细节的表达与内容的专业性，提倡搭建一个资源共享的医疗行业剧平台，以促进医疗行业剧的健康发展。

中央电视台《健康之路》副制片人田丰歌以“老牌健康栏目的‘新’与‘变’”为题发言，概括了《健康之路》在 20 年的变迁中主要发生的三个变化，即从教育到分享、从给予到需要、从医疗节目到健康节目。

恒顿传媒研发总监、《急诊室故事》副导演密淼以“《急诊室故事》：健康传播的真人秀创新”为题发言，从实操经验着手，指出采用固定摄像头拍摄的手法直面医患关系，可以实现最有力量的真实还原；跟踪多条故事线，满足观众的窥私心理，增强节目的吸引力；采用平视的拍摄角度，体现节目的情怀。

在“圆桌论坛”板块，大家共同围绕“问诊中国电视健康传播”的主题进行了广泛讨论。

最后，胡智锋教授针对论坛与会嘉宾的陈述进行了总结发言：“2015 中国电视健康传播论坛”的一个核心话题就是如何提升中国电视健康传播问题，与会嘉宾从理性和感性两个维度来进行话题研讨，论坛涵盖了信息、知识和观点三个层面的分享，汇聚了来自社会、政府、学界、媒体从业者的四方力量，是这次论坛得以成功的重要保障。

（作者张国涛系中国传媒大学研究员；王滋系中国传媒大学艺术研究院2013级硕士研究生；罗菁系中国传媒大学电视学院2014级硕士研究生）

10万亿市场背后，电视健康节目如何做？

林　沛

“2014年10月，全国卫视频道有103档健康节目。整改后，卫视频道剩余29档健康类节目，其中在国家新闻出版广电总局备案的养生类节目共13档(目前11档)。”

如此缩减可谓触目惊心。2015年12月19日，“2015年中国电视健康传播论坛”在中国传媒大学举办，上述数据源自于论坛同时发布的《2015中国电视健康传播调研报告》(以下简称“调研报告”)。这份报告对包含养生服务、健康咨询、食疗健身、医患纪实、人口育儿在内的五种“健康类电视节目”(或“大健康”概念节目)，进行了翔实的内容研究与收视分析。

电视健康类节目的大量减少，是有原因的。根据2014年10月总局下发的《关于做好养生类节目制作播出工作的通知》，以养生节目为代表的健康类节目受到极其严格的规制。据不完全统计，在全国范围内，2014年健康类电视栏目有500多档，在政策的压力之下，2015年电视健康类栏目已经回落到120多档，整改率达到80%。特别是9月1日起，新《广告法》正式实施，第19条更是明确规定广播电视不得以介绍健康、养生知识等形式变相发布医疗、药品、医疗器械、保健食品广告。

数量上的大幅度缩水，并未影响优秀节目的价值与反响。恰恰相反，调研报告数据显示，虽然在过去的一年中，“中国电视节目创收1278.5亿，健康类电视节目仅占其中的7.7%”，但健康类节目总体投入产出比高达1∶10——虽称不上现象级，但仍十分可观。另据北京卫视《养生堂》制片人田天介绍，自2015年8月以来，《养生堂》的收视迅猛提升，单期最高收视率达到1.09%。“这是什么概念呢？东方卫视和浙江卫视近期在周六时段推出的两档新的季播节目《中国之星》和《西游奇遇记》，在上周的收视率分别是1.07%和0.91%，我们平均是0.94%，最高是1.09%，这两档季播节目单期成本可能是我们的两百倍甚至是更多。”

产业诉求也不应削弱,而是亟待增强。健康类节目不同于一般的综艺节目,其背后的大健康产业是实体的,广告投放目的性强、收益高。据评估,医药、养老、保健等大健康产业到 2020 年将达到 10 万亿市场,在全社会推动延缓老龄化(如推行二孩新政)的进程中,大健康传播是大有可为的。调研课题组组长、中国传媒大学教授胡智锋指出:"过去的电视健康传播更多是一种宣传,是一种任务。但是在今天,健康传播已经形成了巨大的产业。中国的健康产业刚刚起步,电视健康传播怎么样借助健康产业发展的时机,融入进来呢?"

一、年轻人也爱健康养生?

10 万亿市场并非信口开河。大健康产业的消费者和信息的传播者不仅是中老年人,还有年轻人——他们不仅需要养老,生活的压力也使拥有健康的身体变得前所未有的重要。央视—索福瑞媒介研究有限公司(CSM)研究经理周欣欣分享的数据显示,养生服务和健康咨询两类节目的受众群体相对传统,具有中等收入水平的女性、中老年观众还是主体,65 岁以上观众比例尤其高。

但医患关系类节目则呈相反趋势,如东方卫视《急诊室故事》、浙江卫视《因为是医生》、东南卫视《生命通道》、北京卫视《我是大医生》和《生命缘》等。这类节目多采用真人秀形式,反映发生在医院和医生、患者身边的具体健康事件,原生态地展示在医院里的医疗案例、中国医疗的现状以及从侧面反映出的真实医患关系。

周欣欣的数据显示,医患关系类节目 34 岁以下的观众比例明显高于其他类别;同时大学以上学历、初级公务员观众比例也较其他类型高。这些观众"年轻有朝气,具有一定的学识,工作稳定,并且有一定的上升空间。他们对自身和社会关注度比较高,重视公平性与价值感,乐于收看反映医患关系真人秀类的健康节目"。

"根据 2014 年腾讯的数据,微信公众号文章阅读数排行榜上,健康养生信息和搞笑、心灵鸡汤是最受关注的信息类型。之前我们通常认为,健康养生信息的关注人群年龄偏大,但实际上微信的主要用户群年龄在 18—35 岁之间,占总用户的八成以上。而在微信当中订阅投送量占据份额并不高,传播阅读量 80%来自于朋友圈的转发",由此,浙江大学传媒与国际文化学院副教授李东晓得出结论,"通过这样的现象发现,年轻人仍然关注健康养生,不但关注,年轻人还愿意参与到养生信息的传播过程当中"。

更何况在“微屏时代”，基于社交媒体的健康信息传播从用户的主动搜索，逐渐变为朋友圈转发的“懒人”接收方式，将年轻人锁定在了社交媒体当中。李东晓表示：“我们是等着我们变老再看电视，还是说电视现在应该主动拥抱年轻人呢？实际上年轻人也是有健康信息需求的，我想这是值得探讨的。”

通过对《养生堂》收视人群数据的统计，田天也看到了这一趋势。“《养生堂》的目标受众是中老年，但今年(指 2015 年)8 月份之后，25 岁以上的青年观众上升的幅度最为迅猛，其中中青年观众扩容涨幅超过 150%，这改变了中国健康养生栏目只以中老年观众为主的局面。”据悉，《养生堂》栏目组的十几位编导平均年龄不到 30 岁，还有很多 90 后，“正是这群朝气蓬勃的小伙伴们吸引了包括青年观众在内的各年龄段观众的注目”。

二、节目形态创新迫在眉睫

电视健康类节目形态单一，是参会专家与各个节目制片人的普遍感受。

“从节目形态分布来看，健康节目采用比较传统的演播室谈话的形式，这类节目数量占到六成以上”。周欣欣在分析相关数据后指出，传统演播室节目虽不乏优良制作，但形态老化是客观存在的。她认为，创新形态才能为节目带来活力。近来，作为大众文化特征的娱乐手法，越来越受到健康类节目的重视。这“在一定程度上能提升观众收视的积极性，最直接的体现就是真人秀表现手法以及戏剧表演等元素的运用”。

至少在健康节目这一类型中，真人秀还是后起之秀，经过 2015 年各大卫视的探索，目前数量比例占到三成以上。由于真人秀手段能够对纪实画面做出符合戏剧性、情节性的架构，而使此类节目的观赏性大大增强。

在东方卫视《急诊室故事》中广泛使用的“固定摄像头”拍摄手法，虽然能做到“拍摄对象零干扰”真实还原，但在实际剪辑的过程中，通过同时跟踪多条故事线并进行组接，“可以讲出一个故事的罗生门”，恒顿传媒研发总监、《急诊室故事》第一季副总导演密淼如是说。在选角时，导演组也格外注意“各种各样有意思的医务工作者”，比如被《南方周末》报道的保安王应友，他要看好急诊室的大门，还要时不时安抚门外家属的情绪；骨科打石膏的师傅丁志祥面对伤痛不止的患者，以幽默的语言、轻松的语气减轻患者的疼痛——小人物身上携带了鲜明性格与戏剧角色的表现力。

调研课题组执行组长张国涛认为，真人秀手段的广泛运用，确实是为了讨好观众，为了节目能更加好看、信息量也更大。当然这也得益于“一剧两星”与“限娱令”之后出现的“9:20 节目带”——可以说，真人秀类医患节目的出现，正是各大卫视与政策要求在这一后黄金时段妥协的产物。

“科普节目也要做得欢乐起来”，田天认为，如果节目只是从头到尾坐着聊天，不但死气沉沉，收视效果也会受到很大的影响，所以要“对当期节目进行契合内容的情景化的设置，让科普节目也可以动起来、热起来”。如《养生堂》在“健康吃油”一期中，为了通过原始人的饮食结构看如何吃油保健康，节目组让演员扮演原始人，对现场观众予以展示。

中央电视台中文国际频道《中华医药》制片人董鑫也认为，“完全可以用娱乐化的方式将观众导入进来，普及今天的健康知识”。董鑫与他的团队曾策划“中华医案”系列，其中一集就是以故事讲述的形式，揭秘慈禧太后的死因，试图以揭秘的方式，吸引观众了解明清时期皇室的健康养生档案。

三、互联网医疗大潮中，健康节目如何分一杯羹？

有“娱乐化的导入”，更要有“服务型的导出”。在微信健康传播如火如荼的当下，董鑫也看到了移动互联网与健康节目相结合的巨大益处。在他看来，手机的一端是《中华医药》节目的观众与粉丝，另一端则是几百名甚至上千名全国最好的医生和专家、最好的医疗单位和医疗资源。“这就像电视有了两个翅膀，可以让电视飞起来，在服务性上能做很多的文章”，董鑫说，“完全可以用 O2O 的方式，把患者、感兴趣的人和专家勾连起来。”

“O2O 用户体验非常关键。要有整合意识，前端如何和健康管理整合，后端如何和医疗服务整合，这里面有极强的互补性”。中国传媒大学互联网医疗中心副秘书长王晶对医疗 O2O 持积极态度。但“医疗本身有极强的政策相关性和线下的属性，注定互联网和医疗触碰的时候，和其他传统产业融合的时候会有很多的不同”，王晶说，打车 O2O 完成市场改造就用了两年的时间；过去团购市场千团大战，两年的时间只剩下美团和大众点评等。2014 年，中国互联网医疗的产业规模有 7 个亿，当时看来有爆发的态势，但在 2015 年也开始回归理性。他坦言，“互联网医疗兴起已有两年的时间，但对于这个领域来讲还处于刚刚开始和发展的阶段”。

保守来看，微信、微博等新媒体传播还是目前最常用的方式。调研报告显示，目前有 122 个栏目开通了跨媒体传播平台。微信公众号有 53 个，省级以上卫视有 16 个，地方是 37 个，微博账号有 54 个——至少有一半栏目意识到要利用新媒体进行进一步的传播。《养生堂》的微信公众号从 2015 年 8 月开始运营，总粉丝量达到 60 万。

虽然势头迅猛，但这并不意味着电视健康类节目仅仅将跨媒体作为电视的搬运工，而应该是一种延伸。在张国涛看来，大部分电视健康类节目尚未将新媒体当作节目制作、宣传的必要手段，只是作为后期的跟进与补充，而没有推进到前期，与内容制作相结合。此外，在医疗 O2O 尚未成气候之前，搭建线上诊疗的医疗信息服务平台也具有相当的可行性。“电视节目是‘双规’的，规定时间、规定地点，但看病得病的时间则不一定。很多人知道得什么病之后，往往是先在网上百度一下。”在他看来，微信、微博或许完全能做成线上健康诊疗平台。

四、健康节目是做“人”的节目

越是身处社会转型期，人们就越期待人文关怀，作为大众文化的电视节目更应融入人文体验与生命哲思。医患关系节目以小见大，从个人看社会，为承载人文关怀提供了最好的载体。这类节目通常采用纪实手法，真实还原在医院或者是医生患者周围发生的医疗实践，真实性比较强。也正因为如此，这类节目最容易引起争议，因为“对于镜头呈现患者的病痛与尊严，镜头在展示或者隐忍之间应该有一个度的把握”，在周欣欣看来，“在病痛和尊严之间如何取舍，也是作为健康类节目制播者提出的挑战”。胡智锋也认为，“只有真实是不够的，还要融入善和美，要以艺术和审美的方式、情感浸染的方式让公众得到更温润的滋养”。

作为一档探讨中国人生命意义的记录观察真人秀，《急诊室故事》以医院急诊中心为舞台，折射人对生命的思考，反映人与人之间、人与社会之间以及医患之间的关系。对面临生离死别的人物充满敬意，对医院工作人性化的展示，可谓节目最大的特点。“机位跟人的眼睛是平视的，我们既不希望俯视谁，也不希望仰视谁。我们只仰视生命前表现出坚强的病人和家属，我们非常尊重医护人员。但是我们希望对最真实的情况进行记录，所以我们在工作状态时基本上保持坐姿或者站姿，以保持视线平行的机位的架设来对事情进行记录”。密森认为，对人的关注不仅体现在拍摄方法上，更体现在工作状态中。

或许，最重要的是要转换视角。周欣欣认为，在当前健康类节目的制播中，普通观众视角的转换是非常明显的——不仅节目的内容题材特别贴近百姓的生活，而且在表达形式上非常注重营造轻松愉快的信息接受氛围。

“把复杂的医学知识用具象的方式进行解读，真正让每一位老百姓能够看得到、学得会、用得上，这是我们做节目的九字箴言。”据田天介绍，为了实现这九个字，节目编导在每一期节目中都通过运用道具、大屏呈现、观众互动等多种手段，寻找新的讲述角度和新的表达方式，把复杂的医学知识转化为观众能够看得懂的电视语言，让健康科普节目深入浅出，生动有趣，实用易学。“心理健康一直是《养生堂》非常难做的选题节目，事倍功半，收视效果并不好”，田天认为，一方面这不是中老年人的常见病，另一方面心理疾病很难用形象化的方法表达。为了让观众实实在在地感受到心理疾病给患者带来的强烈压迫感，在特别节目《生命不能承受之重》中，节目组设置了一个非常低矮的小型玻璃箱，主持人走进去之后，还用气球塞满了主持人在玻璃箱中仅存的缝隙，来模拟抑郁产生的心理压迫感。

“很久以前一期节目的题目叫《冠心病的预防和治疗》，今天看起来非常生硬，按今天的说法就应该叫成《你的心脏还好吗？》”，中央电视台科教频道《健康之路》制片人田丰歌认为，“沿着观众需求的角度展开，而不是作为教育者灌输，这是《健康之路》20年来发生的变化。思路的转变不再以疾病为切入点，而是以观众的需求为根本点”。

在她看来，医疗节目正在变成健康节目。而所有的医疗、健康类节目都有一个认识——医疗关心的是疾病，健康关心的是人。“电视节目说到底并不是做疾病的节目，而是做人的节目”。

（作者林沛系《中国广播影视》记者）

后 记

2015 年，“亚投行”“大众创业、万众创新”“自贸区升级”“抗战胜利 70 周年”“冬奥会花落北京与张家口”“东方之星沉船”“天津 8·11 爆炸”“雾霾围城”……一件件大事都与“中国”二字密切相关。

2015 年，“电视将死”“IP”“真人秀”“限秀令”“新《广告法》”“央视招标”“从央视辞职”，无不关系着“电视”作为媒体的前途命运，但对于不少省级台的地面频道以及县市级电视台来说，在总局的监管与“新《广告法》”严控之下，“卖药”还是“卖假药”“卖”与“不卖”都关系着它们的“生”与“死”。

2015 年，“二孩新政”“老龄化社会”“健康中国 2020”“大健康产业”“精准医疗”“过度医疗”“看病难、看病贵”“医改”……这一系列词语和事件都与“健康”二字密切相关。

2015 年，“互联网 +”“双 11”“马云”“阿里”“淘宝”“912 亿”“优酷被收购”“新浪要嫁人”等，无不标志着以互联网为基础的新媒体及相关业态进入一个新时代，而这一切都与“传播”二字密切相关。

把以上“关键词”汇集起来就是本项目要做的事情——中国电视健康传播。

受国家卫生和计划生育委员会中国人口宣传教育中心的委托，自 2015 年 6 月起，中国传媒大学传媒艺术与文化研究中心着手开展“中国电视健康传播项目”的调研工作。在项目调查和研究过程中，本项目主要从电视媒体入手，调查中国电视媒体对健康传播的呈现和表达，着重分析电视健康传播的发展现状、内容类型、节目形态、议题设计、传播效果，以及历史发展、政策环境、现存问题与发展对策等。所以，在研究成果呈现上，本项目与其他从传播学、健康医疗角度切入健康传播领域的研究有着较大的差异。

在调研过程中,课题组又将中国电视健康传播分为电视节目和电视剧两个部分,其中电视健康类节目研究报告包括一个总报告与两个子报告(类型分析报告、收视分析报告);健康类电视剧则主要关注了医疗卫生、养老育儿两类与“大健康”紧密相关的题材类型,形成了两个研究报告。此外,课题组还委托央视—索福瑞媒介研究有限公司研究经理周欣欣就“全国上星频道健康类栏目播出收视分析”、暨南大学新闻传播学院刘涛教授就“健康传播的议题设置”、浙江大学传媒与国际文化学院李东晓副教授就“微屏时代的健康传播”、暨南大学新闻传播学院汤景泰副教授就“二孩新政的舆情分析”进行了专题研究,并形成相关研究报告。

2015 年 12 月 19 日,首届“中国电视健康传播论坛”成功举办。论坛包括开幕式、主题论坛、学界观点、业界声音、圆桌论坛五个板块。国家卫计委宣传司司长毛群安、中国传媒大学副校长廖祥忠到会祝贺并致辞。中国传媒大学传媒艺术与文化研究中心胡智祥教授提出当前电视健康传播面临“天时、地利、人和”的大好形势,电视媒体要拿出既“常销”又“畅销”的精品作品迎接大健康时代的到来。

本课题的调查研究和首届论坛的召开得到了国家卫生和计划生育委员会宣传司、中国高校影视学会的大力指导,得到了中国传媒大学、中国人口宣传教育中心、中国传媒大学艺术学部、中国传媒大学文科科研处、中央电视台国际频道、中央电视台科教频道、北京电视台、恒顿传媒等机构的大力支持,得到了中国传媒大学副校长廖祥忠,中国传媒大学文科科研处处长段鹏,中央电视台《中华医药》制片人董鑫,北京卫视《养生堂》制片人田天、副制片人华健雄、王泓,恒顿传媒、《急诊室故事》制片人曾荣,导演密森,《甄嬛传》制片人郭淇等领导与业界前辈的悉心指点。在此,课题组一并向他们表示诚挚的感谢。

由于时间仓促,能力有限,研究报告疏漏之处在所难免,恳请各位专家批评指正。

“中国电视健康传播”课题组

2015 年 12 月 10 日